Die
Ersten

Festschrift

zu 50 Jahre Gleichstellung im Pfarrdienst
in der Evangelischen Kirche
Berlin-Brandenburg-
schlesische Oberlausitz

Rajah Scheepers

Die Ersten

Frauen erobern die Kanzeln

Herausgegeben von der Evangelischen Kirche Berlin-Brandenburg-schlesische Oberlausitz

Mit Fotografien von Billie Scheepers

EVANGELISCHE VERLAGSANSTALT
Leipzig

Bibliographische Information der Deutschen Nationalbibliothek
Die Deutsche Nationalbibliothek verzeichnet diese Publikation in der Deutschen Nationalbibliographie; detaillierte bibliographische Daten sind im Internet über http://dnb.de abrufbar.

Printed in EU

Das Buch wurde auf alterungsbeständigem Papier gedruckt.

Gesamtgestaltung: Rüdiger Kern, Berlin
Coverbilder Vorderseite, von oben nach unten, von links nach rechts: Dr. Helga Frisch, Sieghild Jungklaus, Lona Kutzer-Laurien, Ilse Härter, Christa Otto, Heilgard Asmus, Katrin Müller, Dr. Eva Hoffmann-Aleith, Angelika Fischer, Ingrid Laudien, Elisabeth Bornkamm, Katrin Müller, Helga Weckerling, Maria von Werthern, Hildegard Hoffmann, Dr. Erika Godel.
Fotos auf der Rückseite von oben nach unten, von links nach rechts: Friederike Kirchbach, Christa Otto, Dr. Hanna Kasparick, Heilgard Asmus, Ehepaar Reinhard & Katrin Müller, Angelika Fischer, Dr. Rajah Scheepers mit Theresa Rinecker & Billie Scheepers, Susanne Kahl-Passoth, Rosemarie Cynkiewicz, Dr. Erika Godel, Dr. Hanna Kasparick, Friederike Kirchbach, Billie Scheepers, Katrin Müller

Druck und Binden: GRASPO CZ a.s., Zlín

ISBN 978-3-374-07724-3
eISBN (PDF) 978-3-374-07725-0
www.eva-leipzig.de

INHALT

Geleitwort
Dr. Viola Vogel

Präsidentin des Konsistoriums der EKBO

»Hier ist kein Jude noch Grieche, hier ist kein Knecht noch Freier, hier ist kein Mann noch Weib; denn ihr seid allzumal einer in Christo Jesu.« So steht es im Brief des Paulus an die Galater (3,28). Und lebten wir bereits im Paradies und nicht auf der Erde, wäre die Thematik der Gleichstellung der Geschlechter obsolet. Und der Grund dieser Festbroschüre – die Feier von 50 Jahren Frauenordination in unserer Landeskirche – würde ebenfalls entfallen, weil die Geschlechterdifferenzen von Mann und Frau im sozialen wie im biologischen Sinne faktisch aufgehoben wären in Christo. Im Galaterbrief steht also schon von Beginn an ein Diskriminierungsverbot von Frauen.

Allein, die Welt, sie ist nicht so und wir leben nicht im Paradies. Sondern Gott schuf die Menschen laut biblischer Textlage als »Mann und Frau« (1. Mose 27). Und es gibt in der Bibel keine geschlossene Lehre zur Stellung der Geschlechter untereinander, sondern – je nach Textstelle – widersprüchliche Aussagen. Deshalb ist bis heute für die Bestimmung des Verhältnisses zwischen den Geschlechtern relevant, wie hoch die Bereitschaft des jeweiligen Bibellesenden ist, die theologische Geschlechtskonstruktion in »Frau« und »Mann« durch anderweitige sozial- oder kulturwissenschaftliche Erkenntnisse zu ergänzen. Und hier ist die heutige Debattenlage um geschlechtliche Diversität und Identität noch gar nicht mitgedacht.

In der Geschichte der Reformation herrschten bis in das 20. Jahrhundert hinein rein bipolar konstruierte Geschlechtervorstellungen vor, die die Begriffe »Männlichkeit« und »Weiblichkeit« klar typisierten und ihnen Eigenschaften zuordneten, die als typisch männlich bzw. weiblich galten. Von Kirche, Theologie und sozialreligiösem Lebensvollzug gestützt, wurden durch die so konstruierten Geschlechterordnungen dann Handlungsoptionen für Frauen und Männer begründet oder verwehrt. Da die Deutung des biblischen Wortes und damit die Auslegungshoheit bis zur kirchenrechtlichen Gleichstellung von Pfarrerinnen und Pfarrern im Pfarrdienst im Jahr 1974 allein Männern vorbehalten war, wundert es nicht, dass eher die Textstellen der Bibel betont wurden, die Frauen beschränkten als diejenigen Textstellen, die Frauen als selbstbestimmt und dem Manne gleichwertig beschrieben. Denn Wortverkündigung und Sakramentsverwaltung teilen heißt eben auch: Macht teilen. Und das geschieht eher selten freiwillig, sondern zumeist im Wege von zähen, langwierigen und engagierten Aushandlungsprozessen.

Zäh, engagiert, klug und frustrationstolerant im besten Sinne, dass sind die ersten Theologinnen unserer Landeskirche, von denen im Folgenden die Rede sein wird. Gemeinsam mit männlichen Theologen wie Präses Kurt Scharf, die Macht an fachkompetente Frauen abgeben konnten und wollten, ohne ihre vermeintliche Männlichkeit in Frage gestellt zu sehen, haben sie dafür gekämpft, dass seit 1974 Pfarrerinnen wie Pfarrer gleichermaßen ins Pfarrdienstverhältnis auf Lebenszeit ordiniert werden können – mit vollen Besoldungs- und Versorgungsansprüchen. Für diese Lebensleistung sei ihnen mehr gedankt, als Vorwort-Worte es vermögen! Wir verneigen uns vor ihnen. Stehen wir doch alle – ob Theologinnen oder Juristinnen in unserer Kirche, ob Theologe oder Jurist, ob Frau oder Mann – auf ihren Schultern und folgen ihnen nach hin zu dem, in dem wir aufgerufen sind, eins zu sein: In Jesus Christus.

Aus starker Geisteskraft
Pröpstin Dr. Christina-Maria Bammel

Die siebziger Jahre waren ein bemerkenswertes Jahrzehnt. Wendepunkte und politische Entspannungen in Richtung Osten gehören dazu, auch die Unterzeichnung der Schlussakte der Konferenz für Sicherheit und Zusammenarbeit in Europa; ein Meilenstein! Etwas Neues, Hoffnungsvolles begann. So auch das sich neu formierende, gesellschaftliche Bewusstsein mit Blick auf die Ressourcen des Planeten: der Bericht des Club of Rome über die Grenzen des Wachstums. Nachhaltigkeit fing an, zum Schlüsselbegriff zu werden. Enorme soziale Verschiebungen gehörten in die Zeit oder kündigten sich in den beginnenden siebziger Jahren massiv an: Familienbilder veränderten sich, Lebensentwürfe wurden vielfältiger, eine Zeit der Frauenproteste, eine Zeit wichtiger emanzipativer Schritte, wenn auch in unterschiedlichen ökonomischen und ideologischen Kontexten auf den beiden Seiten des damals geteilten Deutschlands. Persönliches war schon lange politisch geworden. Auch kirchenpolitisch und insbesondere für Frauen. 1969 wurden in der Kirchenprovinz Sachsen zwei verheiratete Theologinnen ordiniert. Es war einer der Anfänge des Endes der »Zölibatsklausel«. Die verheiratete Frau auf der Kanzel – warum denn auch nicht.

Mit dem vorliegenden inspirierenden Jubiläumsband wird an die Gleichstellung von Frauen und Männern im geistlichen Amt erinnert. Text und Bild bezeugen, wie unbeugsam sich Frauen gezeigt und gehalten hatten, die dem Ruf in den Dienst der Verkündigung folgen wollten. Sie haben sich nicht beugen lassen von machtvollen patriarchalen Kirchenstrukturen oder Vorbehalten, die etwa verbreiteten, Familien- und Eheleben seien unvereinbar mit vollem Diensteinsatz als ordinierte Pfarrerin. Was für eine Geisteskraft war nötig, gegen solche Vorbehalte nicht den Mut zu verlieren!

Danke den Frauen mit ihren starken Schultern, die dem Ruf in die Verkündigung, die Seelsorge und die evangelische Bildung entschlossen gefolgt sind. Danke den Frauen mit ihren starken Schultern, die sich nicht von Hürden dauerhaft haben irritieren und abschrecken lassen, sondern die Zeichen der Zeit gelesen und mit ihren theologischen Grundüberzeugungen verbunden haben. Die nicht auf noch bessere Zeiten gewartet hatten, sondern mit Unermüdlichkeit um gleiche Rechte gerungen haben. Wir stehen und gehen auf solchen starken Schultern. Heute wie morgen ruft und verpflichtet uns dies als Frauen und Männer gleichermaßen in einen Dienst, von dem ich hoffe, dass einmal unsere Töchter und Enkelinnen 2074 nicht darüber den Kopf schütteln werden. Es wäre mehr als schön, wenn dann im Rückblick erkannt wird: Auch unsere Generation hat die Zeichen der heutigen Zeit zu lesen und mit ihren theologischen Grunderkenntnissen zu verbinden gewusst und danach gehandelt.

Mögen alle, die diesen vorliegenden außergewöhnlichen Band in die Hand nehmen, nachhaltig prägende Leseerfahrungen haben.

Grußwort
Bischof Dr. Christian Stäblein

Die völlige rechtliche Gleichstellung von Frauen im Pfarramt ist ein Schritt von fundamentaler Bedeutung für unsere Kirche. Denn es gehören zu ihrem Fundament die Gleichberechtigung und die Gleichstellung von Frauen und Männern. 1974 ist das vollzogen worden. 1974 wurde auch meine Mutter zur Pfarrerin – nicht hier, sondern in Hannover. Für mich gehört diese Gleichstellung zum Urbestand evangelischer Kirche, ja es macht ihre Treue zum Evangelium aus, dass Frauen und Männer gleiche Rechte teilen. Ich war 1974 sieben Jahre alt und kann also sagen: Eine andere Gestalt evangelischer Kirche kann ich mir gar nicht vorstellen. Aber so formuliert mag es auch schnell naiv klingen. Dass es erst 50 Jahre her ist, zeigt auf erschreckende Weise, dass auch die Kirchen der Reformation 450 Jahre gebraucht haben, um diesen fundamentalen Schritt zu gehen. Das wiederum ist für mich heute fast schon unvorstellbar – diese Ignoranz, diese Demütigungs-, Diskriminierungs- und Ausgrenzungsgeschichte, auf die wir, auf die ich ehrlich und kritisch zu schauen habe. Auch die Durchsetzung der vollen rechtlichen Gleichstellung war nicht ohne Hürden und Klippen, nicht ohne männliche Versuche von Abwehr und Verhinderung, auch dieser Schritt brauchte Entschiedenheit und Hartnäckigkeit, aufrechtes Kämpfen und geistvolles Eintreten. All das zeigt dieses Buch in klarer, analytischer, theologischer Weise – anschaulich und im Leuchten der Biographien. Dafür will ich an dieser Stelle von Herzen danken. Ich bin froh, in dieser Kirche zu sein, in der diese rechtliche Gleichstellung nun 50-jähriges Jubiläum hat. Ich bin froh, dass wir das feiern – und zugleich darauf schauen, was immer noch aussteht, was immer noch nicht an faktischer Gleichstellung vollzogen ist. Und wieder: ein verräterischer Passiv in meiner Sprache. Es muss heißen: Was wir, was ich noch nicht getan habe für Geschlechtergerechtigkeit, was meine Verantwortung ist. Und ich bin froh, in dieser Kirche zu sein, in der in bester kritischer und selbstkritischer Weise Historie betrachtet und aufgearbeitet wird. Herzlichen Dank – allen, die an diesem Buch mitgewirkt haben, herzlichen Dank in besonderer Weise Pfarrerin Dr. Rajah Scheepers. Und herzlichen Dank »den Ersten«. Dass sie dafür gesorgt haben, dass es heute so ist: Es ist evangelische Kirche aus gutem Grund und auf gutem Grund. Dank an »die Ersten«, erinnert ihre Namen, ihr Tun, wir stehen in ihren Spuren und halten uns oft genug für Riesen, obwohl wir doch nur auf ihren Schultern sitzen. So bin ich froh, dass dieses Buch sie ehrt – Gott zum Lobe seien die Namen und Geschichten »der Ersten« unvergessen. Unvorstellbar, wäre es anders.

Grußwort
Präses Harald Geywitz

Präses der Landessynode der EKBO

Seit Jahrhunderten existiert die evangelische Kirche, die Wurzeln der christlichen Kirchen reichen Jahrtausende tief. Trotz zahlreicher historischer Krisen hat sie ihre Relevanz bewahrt. Und hat im Laufe der Zeit Schuld auf sich geladen, hat mit Antijudaismus und Antisemitismus, mit williger Unterstützung von Krieg und Gewalt, sowie als Helferin mannigfaltiger Diskriminierungen so viele Fehler gemacht. Der Umgang mit den Frauen in der Gesellschaft und innerhalb unserer evangelischen Kirche gehört auch zur Schuldgeschichte unserer Kirche. Lange war Frauen der Zugang zum Pfarramt verwehrt. Zögerlich gab es erste Schritte und dann erste Pfarrerinnen, die zunächst nicht verheiratet sein durften. Ein aus heutiger Sicht atemberaubender Sonderweg des Zölibats im weltweiten Protestantismus. All diese zögerlichen Schritte haben Leid verursacht. Bei den Theologinnen selbst, aber auch bei den Frauen, die sahen, wie ihre Kirche mit Frauen umging und wie im Grunde biblischem Zeugnis zuwidergehandelt wurde.

Immer wieder gab es wichtige Schritte auf dem Weg zu mehr Geschlechtergerechtigkeit, auch in der Kirche. Erkämpft von starken Frauen und immer wieder bekämpft von denjenigen, die an Althergebrachtem mit Macht festhalten wollten. Dieses Buch erscheint aus Anlass eines Jahrestages. Im November 1974 beschloss die Regionale Synode der Evangelischen Kirche in Berlin-Brandenburg (Berlin West) im Wesentlichen die rechtliche Gleichstellungen von Frauen im Pfarrberuf. Technisch ging es um die Änderung dienstrechtlicher Vorschriften, die bis dahin Frauen diskriminiert hatten. Das geschah, wie es im Protokoll der Synode vermerkt ist, »mit großer Mehrheit«. Das bedeutet jedoch nicht, dass es keine heftigen Auseinandersetzungen darum gab, die vom Ausscheiden »profilierter theologischer Mitglieder« aus der Synode bis zu einem Rücktritt vom Präsesamt reichten. Doch am Ende glückte das, was nach biblischem Zeugnis selbstverständlich sein sollte: die zumindest rechtliche Gleichstellung von Frauen und Männern im Pfarrdienst.

Mit solchen rechtlichen Beschlüssen, die in anderen Teilen unserer heutigen Landeskirche in der Praxis teils früher und rechtlich teils später vollzogen wurden, ist die Frage der Geschlechtergerechtigkeit selbstverständlich nicht beantwortet. Sie wird in der Praxis beantwortet. Es ist gut, dass bisher zwei Frauen und zwei Männer Präses in der EKBO waren. Aber es reicht natürlich nicht aus und die Analysen zur ungenügenden Vertretung von Frauen in Führungspositionen in unserer Kirche sind bekannt und fordern uns alle auf, einen Beitrag zum Wandel zu leisten. Denn nur so werden wir unserem biblischen Auftrag gerecht und bleiben in einer sich verändernden Welt relevant.

Vor dem Wittenberger Schloss:
Dr. Hanna Kasparick und Billie Scheepers

Impressionen
der Fotografin Billie Scheepers

Mitte Februar dieses Jahres war ich mit meinen Kindern für eine Woche in meiner Heimatstadt Berlin. Eines Abends trafen meine Schwester und ich uns zum Essen, und sie erzählte mir von ihrer Idee, ein Projekt zu starten, in dem sie Pfarrerinnen interviewen wollte, die vor über 50 Jahren noch ihren Job verlieren konnten, weil sie eine eigene Familie gründeten.

Ich muss gestehen, dass ich davon noch nichts wusste und auch nicht, dass dieses Gesetz vor genau 50 Jahren zum Glück geändert wurde, weil diese Frauen alles in ihrer Macht Stehende getan hatten, um das Gesetz zu durchbrechen.

Ich war sofort begeistert, als meine Schwester mich fragte, ob ich die Fotos für das Projekt machen könnte! Beruflich sind meine Schwester und ich sehr unterschiedliche Wege gegangen; wir haben uns immer gegenseitig inspiriert, doch nie hatten wir die Gelegenheit, gemeinsam zu arbeiten.

Noch am selben Abend planten wir das erste Shooting mit Angelika Fischer. Ich hatte nur noch einen Tag in Berlin, und tatsächlich hatte Angelika Fischer am folgenden Tag Zeit, mich zu empfangen, um sich fotografieren zu lassen.

Ich erinnere mich noch genau, wie inspirierend es für mich war, diese Stunden mit ihr zu verbringen. Sie war so voller Leben und Lebensfreude und strahlte so viel Energie aus. Sie hatte so viel erlebt und gesehen und war mit ihren über 90 Jahren so positiv und ansteckend.

Die nächsten Begegnungen erlebte ich gemeinsam mit meiner Schwester. Ich kam noch ein paar Mal nach Berlin, und wir fuhren tagelang gemeinsam durch Berlin, Wittenberg, Görlitz und Brandenburg zu unseren Terminen, um die elf weiteren Frauen zu treffen.

Überall wurden wir herzlich empfangen. Es war wunderbar, meiner Schwester bei ihrer Arbeit zuzusehen und in spannende Lebensgeschichten einzutauchen. Jede Geschichte ist bewegend und mitreißend, mal traurig, mal heiter, mit Höhen und Tiefen. Und sie alle haben dazu beigetragen, etwas zu verändern.

Ich bin so stolz auf unser Projekt und hoffe, dass unsere Texte und Bilder spiegeln, was diese Frauen erreicht haben.

London, August 2024

Vorwort

Ordiniert, aber ledig – Pastorinnen werden zur Ehelosigkeit gezwungen

»Ordiniert, aber ledig«[1] – mit dieser Überschrift thematisierte bereits 1968 die Frankfurter Allgemeine Zeitung den Zusammenhang von weiblichem Geschlecht, Amtsfrage und Familienstand. Dies macht deutlich, dass es sich bei der Frage nach den geschlechtsspezifischen Beschränkungen im Pfarramt nicht nur um ein binnenkirchliches Phänomen handelte, sondern durchaus öffentlich wahrgenommen wurde. Ende der 1960er Jahre durften Frauen Pastorinnen werden, mussten aber im Falle ihrer Verheiratung aus dem Amt scheiden.

Dieses diskriminierende Gesetz wurde im Bereich der EKBO, bzw. ihrer Vorgängerkirchen, zuerst am 17. November 1974 aufgehoben – für den Bereich West-Berlin.

Ein guter Grund, dies 50 Jahre später zu feiern. Und die historische, mühsame Entwicklung dorthin und seitdem nachzuvollziehen.

1 Überschrift eines Artikels in der FAZ zur Diskussion um das neue Braunschweiger Pastorinnengesetz, 7.2.68.

Ein persönliches Wort

Eine meiner ersten Amtshandlungen als Pfarrerin war die Beerdigung meiner Konfirmations*pastorin* – der Frau, die mich 1989 getauft und konfirmiert hatte. Ihr Name war Dr. Helga Frisch und sie hat mich entscheidend geprägt in meinem Wunsch, Theologin zu werden.

1988 wurde ich zum Konfirmandenunterricht angemeldet, weniger aus eigenem Antrieb, sondern weil es so üblich war in West-Berlin Ende der 1980er Jahre im Villenviertel Grunewald. Dort lernte ich dann eine extrem unkonventionelle Frau kennen, Pastorin – auf diesen Titel bestand sie zeitlebens – Dr. Helga Frisch. Sie war promovierte Literaturwissenschaftlerin, war unverheiratet und kinderlos und hatte immer Zeit für ihre Gemeinde. Sie hatte für jeden ein offenes Ohr und ein offenes Herz. Inhaltlich war der Unterricht, soweit ich erinnere, eher ausbaufähig, aber mich faszinierte diese andere Welt – die Gemeinschaft, das Kirchengebäude und diese nonkonformistische Frau.

Merkwürdig fand ich allerdings, dass die beiden Amtsinhabenden verschiedene Ämter zu haben schienen: Der Mann trug den Titel »Pfarrer«, die Frau den Titel »Pastorin«, er trug einen Talar mit Beffchen, sie mit Kragen, er hatte Frau und Kinder, sie war unverheiratet und kinderlos. Dies war mir bei keinem Beruf begegnet – die Eltern meiner einen Schulfreundin waren Arzt und Ärztin, eine andere hatte eine Richterin zur Mutter und einen Richter zum Vater, eine Dritte war Kind einer Lehrerin und eines Lehrers. Nie war davon die Rede, dass in einem dieser Berufe es für Männer und Frauen verschiedene Amtsbezeichnungen, Amtskleidungen oder gar Lebensformvorschriften gab. Dies schien ein Alleinstellungsmerkmal der evangelischen Kirche zu sein.

Erst sehr viel später habe ich gelernt, dass meine Konfirmationspastorin vielleicht nicht freiwillig so lebte, sondern dass es bis 1974, bis zu meinem Geburtsjahr, in West-Berlin die Regelung gab, dass eine Pastorin mit ihrer Heirat aus dem Dienst ausschied. Als ich vor einigen Jahren anfing, mich wissenschaftlich damit zu befassen und Personalakten betroffener Pastorinnen studierte, begriff ich, was meine Kirche diesen Frauen angetan hatte, indem sie sie vor die unbarmherzige Wahl zwischen Familie und Beruf(-ung) stellte. Nicht wenige Frauen sind daran körperlich zerbrochen, verbittert geworden oder seelisch krank. Diese Geschichte ist noch weitgehend ungeschrieben.

Das alles wusste ich nicht, als ich mich vor 30 Jahren entschied, Theologie zu studieren. Ich konnte mir gut vorstellen, ein derartig freies, selbstbestimmtes und erfülltes Leben – so kam es mir damals vor – wie meine Pastorin zu führen und ich hatte eine brennende Neugier nach der Frage nach Gott.

Die Rückendeckung meines vor zwei Jahren verstorbenen Mannes Martin, die Gewissheit, jederzeit als Pfarrerin meine Brötchen verdienen zu können, die Ermunterung durch meine Freundinnen und vieles, vieles andere mehr, ermöglichen es mir, als Theologin in Kirche *und* Wissenschaft tätig zu sein, und drei wunderbare Kinder großziehen zu dürfen: Jakob (19), Ronja (15) und Lilly (11 Jahre alt).

Die Frage, ob Frauen auch Theologinnen und geweihte oder ordinierte Amtsträgerinnen werden können sollten, kann ich mit einem klaren JA beantworten. Als Kirchenhistorikerin halte ich es ein Stück weit auch für unsere Pflicht gegenüber unseren Vorgängerinnen, das Beste aus unseren Gaben zu machen, denn diese Möglichkeit hatten die Frauen, die die Theologie und die Kirche liebten, bis vor wenigen Jahren über Jahrtausende hinweg nur in einem sehr eingeschränkten Maße.

Inzwischen bin ich die erste in 450 Jahren durch das dänische Königshaus ernannte Frau im Amt des Hauptpastors der Sankt Petri Kirche Kopenhagen und außerdem die erste in 500 Jahren Fakultätsgeschichte ernannte weibliche Professorin für Kirchengeschichte – außerplanmäßig – in Marburg. Wir wohnen als Pfarrfamilie direkt neben der Kirche in einer großen Wohnung und von meinem Schreibtisch in meinem Amtszimmer blicke ich glücklich auf meine Kirche.

Wir alle stehen an einem bedeutenden Punkt in der Geschichte – viele von uns Frauen sind die Ersten, in einer Gemeinde oder einem Amt, wir beobachten und erleben mit, wie erstmalig Frauen ein Amt bekleiden, sei es Bundeskanzlerin oder, vielleicht, US-Präsidentin. Wir erleben und gestalten mit, was vermutlich vor uns noch nie eine Generation erlebt hat und wohl nach uns nicht mehr erleben wird – Frauen, die die Ersten sind.

Auf dem 19. Europäischen Kongress für Theologie im September 2024 in Heidelberg: Das Thema war »Die Zukunft der Theologie«. Sie werden die Theologie der Zukunft mitgestalten: Theologiestudierende aus Kopenhagen und Heidelberg – Lisa Fisahn, Tobias Bandel und Elias Jasper Neddens.

Der Wendepunkt und gesetzliche Regelungen

Diese Festschrift geht von einem entscheidenden Wandel für Frauen im Binnenraum der evangelischen Kirche aus, der sich ab Anfang der 1960er Jahre abzuzeichnen begann, 1974 mit der formalen Gleichstellung im Amt seinen kodifizierten Niederschlag fand und erst sehr allmählich Realität wurde. Dabei ist besonders die zeitliche Verzögerung im Vergleich zur Entwicklung der Berufstätigkeit von Frauen im säkularen Raum auffällig.

Die Entwicklung hin zur Gleichberechtigung von Theologinnen in der Evangelischen Kirche in Deutschland zwischen 1958 und 1978 gehört sicherlich zu den bedeutendsten Faktoren eines Strukturwandels der Evangelischen Kirche.

Von der allgemeinen Frauenbewegung wurde dieser Prozess offensichtlich nicht wahrgenommen. Waren zunächst die Landeskirchen auf dem Gebiet der DDR in der Weiterentwicklung eines »besonderen Amts« für Frauen wegweisend, setzte ab Mitte der 1960er Jahre dann auch in der Bundesrepublik eine Entwicklung hin zur vollen Gleichstellung von Pfarrerinnen ein, die wenige Jahre zuvor von konservativen Lutheranern noch als »Häresie« und als Konflikt nicht nur für die Kirche, sondern für die »kulturelle Gesamtstruktur des Zeitalters« bezeichnet worden war.

Die Vorgängerkirchen der EKBO waren Gliedkirchen der Evangelischen Kirche der Union (EKU). Den von der EKU beschlossenen Gesetzen mussten dann die jeweiligen Synoden zustimmen, damit diese Gesetze in Kraft traten. Dies war ein komplizierter Prozess, wie aufzuzeigen sein wird.

Erstmalig seit 1927 und 1944 wurde 1952 im Pfarrvikarinnengesetz der Evangelischen Kirche der Union (EKU) von 1952 die Rechtsstellung der weiblichen Geistlichen geregelt. Wurde 1944 unter den Bedingungen des Krieges noch der Vikarin »bei Vorliegen besonderer Verhältnisse in zeitlich und örtlich begrenzter Weise gestattet, Gemeindegottesdienste abzuhalten und die Sakramente zu spenden sowie Amtshandlungen vorzunehmen, die herkömmlich vom Pfarrer zu vollziehen sind«, wurde dies nun zurückgenommen. Das Gesetz von 1952 regelte die »Mitarbeit der theologisch vorgebildeten Frau in der Kirche« und trug »ihren besonderen Gaben wie auch der schöpfungsmäßigen Unterschiedenheit von Mann und Frau Rechnung«. An den Sitzungen des Gemeindekirchenrates durfte sie nur mit beratender Stimme teilnehmen – 1944 war ihr noch das Stimmrecht erteilt worden. In § 19, Artikel 3 heißt es dann: »Mit ihrer Verheiratung scheidet die Pfarrvikarin aus ihrem Amt aus. Damit erlöschen die Rechte ihres Amtes. Ausnahmen kann die Kirchenleitung gestatten.«

1962 leitete die Pastorinnenverordnung der Evangelischen Kirche der Union die finanzielle Gleichstellung ein. Die Ausführungen zur Zölibatsklausel finden sich in § 8: »Die Pastorin erhält im Falle ihrer Heirat eine Abfindung. Sakramentsverwaltung und Wortverkündigung sind ihr nach der Heirat nicht mehr gestattet.«

Im Jahr 1963 veranstaltete der Ökumenische Rat der Kirchen (ÖRK) eine internationale Erhebung zum Amt der Pastorin – bereits hier finden sich irritierende Äußerungen zur deutschlandspezifischen Zölibatsklausel. Doch auch in anderen Ländern gab es ähnliche Entwicklungen, so z. B. in den Niederlanden: 1967 beschloss die Reformierte Synode die Zulassung von Frauen zum vollen Pfarramt, verbunden mit der Klausel des Ausscheidens im Falle einer Heirat und der Möglichkeit, sich danach an einem anderen Ort um eine Pfarrstelle zu bewerben.[2]

1973 entfiel in der EKU die Zölibatsklausel. Frauen und Männer wurden im Pfarramt gleichgestellt. Die Aufhebung der Zölibatsklausel schuf u. a. auch die Voraussetzung, als Pfarrehepaar Dienst zu tun. Dies wurde für West-Berlin am 17. November 1974 beschlossen, für Ost-Berlin vier Jahre später, 1978, – und für die Schlesische Kirche, soweit ich erkennen kann, überhaupt nicht.

In allen Kirchen des Bundes der Evangelischen Kirchen in der DDR galt allerdings ab 1982 das Pfarrerdienstgesetz, das Männer und Frauen gleichbehandelte. Damit waren nun auch in der Schlesischen Kirche Frauen im Pfarramt gleichgestellt.

Die Zölibatsklausel

Beim Stichwort »Zölibat« werden die meisten an die römisch-katholische Kirche denken, die Frauen gar nicht weiht und für ihre Priester den Zölibat vorschreibt. Zölibat meint dabei in einem umfassenden Sinne nicht nur Ehelosigkeit, sondern jeglichen Verzicht auf sexuelle Handlungen und Beziehungen. Im katholischen Kirchenrecht heißt es dazu: »Die Kleriker sind gehalten, vollkommene und immerwährende Enthaltsamkeit um des

2 Vgl. epd Nr. 269 vom 23.11.1967, in EZA: 8, 2087, 1964–1975.

Himmelreiches willen zu wahren; deshalb sind sie zum Zölibat verpflichtet, der eine besondere Gabe Gottes ist, durch welche die geistlichen Amtsträger leichter mit ungeteiltem Herzen Christus anhangen und sich freier dem Dienst an Gott und den Menschen widmen können.« Die Pflicht zum Zölibat bezieht sich also auf alle Geistlichen.

In der evangelischen Kirche hingegen bezog sie sich ausschließlich auf weibliche Geistliche. Das ist umso interessanter als ja die Aufhebung des Zölibats für die Geistlichen eine entscheidende Forderung der Reformation war, die die Reformatoren und Reformatorinnen durch ihre eigenen Heiraten auch körperlich vollzogen, wie auch Martin Luther und Katharina von Bora, die 1525 heirateten.

So stammt die Zölibatsklausel für weibliche Geistliche auch nicht aus dem Kirchenrecht, sondern dem Beamtenrecht. Dies war eine gesetzliche Regelung, die in Deutschland und anderen Teilen Europas bis in die Mitte des 20. Jahrhunderts existierte und unverheiratete Beamtinnen dazu verpflichtete, im Falle einer Heirat aus dem öffentlichen Dienst auszuscheiden. Diese Klausel war besonders relevant für Frauen in geistlichen und kirchlichen Berufen, darunter auch Theologinnen, die sich damit in einer konfliktreichen Situation zwischen beruflicher Berufung und der Möglichkeit eines Privatlebens mit Ehe und Familie wiederfanden.

Die Zölibatsklausel hat ihre Wurzeln im 19. Jahrhundert, als Frauen allmählich Zugang zum öffentlichen Dienst erhielten. Diese Öffnung war jedoch von Anfang an von Beschränkungen geprägt, die stark von den gesellschaftlichen Geschlechterrollen und patriarchalen Vorstellungen dieser Zeit beeinflusst waren. Man ging davon aus, dass die Hauptverantwortung einer Frau in der Ehe und der Familienführung liege. Deshalb wurde durch die Zölibatsklausel festgelegt, dass Frauen nur dann im öffentlichen Dienst beschäftigt werden sollten, wenn sie unverheiratet blieben. Die Klausel stellte sicher, dass verheiratete Frauen nicht gleichzeitig einer beruflichen Tätigkeit nachgingen, die als unvereinbar mit ihrer vermeintlichen Hauptaufgabe als Hausfrau und Mutter angesehen wurde.

Für Theologinnen und andere Frauen in kirchlichen Berufen bedeutete die Zölibatsklausel eine besonders einschneidende Einschränkung, da sie dazu gezwungen wurden, zwischen einem religiösen oder geistlichen Beruf und einem traditionellen Familienleben zu wählen. In kirchlichen Kontexten sollte diese Regel sicherstellen, dass Frauen, die im Dienst der Kirche standen – sei es in der Seelsorge, in der Bildungsarbeit oder in anderen theologischen Tätigkeitsfeldern – nicht durch familiäre Verpflichtungen »abgelenkt« wurden. Dies galt ebenfalls für Diakonissen, während von Diakonen erwartet wurde, verheiratet zu sein.

Die Zölibatsklausel fand ihre gesetzliche Verankerung in verschiedenen Bestimmungen des Beamtenrechts, die seit dem Kaiserreich Ende des 19. Jahrhunderts bis weit in die Weimarer Republik und die Zeit des Nationalsozialismus hineinreichten. Zu den einschlägigen gesetzlichen Regelungen zählte unter anderem das »Reichsgesetz über die Rechtsverhältnisse der Reichsbeamten« von 1873 und die »Reichsbeamtengesetzgebung« von 1907. In diesen Regelungen wurde festgelegt, dass Beamtinnen ihr Dienstverhältnis aufgeben mussten, sobald sie heirateten. Das Gesetz bestimmte somit, dass eine Heirat automatisch die Entlassung aus dem Beamtenverhältnis zur Folge hatte.

Während der Weimarer Republik blieb diese Regelung bestehen, obwohl die Emanzipationsbewegung der Frauen zu dieser Zeit bereits an Einfluss gewann. Auch das »Gesetz zur Wiederherstellung des Berufsbeamtentums« von 1933 unter den Nationalsozialisten stärkte die Zölibatsklausel erneut, indem es vorschrieb, dass weibliche Beamte im öffentlichen Dienst bei Heirat aus dem Dienst ausscheiden sollten. Diese Vorschriften galten für alle Bereiche des öffentlichen Dienstes, einschließlich der Kirchen.

Nach dem Zweiten Weltkrieg und der Gründung der Bundesrepublik Deutschland 1949 kam es zu einem erheblichen gesellschaftlichen und politischen Wandel, der letztlich auch die Abschaffung der Zölibatsklausel für Beamtinnen mit sich brachte. Die Einführung des Grundgesetzes der Bundesrepublik Deutschland im Jahr 1949 legte in Artikel 3 fest: »Männer und Frauen sind gleichberechtigt.« Diese Bestimmung stellte einen wichtigen Meilenstein in der Gesetzgebung dar und bildete die Grundlage für die allmähliche Abschaffung diskriminierender Regelungen wie der Zölibatsklausel.

Die entscheidende Wende kam 1951 mit dem »Gesetz über die Rechtsstellung der weiblichen Beamten und Angestellten im öffentlichen Dienst« (auch als »Gleichberechtigungsgesetz« bekannt). Dieses Gesetz hob die Bestimmungen auf, die Frauen aufgrund ihrer Heirat die berufliche Tätigkeit untersagten. Gleichzeitig wurde die Gleichstellung von männlichen und weiblichen Beamten gesetzlich verankert, was bedeutete, dass Frauen nun auch nach einer Heirat im öffentlichen Dienst bleiben konnten. Diese gesetzliche Änderung führte zur Aufhebung der Zölibatsklausel, die Frauen im öffentlichen Dienst jahrzehntelang diskriminiert hatte.

Im Bereich der evangelischen Kirche jedoch war die Zölibatsklausel noch jahrzehntelang gültig und wurde bis in die 1970er Jahre immer wieder gesetzlich verankert. Die evangelische Kirche behielt die Zölibatsklausel für Frauen, die als Pastorinnen, Diakonissen, Gemeindehelferinnen, Religionslehrerinnen oder in ähnlichen Berufen tätig waren, bei.

Für Theologinnen bedeutete die Abschaffung der Zölibatsklausel in den 1970er Jahren einen wichtigen Fortschritt in ihrem Kampf um Gleichberech-

Pfarrerin i.R. Angelika Fischer kurz vor ihrem Tod

tigung und berufliche Anerkennung. Sie konnten nun sowohl ihre Berufung als auch ein Privatleben mit Ehe und Familie miteinander vereinbaren, ohne ihre berufliche Laufbahn aufgeben zu müssen.

Die Zölibatsklausel war ein Ausdruck tief verwurzelter gesellschaftlicher und religiöser Normen, die Frauen, insbesondere Theologinnen, lange Zeit in ihrer beruflichen und persönlichen Freiheit einschränkten. Mit der Abschaffung der Klausel wurde ein wichtiger Schritt hin zu mehr Gleichberechtigung getan. Sie bleibt ein wichtiges historisches Beispiel dafür, wie lange es gedauert hat, Frauen die gleichen Rechte im Berufsleben zuzugestehen, und wie wichtig es ist, weiterhin für die volle Gleichberechtigung in allen Bereichen der Gesellschaft einzutreten.

In a nutshell

Diese Festschrift ist jenen gewidmet, die für die Abschaffung dieser Klausel kämpften.

Stellvertretend für die vielen Theologinnen, die sich im Bereich der EKBO und ihrer Vorgängerkirchen behaupteten, sollen in dieser Festschrift anlässlich des Jubiläums »50 Jahre Gleichstellung im geistlichen Amt in der EKBO« im November 2024 elf erste Theologinnen gewürdigt werden, und zwar nicht nur durch einen Text, sondern auch durch die Fotos einer professionellen Fotografin, der Londoner Fotografin Billie Scheepers.

Diese in ihrem Amt ersten, zu Projektbeginn noch lebenden, Theologinnen sind:

Amtsantritt	*Amt*	*Name (Geburtsjahrgang)*
1973	Oberkonsistorialrätin West-Berlin	Christa Otto (1935)
1973	Verheiratet, ordiniert und im Amt geblieben	Katrin Müller (1944)
1974	Initiatorin der Abschaffung des Zölibats in der Region West der EKiBB	Angelika Fischer (1933–2024)
1974	Mitglied im Ephoralkonvent West-Berlin	Lona Kutzer-Laurien (1929)
1990	Synodenpräses des Bundes der Ev. Kirchen in der DDR	Rosemarie Cynkiewicz (1936)
1991	Theologin in der Kirchenleitung	Dr. Erika Godel (1948)
2002	Direktorin des DWBO	Susanne Kahl-Passoth (1948)
2002	Direktorin Predigerseminar	Dr. Hannah Kasparick (1954)
2005	Pröpstin	Friederike von Kirchbach (1955)
2005	Gewählte Generalsuperintendentin	Heilgard Asmus (1958)

Amtsantritt	*Amt*	*Name (Geburtsjahrgang)*
2018	Generalsuperintendentin Sprengel Görlitz	Theresa Rinecker (1964)

Parallel zu diesen elf Ersten wird die Geschichte der Theologinnen in der EKBO und ihren Vorgängerkirchen erzählt, angefangen von den ersten akademischen Theologinnen in Berlin und Breslau durch 120 Jahre hinweg bis heute. Dies kann nur exemplarisch geschehen – so bitte ich schon jetzt um Verzeihung für all diejenigen, die ich nicht erwähne. Jede von ihnen hätte eine Darstellung verdient. Dieses Buch versucht, 120 Jahre Theologinnengeschichte nachzuzeichnen. Es ist keineswegs als Lexikon gedacht oder als eine Darstellung, die Vollständigkeit beansprucht. Die Leser:innen können es von vorne nach hinten durchlesen – oder umgekehrt. Sie können darin blättern und einzelne Kapitel lesen. Darum variiert bei der zeitgeschichtlichen Einordnung das, was an Vorwissen bei den Leser:innen vorausgesetzt wird. Viele Theologinnen werden die Leser:innen zu recht schmerzlich vermissen, sind doch viele von uns die Ersten. Ich habe die Theologinnen danach ausgesucht, ob sie an einem bestimmten Ort in einem bestimmten Amt die Ersten waren – und noch leben. Dieses Buch ist ein Anfang und ich hoffe, er ermuntert zum Weiterlesen, Weiterforschen und zu vielen Fragen. Denn damit beginnt alle Theologie.

Die Zahl der Theologinnen – und da sind all die Pfarrfrauen und zahllosen anderen theologisch tätigen Frauen nicht mitgerechnet –, geht mittlerweile in die Tausende. Denn endlich wird wahr, was der Prophet Joel vor über 2.000 Jahren verkündet hat: »Danach wird es geschehen, dass ich meine Geistkraft auf alles Fleisch ausgieße. Eure Söhne und Töchter werden prophetisch reden, eure Alten werden Träume träumen, und eure jungen Leute Visionen haben.« (Joel 3,1. Übersetzung nach der Bibel in gerechter Sprache)

Gut, dass dies nicht erst am Jüngsten Tag geschieht, sondern schon heute Wirklichkeit ist. Das gleichberechtigte theologische Wirken von Menschen aller Geschlechter zur Freude der Menschen und zur Ehre Gottes.

Mein Dank gilt allen, die zu diesem Buch beigetragen haben, mit Texten, Bildern und Geschichten. Rüdiger Kern, dem Grafiker, für seine unendliche Geduld, der Fotografin Billie, den elf porträtierten Frauen, Pfarrerin Meike Waechter und Vikarin Anne Marike Christophers für das Korrekturlesen, Pfarrerin Marita Lersner und Pfarrerin Margareta Trende für alle Ermutigung. Und natürlich besonders der EKBO, die dieses Projekt finanziert sowie begleitet hat, namentlich Oberkonsistorialrätin Katharina Furian, Bischof Dr. Christian Stäblein, Pröpstin Dr. Christina-Maria Bammel, dem Präses Harald Geywitz und Dr. Viola Vogel als Präsidentin des Konsistoriums. Doch der größte Dank gilt jenen, die ermöglicht haben, dass ich sein darf, was ich bin – eine Pastorin, die Kinder hat. Geboren in West-Berlin im Jahr der Abschaffung der Zölibatsklausel.

Kopenhagen, 24. September 2024

I

Voraussetzungen

1.1. Erste Frauenbewegung und Widerstände

Die erste Frauenbewegung, die im 19. Jahrhundert ihren Anfang nahm, markierte einen bedeutenden Wendepunkt in der Geschichte der Frauenrechte. Frauen forderten gleiche Rechte in Bildung, Beruf und Politik. Ein zentraler Aspekt dieser Bewegung war das Frauenstudium. Die Haltung von Pastoren und Theologieprofessoren gegenüber diesem Anliegen war von entscheidender Bedeutung, da sie oft eine große Einflussmacht innerhalb der Gesellschaft besaßen.

Die erste Frauenbewegung entstand in einer Zeit großer sozialer, wirtschaftlicher und politischer Veränderungen. Industrialisierung und Urbanisierung führten zu neuen Lebensbedingungen und veränderten sozialen Strukturen. Frauen, die traditionell auf den häuslichen Bereich beschränkt waren, begannen, ihre Rolle in der Gesellschaft zu hinterfragen und mehr Rechte und Bildungschancen zu fordern.

Eine der bedeutendsten Forderungen war der Zugang zu höherer Bildung und Universitäten. Frauen wollten nicht nur grundlegende Schulbildung, sondern auch akademische Abschlüsse, die ihnen den Zugang zu professionellen Berufen ermöglichten. Dies stieß jedoch auf erheblichen Widerstand, insbesondere aus konservativen Kreisen, zu denen viele Pastoren und Theologieprofessoren gehörten.

Zum Beispiel: Die Frauenrechtlerin Hedwig Dohm

Die Frauenrechtlerin Hedwig Dohm schrieb 1874 in ihrer Schrift *Die wissenschaftliche Emancipation der Frau*: »Aber es wird ein Tag kommen, wo die Frau, der Nadel und des Kochlöffels überdrüssig, die Geschlechtssymbole von sich wirft, wo sie, müde der abgedroschenen Phrasen, mit denen sie bisher betrogen worden, dem Despoten ›Mann‹ den Gehorsam kündigen und Gehorsam fordern wird von denen, die ihr unterthan im Geiste. Kommen wird der Tag, wo sie in die Tempel der Männer dringen, ihre Kanzeln besteigen und ein neues Evangelium predigen wird, die frohe Botschaft von der Menschwerdung des Weibes.«

Dieses Postulat für die »Menschwerdung des Weibes« illustriert Hedwig Dohms Vision von einem gleichberechtigten Zusammenleben von Männern und Frauen mit dem Bild von Frauen, die Kanzeln besteigen und ein neues Evangelium verkünden. Ihre Emanzipationsvorstellungen beziehen sich darauf, dass Frauen in bisher allein Männern vorbehaltene Räume einzudringen vermögen und damit auch eine Neudefinition bestehender Wertevorstellungen vornehmen können.

»Ob Frauen studieren dürfen? Ob Frauen studieren können (im Sinne ihrer Befähigung)? Ob Frauen studieren sollen?« Diese Fragen legte Hedwig Dohm sich und ihren Lesern und Leserinnen in ihrer 1874 erschienenen Streitschrift *Die wissenschaftliche Emancipation der Frau* vor – in einer Zeit, in der Frauen sich ihren Platz an der Universität erst erkämpfen mussten. Ab 1840 besuchten zwar die ersten Gasthörerinnen die Zürcher Universität, die 1867 Frauen zum ordentlichen Studium zuließ, in den 1870er und 80er Jahren konnten sich Frauen zudem auch an vielen anderen europäischen Universitäten regulär einschreiben. In Deutschland und vor allem Preußen, das noch 1871 das Studienverbot von Frauen festschrieb, gelang der Zutritt zum »Tempel der Wissenschaft, der Universität« jedoch zunächst nur zögerlich und durch das pragmatische Vorgehen von einzelnen Frauen, die mit Ausnahmegenehmigungen studierten. Erst 1895 erhielten in Preußen in einem ersten Schritt Frauen Zugangsrecht als Gasthörerinnen. Unter ihnen war als eine der ersten an der Berliner Universität eben jene Hedwig Dohm, die die eingangs gestellten Fragen bereits viele Jahre zuvor so kommentiert hatte: »Mir persönlich erscheinen diese Untersuchungen ebenso müßig, als wollte jemand fragen: Darf der Mensch seine Kräfte entwickeln? Soll er seine Beine zum Gehen gebrauchen?«

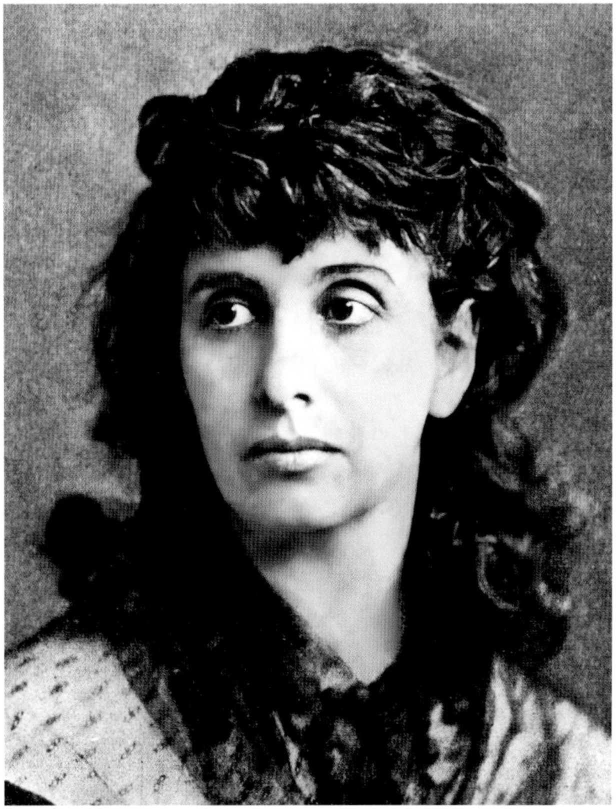

Hedwig Dohm (um 1870)

Haltungen von Pastoren und Theologieprofessoren zum Frauenstudium

Die Haltungen von Pastoren und Theologieprofessoren zum Frauenstudium waren vielfältig und spiegelten ein breites Spektrum theologischer und gesellschaftlicher Überzeugungen. Diese Meinungen lassen sich grob in drei Kategorien einteilen: konservative Ablehnung, zögerliche Unterstützung und progressive Befürwortung.

Viele konservative Theologen und Pastoren lehnten das Frauenstudium grundsätzlich ab. Sie stützten ihre Argumente oft auf eine traditionelle Interpretation der Bibel, insbesondere der paulinischen Briefe, die Frauen eine untergeordnete Rolle zuwiesen. Diese Geistlichen argumentierten, dass die natürliche Bestimmung der Frau im häuslichen Bereich liege und dass höhere Bildung ihre Fähigkeit, diese Rolle zu erfüllen, beeinträchtigen würde.

Prominente Stimmen in dieser Gruppe sahen die Gefahr, dass gebildete Frauen ihre Rolle als Ehefrauen und Mütter vernachlässigen und die gesellschaftliche Ordnung destabilisieren könnten.

Einige Pastoren und Theologieprofessoren unterstützten das Frauenstudium, jedoch unter bestimmten Bedingungen und Einschränkungen. Sie erkannten die Notwendigkeit einer besseren Bildung für Frauen an, um sie auf ihre Rolle als Erzieherinnen der nächsten Generation vorzubereiten. Diese Unterstützung war oft an die Bedingung geknüpft, dass Frauen nur bestimmte Fächer studieren sollten, die als »weiblich« galten, wie Literatur, Kunst und Pädagogik. Die zögerlichen Unterstützer sahen Bildung als Mittel zur moralischen und geistigen Verbesserung der Frau, nicht jedoch als Weg zur beruflichen Gleichstellung mit Männern.

Eine kleinere, aber bedeutende Gruppe von Theologen und Pastoren befürwortete das Frauenstudium uneingeschränkt. Sie argumentierten, dass die geistige und moralische Gleichwertigkeit von Männern und Frauen auch gleiche Bildungschancen erfordere. Diese progressiven Denker betonten, dass die Bibel keine spezifischen Bildungsbeschränkungen für Frauen auferlege und dass die Förderung von Frauenbildung im Einklang mit christlichen Werten der Gerechtigkeit und Nächstenliebe stehe. Sie sahen in der Bildung von Frauen eine Möglichkeit, die gesamte Gesellschaft zu stärken und soziale Ungerechtigkeiten zu verringern.

Schlussfolgerung

Die Argumente, mit denen Frauen im 19. Jahrhundert die Befähigung zu einem Studium und zur Teilnahme an der Kultur der Wissenschaften abgesprochen wurde, variierten nur wenig: »Nicht in äußeren Zuständen, im Wesen des weiblichen Geistes liegt diese Unfähigkeit.« »Wegen ihres durch Gefühlsrücksichten leicht irregeleiteten Verstandes« und auch aufgrund des organischen Baus des weiblichen Körpers, so einige der von Dohm zurückgewiesenen Behauptungen, sei Frauen das Studium nicht möglich, zudem kollidiere es mit ihrer Rolle als Hausfrau und Mutter. Hedwig Dohm, die sich auch für das Frauenwahlrecht einsetzte, stellte dem die Forderung nach einer rechtlichen, sozialen und ökonomischen Gleichberechtigung der Frau gegenüber und forderte eine vollständige Öffnung der Hochschulen. Ihre »radikale Antizipation« wurde 1908 endlich wahr, in Preußen wurde den Frauen das Studium allgemein erlaubt.

Die erste Frauenbewegung stieß bei Pastoren und Theologieprofessoren auf gemischte Reaktionen, die von vehementer Ablehnung bis zu enthusiastischer Unterstützung reichten. Während konservative Kräfte versuchten, traditionelle Geschlechterrollen zu bewahren, erkannten zögerliche Unterstützer die Notwendigkeit einer begrenzten Bildung für Frauen, und progressive Befürworter sahen in der Frauenbildung einen wichtigen Schritt zur sozialen Gerechtigkeit. Diese unterschiedlichen Positionen spiegeln die komplexe Wechselwirkung zwischen Religion, Gesellschaft und Bildung in einer Zeit tiefgreifender Veränderungen. Die Diskussionen und Debatten dieser Ära legten den Grundstein für die weiteren Fortschritte der Frauenbewegung im 20. Jahrhundert und darüber hinaus.

1.2. Geographische Verortungen – Kirchenprovinzen der Evangelischen Kirche der altpreußischen Union

Die Evangelische Kirche in Berlin-Brandenburg-schlesische Oberlausitz (EKBO) ist aus verschiedenen Kirchen hervorgegangen. Dies waren zunächst zwei Kirchenprovinzen der Evangelischen Kirche der altpreußischen Union (APU). Die APU war eine evangelische Landeskirche in Preußen. Sie ging auf die vom preußischen König 1817 verordnete Union von lutherischen und reformierten Gemeinden zurück und war territorial auf das Gebiet Preußens bis 1866 (also ohne Hannover, Hessen und Schleswig-Holstein) beschränkt. Den oben genannten Namen gab sich die Kirche 1922 nach dem Ende des landesherrlichen Kirchenregiments. Die APU war in acht Kirchenprovinzen unterteilt, die nach 1945 als Landeskirchen weiterbestanden, so dass sich die APU 1953 zur Evangelischen Kirche der Union (EKU) umformte.

Kirchenprovinz (Mark) Brandenburg

Die eine Vorgängerkirche der EKBO war die Kirchenprovinz Brandenburg (1821–1926) bzw. ab 1926 die Kirchenprovinz Mark Brandenburg (1926–1948). Die Kirchenprovinz Brandenburg umfasste das Gebiet der preußischen Provinz Brandenburg. In der Zeit des Nationalsozialismus wurde die Provinz ab 1939 Mark Brandenburg genannt. Im Zuge der Auflösung Preußens ging sie 1947 im Land Brandenburg auf.

Die östlich der Oder-Neiße-Linie gelegenen Teile des Territoriums wurden nach Ende des Zweiten Weltkriegs seitens der sowjetischen Besatzungsmacht der Volksrepublik Polen zur Verwaltung unterstellt.

Evangelische Kirche in Berlin-Brandenburg

Die 1948 entstandene »Evangelische Kirche in Berlin-Brandenburg« (EKiBB) mit ihrem ersten Bischof Otto Dibelius (1945–1966) war eine selbständige Gliedkirche der »Evangelischen Kirche der Union« (EKU) sowie der »Evangelischen Kirche in Deutschland« (EKD). Von der bald sichtbaren und spürbaren Teilung Deutschlands war die Berlin-Brandenburgische Kirche besonders betroffen, ging

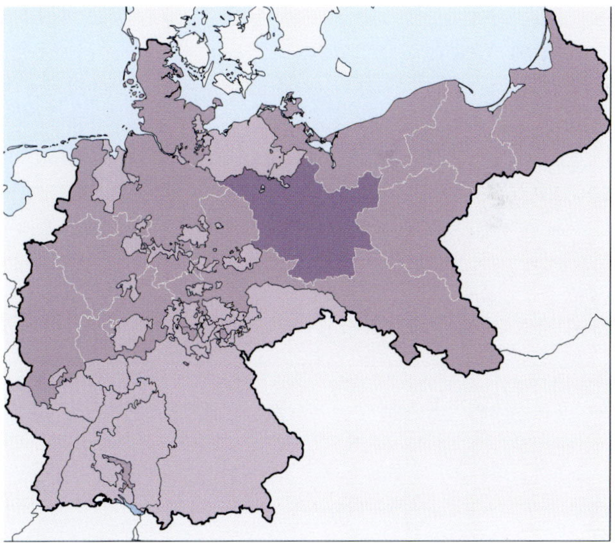

Die Provinz Brandenburg im Königreich Preußen

doch die Trennlinie mitten durch ihren Bereich hindurch und sahen sich die Christ:innen in Ost und West prinzipiell unterschiedlichen Staats- und Gesellschaftsformen gegenüber.

Dennoch versuchte die EKiBB an einer gemeinsamen Kirche und damit auch Synode festzuhalten; erst 1972 wurde ein eigener Bischof für die Ost-Region gewählt, Albrecht Schönherr.

Kirchenprovinz Schlesien

Die andere Kirchenprovinz, aus der die EKBO hervorgegangen ist, ist die Kirchenprovinz Schlesien, die von 1821 bis 1947 bestand. Die politische Provinz Schlesien, die geographisch deckungsgleich war mit der Kirchenprovinz Schlesien, war eine Provinz im Südosten Preußens. Zu ihr gehörte der größte Teil der historischen Region Schlesien. Ihre Hauptstadt war Breslau.

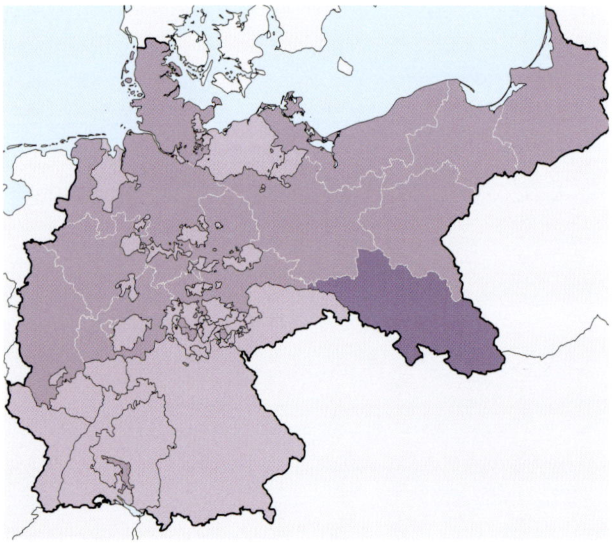

Die Provinz Schlesien im Königreich Preußen

Als nach dem Ersten Weltkrieg die Zweite Polnische Republik entstand und Gebietsansprüche auf Teile der östlichen preußischen Provinzen stellte, wurde das Gebiet 1919 in die Provinzen Nieder- und Oberschlesien geteilt. Auch infolge der drei polnischen Aufstände in Oberschlesien mussten Teile Oberschlesiens (Ostoberschlesien) 1922 an Polen abgetreten werden. Das Hultschiner Ländchen ging schon 1920 an die Tschechoslowakei. 1938 entstand die Provinz kurzzeitig neu.

Nach dem Überfall auf Polen kam annektiertes Territorium, das im Südosten deutlich über die früheren Grenzen hinausreichte, Ende 1939 völkerrechtswidrig dazu. 1941 wieder geteilt, wurde das Gebiet unter Ausschluss militärischer Sperrgebiete 1945 nach dem Zweiten Weltkrieg von der sowjetischen Besatzungsmacht fast gänzlich der Volksrepublik Polen zur Verwaltung unterstellt. Es begann danach die Zuwanderung von Polen. In der Folgezeit wurde die einheimische Bevölkerung mit wenigen Ausnahmen von der polnischen Administration aus dem besetzten Teil der Provinz vertrieben.

Ein kleiner Teil verblieb bei Deutschland und verteilt sich heute innerhalb des Freistaates Sachsen auf die Landkreise Bautzen und Görlitz sowie in Brandenburg auf das Gebiet um die Stadt Ruhland.

Das Konsistorium war bis Ende 1946 in Breslau und ab 1947 in Görlitz. Das westliche Gebiet wurde zur »Evangelischen Kirche von Schlesien« bzw. zur »Schlesischen Oberlausitz« (so 1992–2003, EKsOL). 2004 kam es zur Fusion zur EKBO.

Evangelische Kirche
Berlin-Brandenburg-
schlesische Ober-
lausitz

Schlussfolgerung

Die Evangelische Kirche in Berlin-Brandenburg-schlesische Oberlausitz (EKBO) ist auch deswegen besonders interessant, da hier auf einem überschaubaren Raum der Transformationsprozess zur Gleichstellung im Amt untersucht werden kann – und zwar für die beiden deutschen Staaten parallel in *einer* Kirche. Damit ist es möglich, sowohl die Entwicklungen in Ost und West als auch die gegenseitigen Beeinflussungen zu rekonstruieren, die insbesondere in einer in Ost und West liegenden Kirche deutlich werden.

1.3. Wechselwirkungen

Die vorliegende Festschrift möchte die Bedeutung der langen 1970er Jahre als Wendejahrzehnt in beiden deutschen Staaten für die Inklusion protestantischer Frauen in Kirche und Theologie nachzeichnen – eine Inklusion, die sich mit einer deutlichen »Verspätung« im Vergleich zur Rolle und zu den Berufsmöglichkeiten von Frauen in Staat und Gesellschaft vollzog, insbesondere in der DDR.

Das in der DDR herrschende sozialistische Frauenbild sah – anders als in der BRD – eine Erwerbstätigkeit der Frauen vor, unabhängig von ihrem Familienstand. So wurden Mütter bereits kurze Zeit nach der Geburt ihres Kindes in der Regel wieder in Vollzeittätigkeit in das Berufsleben eingegliedert. Neben den ideologischen Gründen spielten hier ökonomische Überlegungen eine dominante Rolle.

Dieser Kontext wirkte sich selbstverständlich auch auf die Frage der Berufstätigkeit der Frauen in der Kirche, also auch im Pfarramt, aus: Nachdem fünf ostdeutsche Kirchen, die der EKU angehörten, Mitte der 1960er begonnen hatten, auch verheiratete Frauen zu ordinieren bzw. Pastorinnen im Falle einer Heirat nicht mehr aus dem Amt scheiden mussten, erließen im Jahr 1969 eine Reihe von Gliedkirchen der EKD neue Gesetze über die Rechtsstellung weiblicher Geistlicher. 1969 wurden erstmalig in Deutschland zwei verheiratete Theologinnen ordiniert, in Magdeburg von Bischof Werner Krusche. Die Frauen seien bereit, »neben ihren Pflichten als Ehefrauen von Pfarrern und Müttern mehrerer Kinder selbst noch eine dauernde verantwortliche pfarramtliche Tätigkeit auszuüben«.[1]

In Berlin wurde Ende der 1940er Jahre der Begriff »Pfarrvikarin« eingeführt. Sie wurde ordiniert, hatte Stimmrecht im Gemeindekirchenrat und durfte ein begrenztes Tätigkeitsfeld bearbeiten.

Für die EKiBB wurde die Pastorinnenverordnung der EKU von 1962 nach Zustimmung der beiden Regionalsynoden 1962 – Berlin-Brandenburg – und 1963 – West-Berlin – am 1.1.1964 in Kraft gesetzt. In West-Berlin blieb danach ein besonderes Amt bestehen: Gemeindeleitung und Heirat blieben den Pastorinnen weiterhin verwehrt. Im Dezember 1965 wurde durch ein Gesetz die gleiche Besoldung für Männer und Frauen festgelegt, außerdem wurden Frauen auf Lebenszeit berufen. Unterschiede blieben in der Ruhegehaltsregelung und der Zölibatsklausel bestehen. Demzufolge konnten verheiratete Pastorinnen nur ausnahmsweise weiterbeschäftigt werden, und zwar ausschließlich in

1 Neue Zeit 25.1.1969, in Evangelisches Zentralarchiv (im Folgenden: EZA) Bestand 8, 2087, 1964–1975.

übergemeindlichen Ämtern. Gemeindliche Stellen mussten vor der Besetzung mit einer Pastorin zu besonderen Pastorinnenstellen umgewandelt werden, dies war nur in Gemeinden mit mehreren Stellen möglich, da eine Pastorin nicht die Gemeindeleitung und den Vorsitz im Gemeindekirchenrat übernehmen durfte. Pastorinnen erhielten keine Pfarrwohnungen oder Pfarrhäuser.

Der Frauenanteil im Gemeindepfarramt in West-Berlin war von jeher deutlich höher als in sämtlichen evangelischen Kirchen insgesamt: So gab es 1964 unter 333 Pfarrpersonen 21 Frauen (6,3 %), während es in der gesamten EKD 0,8 % waren.[2]

In der Evangelischen Kirche Berlin-Brandenburg, Berlin-West, wurden Pfarrerinnen im Jahr 1974 kirchenrechtlich ihren männlichen Kollegen gleichgestellt. Das »Kirchengesetz zur Aufhebung gegenstandslos gewordener Bestimmungen über das Amt der Pastorin vom 12. Juni 1976« wandelte die Pastorinnenstellen in Pfarrstellen um. Damit war die rechtliche Gleichstellung ohne Einschränkungen erreicht.

Die gleichberechtigte Zulassung zum geistlichen Amt schloss auch die Möglichkeit ein, Frauen in kirchenleitende Ämter zu berufen. Ab Mitte der 60er Jahre erfolgten die ersten Berufungen in das Amt einer Oberkirchenrätin: Sieghild Jungklaus wurde 1964 als Konsistorialrätin in das Konsistorium Berlin-Brandenburg/Region Ost berufen. Seit den 1980er Jahren wurden verstärkt Theologinnen als Superintendentin, Pröpstin oder Regionalbischöfin berufen oder gewählt. Auch hier machte die EKBO den Anfang mit Ingrid Laudien, die 1976 als Superintendentin – Kirchenkreis Friedrichshain – und 1994 als erste von der Kirchenleitung eingesetzte Generalsuperintendentin tätig war. Heilgard Asmus wurde dann die erste gewählte Generalsuperintendentin, Amtsantritt 2005.

Es lässt sich feststellen, dass sich die protestantische Kirche nach einer langen Inkubationszeit dahingehend gewandelt hat, dass ein modernes Frauenbild das althergebrachte der »Dienerin Christi« ersetzen konnte, mit allen Konsequenzen – angefangen von der Beurteilung der Sexualität über die theoretisch vorstellbare Vereinbarkeit von Mutterschaft und Pfarrerinsein bis hin zur Aufgabe überkommener protestantischer »Frauenberufe«. Hier war der Druck der Anpassung an die sozialistisch geprägte Umwelt, so die These, in der DDR deutlich stärker als in der BRD.

2 Vgl. Annegret Böhmer, ›Das Weib schweige in der Gemeinde‹ (1. Kor. 14,34). Gemeindepfarrerinnen in Kampf und Würden. Eine empirische Untersuchung, unveröffentl. Diplomarbeit TU Berlin 1985, S. 46. Auch die Frankfurter Allgemeine Zeitung berichtete am 29.7.70, dass von den mehr als 330 Pastorinnen in der EKD der höchste Anteil der im Gemeindedienst tätigen Frauen in West-Berlin liege, nämlich bei 24 Frauen; in Hannover, Bayern, Hamburg, Braunschweig, Schaumburg-Lippe, Eutin, Oldenburg und Lippe gebe es hingegen keine Pastorinnen im Gemeindedienst und in drei Landeskirchen sogar überhaupt keine Pastorinnen, nämlich in Schaumburg-Lippe, Eutin, Oldenburg (vgl. Tagesspiegel 7.8.70): ELAB Bestand 55.5/1407.

CHRISTA OTTO

Die erste Oberkonsistorialrätin in Berlin-West

Zum Einstieg

Die Wohnung von Ehepaar Otto in Berlin-Friedrichshagen ist gefüllt mit Gemälden und Büchern. Michael Otto ist Maler und wurde als Sohn eines Pfarrers geboren. Er studierte unter anderem an der Hochschule der Künste Berlin und war Schüler des Graphikers Werner Bürger. Meine Schwester, die Fotografin, und er verstehen sich auf Anhieb blendend und reden über Kunst, während seine Frau und ich uns über Theologie, Kirche und Bücher unterhalten. Seit 1973 ist er mit Christa Otto, geborene Ogilvie, verheiratet und damit einer der ersten Pfarrerinnenmänner. Ihr 1974 geborener Sohn Dr. Martin Otto arbeitet als Jurist an einer Universität und als freier Mitarbeiter bei der FAZ.

Christa Otto vereint in sich zwei aus heutiger Sicht anachronistisch wirkende Alleinstellungsmerkmale: Sie ist die erste durch Bischof Otto Dibelius (1880–1967) ordinierte Theologin und sie ist die erste Oberkonsistorialrätin im West-Berliner Konsistorium in der Bachstraße. Nachdem Otto Dibelius sich jahrzehntelang geweigert hatte, Frauen zu ordinieren, sie aber – immerhin – durch die Generalsuperintendenten hatte ordinieren lassen, tat er kurz vor seinem Ausscheiden aus dem Bischofsamt etwas, womit niemand, vielleicht sogar er selbst nicht, gerechnet hätte: Er ordinierte

O R D I N A T I O N S U R K U N D E

Nachdem die Vikarin

Christa O G I L V I E

vor Gott gelobt hat, dass sie ihr Amt führen will in Bindung an das Wort Gottes, wie es verfasst ist in der Heiligen Schrift Alten und Neuen Testaments als der alleinigen Glaubensnorm, bezeugt in den altkirchlichen Glaubensbekenntnissen, dem Apostolikum, dem Nicaenum und dem Athanasianum sowie in den Bekenntnissen der lutherischen Reformation und aufs neue bekannt in der Theologischen Erklärung der ersten Bekenntnissynode der Deutschen Evangelischen Kirche in Barmen, haben wir sie gemäss dem Beschluss der Evangelischen Kirchenleitung Berlin-Brandenburg am heutigen Tage im Gottesdienst der Kaiser-Friedrich-Gedächtnis-Kirchengemeinde zu Berlin ordiniert.

Wir befehlen sie dem alleinigen Herrn der Kirche, Jesus Christus, dem alle Gewalt gegeben ist im Himmel und auf Erden. Er erfülle an ihr die Verheissung: Siehe, ich bin bei euch alle Tage, bis an der Welt Ende!

Berlin, den 11. April 1965

Der Ordinator:

Die assistierenden Geistlichen:

Vorsteherin,
ca. 1981

drei Frauen. Eine davon ist die heute 89-jährige Christa Otto.

Von Steglitz an die Hochschule über England zur Ordination

Christa Ogilvie wird 1935 geboren, ihre Kindheit verbringt sie in Berlin, Leipzig und Wien. Ende 1944 wird die Familie aus Wien evakuiert und gelangt schließlich nach Berlin-Steglitz. Dort, in der Markusgemeinde, findet sie eine geistige Heimat. Während der Berlin-Blockade verbringt sie ein halbes Jahr in Schweden bei einer Familie, in der sie gelebtes Christentum kennenlernt. So entscheidet Christa Ogilvie als junges Mädchen, Theologie zu studieren. Ihr Umfeld ist entsetzt: Ihr Vater fragt, ob es in der Kirche überhaupt einen Platz für Theologinnen gibt? Ihr Lehrer sagt, sie habe dieses Studium bei ihrer Intelligenz nicht nötig. Und ihr Konfirmationspfarrer schließlich empfiehlt beim Hausbesuch den Eltern, sie unbedingt von ihrem Wunsch abzuhalten, damit ihre Tochter nicht im Konsistorium enden und Zigarre rauchen würde! Doch genau dahin sollte ihr Weg sie führen – in das Konsistorium.

Nach dem Abitur 1955 beginnt Christa Ogilvie entgegen aller Warnungen mit dem Theologiestudium. Für einen der Dozenten sind die vielen Studentinnen ein Grund zur Freude: »Das gibt einmal viele gut gebildete Pfarrfrauen!« Während des Studiums lebt sie ein Jahr in England. Dort arbeitet sie 1956/57 als Au-pair-Mädchen bei einer emigrierten deutschen jüdischen Familie. Für diese Familie sei es zunächst schwer gewesen, ihr als deutscher Nicht-Jüdin zu vertrauen, doch nach und nach seien das Vertrauen zu ihr und ihr Verständnis für das Judentum gewachsen, erzählt sie mir im Gespräch. Für sie ist der christlich-jüdische Dialog seitdem zentral, ebenso wie die Solidarität mit Jüdinnen und Juden, gerade auch jetzt nach dem 7. Oktober 2023, dem Terrorangriff der Hamas auf Israel. Der Pfarrer der deutschen Gemeinde in London macht ihr damals Mut, das Studium fortzusetzen, obwohl ihr Vater auf ein Jurastudium drängt. Sie erkennt darin im Nachhinein ein »Inkognito-Handeln Gottes«. So bleibt sie der Theologie treu. Nach dem 1. Examen arbeitet sie als Wissenschaftliche Assistentin und macht anschließend ihr Vikariat, unter anderem bei einer der ersten Theologinnen der Region, Vikarin Lore Schlunk.

Ordiniert durch Bischof Otto Dibelius

Während ihres Zweiten Theologischen Examens 1965 kündigt Bischof Otto Dibelius, inzwischen 84 Jahre alt, plötzlich an, dass er sie und die beiden im Examen mitgeprüften Theologinnen persönlich ordinieren werde. Christa Otto erinnert sich heute noch an die Fassungslosigkeit der anderen Prüfer – damit hatte niemand gerechnet. Sie erhält danach Anrufe, die sie warnen wollen: Der Bischof werde sie nur einsegnen, wie eine Diakonisse, keinesfalls aber ordinieren wie einen männlichen Theologen! Sie müsse unbedingt ihre Teilnahme verweigern. Doch sie begibt sich mit den beiden anderen Theologinnen, Helga Dannenberg und Hildegunde Wöller, zur Vorbesprechung in die Dienstvilla von Dibelius in Berlin-Dahlem. Dort fragt er alle drei:

»Wollen Sie von mir ordiniert werden?« Sie sagen zu und so betreten am 11. April 1965 die drei Ordinandinnen Hand in Hand die Kaiser-Friedrich-Kirche in Tiergarten. Bischof Otto Dibelius ordiniert sie – eine Sensation. Noch heute hat sie in ihrem Bücherregal das Buch, das Otto Dibelius ihr, versehen mit eigenhändiger Widmung, zur Ordination schenkt.

Die erste Theologin als Oberkonsistorialrätin im West-Berliner Konsistorium

Christa Ogilvie arbeitet danach bei der Landesjugend- und der Schulwochenarbeit. 1973 heiratet sie Michael Otto und wird kurz darauf dem Kollegium im West-Berliner Konsistorium als Konsistorialrätin vorgeschlagen. Von der Hochzeitsreise aus geht es direkt zum Propst Wilhelm Dittmann (1970–1980) zum Vorstellungsgespräch, sie bittet um Bedenkzeit – der Propst reagiert überrascht. Sie sagt zu und wird zur Konsistorialrätin ernannt, später zur Oberkonsistorialrätin, und ist fortan in der Bachstraße zuständig für gemeindliche Dienste, worunter auch die Evangelischen Studierendengemeinden, die Gemeindehelferinnen-Ausbildung, Jugendarbeit und vieles andere mehr zählen. Bei den wöchentlichen Kollegiumssitzungen ist sie die einzige Theologin inmitten einer Schar von Männern und sitzt neben einem starken Raucher. Die Prophezeiung ihres ehemaligen Pfarrers hat sich also teilweise erfüllt. Die Stimmung ist manchmal bei den Sitzungen sehr aufgeheizt, in Deutschland und auch in den

Kirchen tobt die Auseinandersetzung mit dem Terrorismus. Attentate und Geiselnahmen halten die Öffentlichkeit in Atem, der Staat wehrt sich mit allen ihm zur Verfügung stehenden Mitteln. Unschuldige geraten zwischen die Fronten. 1974 besucht Bischof Kurt Scharf Ulrike Meinhof im Gefängnis, die Kirche droht auseinanderzubrechen, es kommt zum »West-Berliner Kirchenstreit«. In der Presse ist damals über Bischof Scharf zu lesen: »Pfarrer, die dem Terror dienen«, so die Illustrierte »Quick«; die »Bild« ergänzt: »Handgranaten im Talar«. Die »Berliner Morgenpost« fordert: »Treten Sie zurück, Bischof Scharf!«.

Im Ost-Berliner Konsistorium war 1964 mit Sieghild Jungklaus die erste theologische Konsistorialrätin eingezogen. Christa Otto hält Kontakt mit ihr und fährt regelmäßig mit Passierschein aus West-Berlin nach Ost-Berlin in die Neue Grünstraße, wo das Ost-Berliner Konsistorium seinen Sitz hat. Christa Otto genießt ihrerseits im West-Berliner Konsistorium die Kollegialität und die Gemeinschaft, jederzeit im Dienst und als Person angenommen. Doch zu ihrer eigenen Überraschung, da sie nicht damit gerechnet hatte, wird sie unvermutet schwanger und bringt 1974 Sohn Martin zur Welt. Während der Schwangerschaft sei es oft unerträglich heiß in dem fehlkonstruierten Konsistorium gewesen, erinnert sie sich. Nach der Geburt ihres Sohnes im darauffolgenden Jahr herrscht im Konsistorium zunächst Unsicherheit, wie damit umzugehen sei. Und auch sie selbst ist unsicher. Sie denkt: »Gott schenkt Dir ein Kind und Du machst hier einen auf flotte Oberkonsistorialrätin.« Außerdem hat sie das Gefühl, dass ihr Mann das Nachsehen hat, während sie Karriere macht. Seit 1973 unterrichtete Michael Otto Zeichnen am Lette-Verein Berlin. Seine Werke besitzen u. a. das Stadtmuseum Berlin, die Berlinische Galerie, die Fürst Donnersmarck-Stiftung, die Kommunale Galerie Charlottenburg-Wilmersdorf, der XII. Bezirk von Budapest, das Kunstmuseum Norrköping, das Land Baden-Württemberg und die Deutsche Bundesbank. Christa Otto trifft schließlich 1981 eine Entscheidung: Sie verlässt das Konsistorium, um sich vermehrt um ihren Sohn zu kümmern – doch im Konsistorium möchte man sie nicht gehen lassen. Aber ihr Entschluss steht fest.

Vorsteherin der Morgenländischen Frauenmission

So wechselt sie schließlich 1981 zur Morgenländischen Frauenmission (MFM), wo sie bis 1997 das Amt der Vorsteherin innehat. Die Morgenländische Frauenmission wurde 1842 nach englischem Vorbild als Frauenverein für christliche Bildung des weiblichen Geschlechts »im Morgenland« in Berlin gegründet. Es ist einer der ersten deutschen Vereine überhaupt, der unverheiratete Lehrerinnen auf die Missionsstationen zur Gründung von Mädchenschulen entsandte. Der Verein bildete Missionarinnen aus und schickte sie nach Indien, China, Persien, Korea, Indonesien, Namibia, Tansania, Südafrika und Kairo sowie auf die Palau-Inseln im Pazifik. Ausgesandt wurden sie über andere Missionswerke, darunter das Berliner Missionswerk und die Gossner Mission. Außerdem beteiligte sich die MFM Mitte des 19. Jahrhunderts am Aufbau der Schule Talitha Kumi in Palästina – und ist den Schülerinnen über Patenschaften bis heute verbunden geblieben. 1919 bezog der Verein ein eigenes Gebäude in Berlin-Lichterfelde, das von dem Architekten Karl Siebold aus Bethel erbaute sogenannte »Missionsheim« in der Finckensteinallee, ursprünglich von Friedrich von Bodelschwingh für die »Ostafrikamission« errichtet. Nach 1945 wurde in der Bibelschule die Ausbildungsarbeit wieder aufgenommen. Sie bildete Missionarinnen, Gemeindehelferinnen und Katechtinnen nun auch für Deutschland aus. Außerdem betrieb sie auf dem großzügigen Gelände in Lichterfelde ein Altersheim und ein Seniorenwohnhaus. Christa Otto ist die erste verheiratete Vorsteherin und so sorgt ihr Mann zunächst für großes Aufsehen, wenn er das Haus betritt. Während Christa Ottos Zeit als Vorsteherin wird die Morgenländische Frauenmission in das Berliner Missionswerk integriert und im Zusammenhang mit der Wende in die Selbständigkeit entlassen. Heute ist sie eine Stiftung, die »Stiftung Morgenland«, mit dem Zweck, die Bildung von Frauen weltweit zu fördern. Zum 150-jährigen Jubiläum gibt Christa Otto ein Buch heraus: *Von Frauen – durch Frauen – für Frauen: 1842–1992. 150 Jahre Morgenländische Frauenmission Berlin*, Berlin 1992. Ihr Mann ist mit dem Wechsel allerdings nicht zufrieden, und wünschte, sie wäre im Konsistorium geblieben, denn dort habe sie stets Kolleg:innen gehabt, während sie im Amt der Vorsteherin schwerwiegende und auch schmerzliche Entscheidungen oft alleine zu treffen habe. Gleichzeitig ist sie stets dankbar für die Vielfalt ihres Dienstes. Aufgrund ihrer sehr guten Englischkenntnisse ist sie oft die Kontaktperson für internationale Gäste des Berliner Missionswerkes. 1998 geht sie in den Ruhestand.

Was trägt

Getragen fühlt sich Christa Otto, nun im Alter, zunehmend durch den Glauben. Sie trägt ein Band mit Glaubensperlen: Die Frälsarkransen-Meditationen des schwedischen Bischofs Martin Lönnebo geben ihr Kraft und Ruhe. »Mich hat immer nur die Bibel interessiert, als norma normans, das hat mir Kraft gegeben«, erzählt mir die 89-jährige Christa Otto. Ihre Sehkraft nimmt beständig ab, doch ihre Intelligenz, ihre Auffassungsgabe und ihre Wachheit sind beeindruckend. In ihrem Regal steht das Buch, das Bischof Dibelius ihr zur Ordination schenkte, »Ein Christ ist immer im Dienst«, samt Widmung: »Frau Pastorin Christa Ogilvie zur Ordination, Palmsonntag 11.4.1965, D. Otto Dibelius«.

Eine bewundernswerte Kollegin. Ich bin dankbar, sie kennengelernt haben zu dürfen.

II

Die 1900er Jahre – Erkämpfte Zugänge zur Theologie

2.1. Die Rolle von Frauen mit Fokus auf Theologinnen in Berlin und Breslau

Um 1900 stand das Deutsche Kaiserreich auf dem Höhepunkt seiner politischen und wirtschaftlichen Macht, doch die Gesellschaft war stark von traditionellen Geschlechterrollen geprägt. Die Position von Frauen war weitgehend auf die Sphäre des Privaten beschränkt, und ihre Möglichkeiten zur Teilnahme am öffentlichen Leben waren stark eingeschränkt. Besonders im Bereich der Theologie war die Situation für Frauen schwierig, da religiöse und akademische Institutionen fest in männlicher Hand waren. Dennoch begann sich in Städten wie Berlin und Breslau allmählich eine Veränderung abzuzeichnen.

Frauen im Deutschen Kaiserreich hatten um 1900 nur begrenzte Rechte und Möglichkeiten. Ihre Rolle wurde hauptsächlich durch die Ideale der bürgerlichen Gesellschaft bestimmt, die Frauen als Hüterinnen des Hauses und der Familie sahen. Bildung und berufliche Entwicklung waren für Frauen stark eingeschränkt. Zwar gab es erste Fortschritte wie die Zulassung von Frauen zu höheren Schulen und später auch zu Universitäten, doch blieben viele Bereiche des öffentlichen Lebens, insbesondere akademische und geistliche Berufe, den Männern vorbehalten.

Die patriarchalen Strukturen der Zeit spiegelten sich in den rechtlichen und sozialen Normen: Frauen durften nicht wählen, hatten eingeschränkte Rechte in Ehe und Familie, und die beruflichen Möglichkeiten für bürgerliche Frauen waren auf wenige Bereiche wie Lehramt, Krankenpflege und einfache Büroarbeiten begrenzt. Das gesellschaftliche Ideal für bürgerliche Frauen war das der Frau als Mutter und Hausfrau, während der Mann als Familienoberhaupt und Ernährer galt. Frauen im Proletariat mussten arbeiten: In der Industrie waren ca. eine Million Arbeiterinnen angestellt, das entspricht ungefähr 20 % aller dort Beschäftigten. Weitere 1,4 Millionen Frauen arbeiteten als Dienstmädchen, mindestens eine halbe Million verdiente Geld durch Heimarbeit.

Im Bereich der Theologie war die Situation besonders restriktiv. Theologie war im Deutschen Kaiserreich ein Studium, das fast ausschließlich Männern vorbehalten war, da der Beruf des Pfarrers und andere kirchliche Ämter nur von Männern ausgeübt werden durften. Frauen hatten keinen regulären Zugang zu theologischen Fakultäten, und ihre Rolle in der Kirche beschränkte sich auf unterstützende Tätigkeiten wie das Engagement in der Diakonie oder in Frauen- und Missionsvereinen.

In Berlin und Breslau, zwei bedeutenden Zentren für Bildung und Theologie, waren die Hürden für Frauen besonders hoch. Die theologischen Fakultäten der Universitäten in diesen Städten waren fest in männlicher Hand, und es gab kaum Raum für Frauen, sich intellektuell oder beruflich in der Theologie zu betätigen. Doch trotz dieser Hindernisse begannen sich erste Pionierinnen für die Beteiligung von Frauen an theologischen Diskursen einzusetzen.

Gegen Ende des 19. Jahrhunderts entstanden in Berlin und Breslau, wie auch in anderen Teilen Deutschlands, erste Bildungsangebote speziell für Frauen. Diese Entwicklung war Teil einer breiteren Frauenbewegung, die sich für das Recht auf Bildung und Berufstätigkeit einsetzte. In Berlin eröffneten erste höhere Mädchenschulen und Frauenbildungsvereine boten Kurse an, die auch religiöse und theologische Themen umfassten. In Breslau entstanden ähnliche Initiativen, wenn auch in etwas geringerem Umfang.

Diese Bildungsangebote waren jedoch keine regulären theologischen Studiengänge, sondern eher allgemeine Fortbildungen. Dennoch legten sie den Grundstein für die spätere Teilhabe von Frauen an theologischen Diskussionen und boten ihnen eine Plattform, um sich intellektuell mit religiösen Themen auseinanderzusetzen. Besonders in Berlin entwickelten sich einige dieser Bildungsinitiativen zu wichtigen Treffpunkten für intellektuelle Frauen, die sich für religiöse und soziale Fragen interessierten.

2.2. Die Möglichkeit zum Abitur

Im Bereich der Vorgängerkirchen der EKBO lagen die beiden Universitäten in Berlin und Breslau. Die Geschichte der ersten Mädchen, die in Berlin

Hildegard Wegscheider, geb. Ziegler

und Breslau das Abitur ablegten und als Gasthörerinnen zum Studium zugelassen wurden, markiert einen bedeutenden Schritt in der Entwicklung der Bildungschancen für Frauen im Deutschen Kaiserreich. Im späten 19. und frühen 20. Jahrhundert begann die langsame, aber entscheidende Öffnung höherer Bildungseinrichtungen für Frauen, was langfristige wirtschaftliche und gesellschaftliche Auswirkungen hatte.

In Berlin legten die ersten Mädchen in den 1890er Jahren das Abitur ab, nachdem sie hartnäckig das Recht auf eine höhere Schulbildung eingefordert hatten. Diese Pionierinnen mussten häufig privat unterrichtet werden oder besuchten spezielle Mädchenschulen, die auf das Abitur vorbereiteten. Im Jahr 1895 legte Hildegard Wegscheider (damals noch unter ihrem Geburtsnamen Ziegler) aus Breslau als erste Frau in Preußen ihr Abitur als Externe an einem regulären Gymnasium ab. Für die evangelische Pfarrerstochter gehörte sicher Mut dazu, sich dieser Herausforderung zu stellen. Es handelte sich um eine Schulfremdenprüfung, da Mädchen an Gymnasien nicht als Schülerinnen zugelassen waren. Für Mädchen gab es Oberschulen (»Höhere Töchterschule« oder »Lyzeum« genannt), doch entsprachen diese in der Regel dem Umfang nach eher der Sekundarstufe I. Hildegard Ziegler erhielt die Sondergenehmigung zur Abiturprüfung vor allem, weil in Berlin die Frauenrechtlerin Helene Lange bereits eine Klasse Mädchen mit staatlicher Genehmigung auf das Abitur im Jahr 1896 vorbereitete und die Prüfung in Sigmaringen eine Art »Probelauf« darstellte. Das Hedinger Gymnasium war deswegen zu der Ehre gekommen, weil es das südlichste preußische Gymnasium war und Hildegard Ziegler zu jener Zeit nach erfolgreicher Lehrerinnenausbildung in Zürich an der Universität studierte, was dort ohne Abitur möglich war. So wollte man ihr eine zu weite Anreise ersparen.

In Breslau folgten ähnliche Entwicklungen, wobei die ersten Abiturientinnen ebenfalls in den 1890er Jahren ihre Prüfungen ablegten.

Am Ende des 19. Jahrhunderts besuchten jüdische Mädchen in Preußen zehn- bis fünfzehnmal häufiger die höheren Schulen als nichtjüdische Mädchen. Obwohl die Töchter später keiner Erwerbsarbeit nachgingen, förderten jüdische Eltern in der Regel die höhere Ausbildung ihrer Töchter.

Die Zulassung als Gasthörerinnen an Universitäten war der erste Schritt zur formalen Teilnahme am akademischen Leben, auch wenn sie zunächst keine offiziellen Abschlüsse erwerben konnten. Ab 1895 lag es in Preußen im Ermessen der jeweiligen Universität, Frauen mit entsprechender Vorbildung als Gasthörerinnen den Besuch einzelner Vorlesungen zu ermöglichen. Im Wintersemester 1895/1896 schrieben sich elf Lehrerinnen erstmals als Gasthörerinnen für Vorlesungen an der Universität Breslau ein.

2.3. Die Zulassung zum Studium – 1908 in Preußen

In Preußen erfolgte die Zulassung von Frauen zum Studium im Jahr 1908. Die erste in Berlin immatrikulierte Studentin trug den Namen Agnes Harnack: Agnes Harnack, später verheiratete von Zahn-Harnack, war eine bemerkenswerte Pionierin der Frauenbildung in Deutschland. Geboren am 19. Juni 1884 als Tochter des berühmten Theologen Adolf von Harnack, wuchs sie in einem intellektuellen Umfeld auf, das ihre späteren akademischen Bestrebungen maßgeblich beeinflusste. Da ihr Vater 1888 an die Friedrich-Wilhelms-Universität in Berlin berufen wurde, besuchte Agnes Harnack eine Mädchenschule in Berlin-Charlottenburg. Anschließend begann sie eine Ausbildung als Lehrerin für mittlere und höhere Mädchenschulen – damals der einzige »geisteswissenschaftliche« Beruf, zu dem Frauen Zugang hatten. Ebenso war das Examen einer der höchstmöglichen Abschlüsse für Frauen. Sie begann als Lehrerin zu arbeiten und bereitete sich ab 1906 privat, gemeinsam mit zwei Freundinnen, auf das Abitur vor, welches sie 1908 als Externe an einem Berliner Realgymnasium ablegte.

Nach teils heftigen Widerständen waren in Bayern, Baden, Württemberg, Sachsen, Thüringen und Hessen seit 1903 Frauen zum Studium an Universitäten zugelassen. Ab 1908 war dies nun auch an preußischen Universitäten möglich. Agnes Harnack trug sich noch im selben Jahr als erste Studentin mit der Matrikelnummer 5252 an der Friedrich-Wilhelms-Universität in Berlin ein. Dies war ein bedeutender Schritt in der Frauenbewegung, die seit dem 19. Jahrhundert intensiv für das Recht auf höhere Bildung kämpfte. Ihre Immatrikulation war symbolisch für den Fortschritt der Frauenrechte und ebnete den Weg für zukünftige Generationen von Studentinnen. Agnes von Zahn-Harnack studierte Germanistik, Philosophie und Kunstgeschichte und war nicht nur eine engagierte Akademikerin, sondern auch eine entschiedene Frauenrechtlerin. Sie promovierte im Jahr 1912 an der Königlichen Universität Greifswald, die Friedrich-Wilhelms-Universität Berlin ließ nur Studierende mit einem humanistischen Abitur zur Promotion zu, mit einer Arbeit über »Friedrich Hebbel als Dichter der Frau«. Agnes von Harnack heiratete 1919 in Berlin Karl von Zahn, Ministerialrat beim Reichsarchiv in Potsdam. Das Paar hatte drei Kinder: Amalie Gabriele, die wenige Tage nach der Geburt starb, Edward und Margarete.

Ihre gesellschaftspolitische Arbeit konzentrierte sich auf die Verbesserung der Bildungschancen und sozialen Bedingungen für Frauen. Besonders in

Agnes von Zahn-Harnack

ihrer Rolle als Vorsitzende des »Bundes Deutscher Frauenvereine« ab 1920 setzte sie sich vehement für die Gleichstellung der Geschlechter ein. Neben ihrer akademischen und sozialen Arbeit war Agnes von Zahn-Harnack auch als Autorin tätig. Sie veröffentlichte mehrere Schriften, in denen sie sich mit kulturellen und politischen Fragen ihrer Zeit auseinandersetzte und die Rolle der Frau in der Gesellschaft thematisierte.

In den Jahren 1939 bis 1945 erteilte sie Unterricht für Kinder jüdischer Abstammung, denen der Schulbesuch offiziell verboten worden war. 1949 wurde ihr die Ehrendoktorwürde der Theologischen Fakultät der Philipps-Universität Marburg in Anerkennung ihres Engagements »im Geiste eines

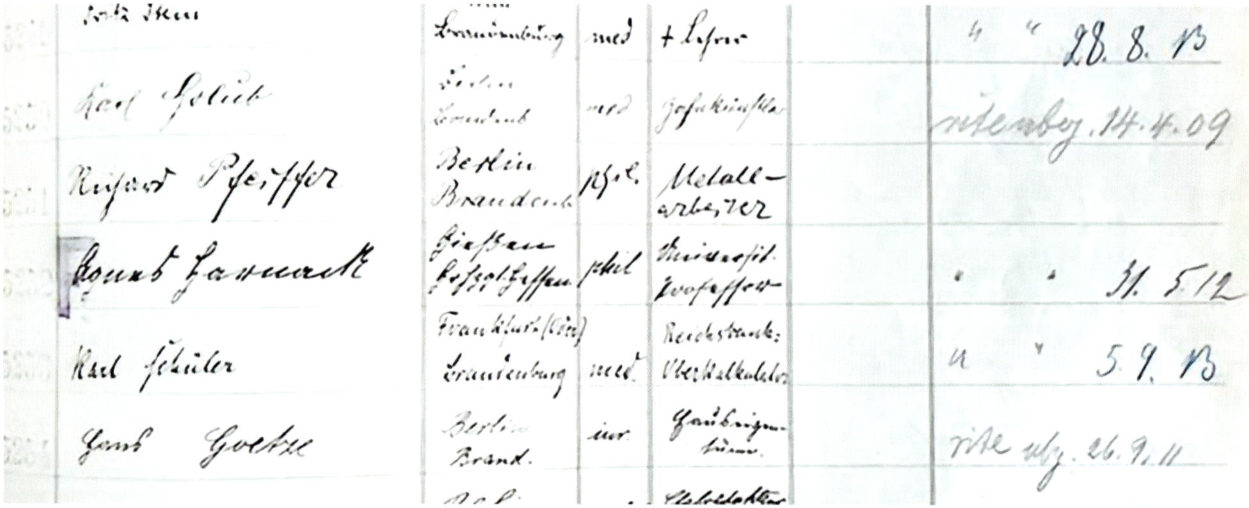

Immatrikulationseintrag von Agnes Harnack – vor ihrem Namen steht ein »F« für Frau:
6. Oktober 1908: Eintrag als erste Frau in die Immatrikulationslisten der Friedrich-Wilhelms-Universität zu Berlin

freien und entschiedenen Protestantismus und in wahrhaft evangelisch-sozialer Gesinnung« verliehen. Ihr Leben und Wirken sind ein eindrucksvolles Beispiel für die Kraft des Engagements und den langen Weg, den Frauen zurücklegen mussten, um gleiche Rechte und Chancen zu erlangen. Agnes von Zahn-Harnack starb am 22. Mai 1950, doch ihr Vermächtnis als Wegbereiterin der Frauenbildung und als Kämpferin für die Gleichberechtigung lebt bis heute fort.

Fazit

Obwohl Theologinnen im Kaiserreich noch eine Seltenheit waren, gab es vereinzelt Frauen, die es wagten, sich auf dieses männerdominierte Feld zu begeben. Diese Frauen kamen oft aus wohlhabenden oder intellektuellen Familien, besonders häufig aus Pfarrhäusern, und hatten Zugang zu einer besseren Bildung. Sie begannen, sich in kirchlichen Reformbewegungen zu engagieren, und argumentierten für eine stärkere Rolle der Frau in der Kirche.

In Berlin war die Situation etwas fortschrittlicher, da die Stadt als Zentrum der deutschen Aufklärung und des intellektuellen Lebens eine etwas liberalere Atmosphäre bot. Hier begannen einige Frauen, in theologischen Kreisen mitzuarbeiten, sei es durch Vorträge, Publikationen oder die Mitarbeit in religiösen Vereinen. In Breslau war die Bewegung langsamer, aber auch hier gab es Frauen, die sich in der kirchlichen Arbeit engagierten und begannen, theologischen Fragen nachzugehen.

Die Rolle der Frauen im Deutschen Kaiserreich um 1900 war stark durch gesellschaftliche und religiöse Normen eingeschränkt, doch es gab erste Anzeichen eines Wandels. In Berlin und Breslau begannen Frauen, sich schrittweise Bildungs- und Beteiligungsmöglichkeiten zu erkämpfen, auch wenn der Weg zur vollständigen Gleichberechtigung noch weit war. Besonders im Bereich der Theologie standen Frauen vor enormen Herausforderungen, aber einige Pionierinnen setzten sich dennoch für ihre Teilnahme an theologischen Diskussionen und kirchlichen Reformen ein.

Diese frühen Bemühungen legten den Grundstein für die späteren Erfolge der Frauenbewegung und die schrittweise Öffnung der Kirche und akademischer Institutionen für Frauen. Während Theologinnen um 1900 noch eine seltene Ausnahme waren, markierte diese Zeit den Beginn eines langen Prozesses, der schließlich zur Anerkennung von Frauen in theologischen und kirchlichen Berufen führen sollte.

DIE GÖRLITZERIN

KATRIN MÜLLER

Verheiratet, ordiniert und im Amt geblieben

Zum Einstieg

Ich, Rajah, wurde in Berlin getauft, konfirmiert, examiniert und ordiniert – obwohl es dieselbe Stadt war, waren es drei Landeskirchen. Meine Taufe und Konfirmation geschahen 1989 in der »Evangelischen Kirche in Berlin-Brandenburg, Region West«, examiniert wurde ich im Jahr 2000 in der »Evangelischen Kirche in Berlin-Brandenburg« und ordiniert in der »Evangelischen Kirche Berlin-Brandenburg-schlesische Oberlausitz« (EKBO). Keine der anderen 20 Landeskirchen der Evangelischen Kirche in Deutschland (EKD) hat einen so langen Namen: 58 Buchstaben. Der Grafiker, der dieses Buch layoutet, fragt mich regelmäßig, ob das wirklich sein müsse und ob es nicht kürzer ginge. Andere Menschen fragen mich, was meine Kirche denn mit »Schlesien« zu tun habe und ob das revisionistisch gemeint sei, ob man also Ansprüche auf Gebiete jenseits der deutsch-polnischen Grenze habe. Das Gebiet der EKBO umfasst im Wesentlichen die Bundesländer Berlin und Brandenburg sowie den nordöstlichen Teil des Bundeslandes Sachsen. Einige Gemeindeglieder der Landeskirche wohnen auch in den Bundesländern Sachsen-Anhalt und Mecklenburg-Vorpommern.

Nun zur »schlesischen Oberlausitz«: Nach dem Zweiten Weltkrieg wurden die östlich von Oder

1968 Talarprobe vor der Gethsemane-Kirche, Berlin

und Neiße gelegenen Teile von Brandenburg und Schlesien von Deutschland abgetrennt und schieden aus den Provinzialkirchen aus. Die Kirchenprovinz Mark Brandenburg, nunmehr von Bischof Otto Dibelius geleitet, erhielt 1948 eine neue Verfassung und hieß danach »Evangelische Kirche in Berlin-Brandenburg«. In Schlesien wurden im Zuge der Vertreibung der Deutschen die meisten evangelischen Kirchengemeinden östlich der Neiße aufgelöst. Das westlich der Neiße gelegene, bei Deutschland verbliebene Gebiet der schlesischen Provinzialkirche wurde zunächst von der Berlin-Brandenburgischen Kirche treuhänderisch verwaltet, zum 1. Mai 1947 aber unter dem Namen »Evangelische Kirche von Schlesien« eine selbständige Landeskirche mit Sitz in Görlitz, die später ebenfalls der EKD und der EKU beitrat. Am 14. November 1951 wurde eine Verfassung verabschiedet.

1972 wurde die Evangelische Kirche in Berlin-Brandenburg in die Bereiche West (West-Berlin) und Ost (Ost-Berlin und Brandenburg) geteilt und 1991 wieder vereint. Die »Evangelische Kirche von Schlesien« musste 1968 ihren Namen in »Evangelische Kirche des Görlitzer Kirchengebiets« ändern. Nach der Wiedervereinigung beider deutscher Staaten erhielt sie die Bezeichnung »Evangelische Kirche der schlesischen Oberlausitz«. Zum 1. Januar 2004 vereinigten sich beide Landeskirchen zur »Evangelischen Kirche in Berlin-Brandenburg-schlesische Oberlausitz« (EKBO).

Wenn man nun fragt, wann in der »Evangelischen Kirche des Görlitzer Kirchengebiets« Frauen im Pfarramt gleichgestellt wurden, wird es sehr kompliziert. Der Kirchenbund »Evangelische

Kirche der Union« (EKU), dem sowohl die »Evangelische Kirche in Berlin-Brandenburg« als auch die »Evangelische Kirche des Görlitzer Kirchengebiets« angehörten, verabschiedete 1973 die Aufhebung der Zölibatsklausel. Daraufhin zog die »Evangelische Kirche in Berlin-Brandenburg, Region West« im November 1974 nach, die Region Ost 1978, nachdem der Antrag dazu sieben Jahre lang immer wieder verschoben worden war.

Wann dies hingegen – und ob – in Görlitz beschlossen worden ist, ist unklar.

Der ehrenamtliche Archivar, der pensionierte Pfarrer Jürgen Schwarzbach im »Archiv Evangelisches Zentrum Görlitz«, hat bei der Durchsicht der Synodenprotokolle keinen Hinweis auf einen derartigen Beschluss gefunden. Als Gliedkirche der EKU hätte dieser Beschluss jedoch auch in Görlitz verabschiedet werden müssen. Anders gefragt: Hat die Görlitzer Synode je die Abschaffung des Zölibats oder die Gleichstellung von Männern und Frauen im Pfarramt beschlossen? Im Görlitzer Archiv gibt es laut Alt-Registratur eine Ablagestelle – Karton 084 – unter der Überschrift »Frauenkommission«. Allerdings befindet sich dort der besagte Karton nicht, er ist unauffindbar.

Kommen wir nun zu einer Pfarrerin, die verheiratet war, ordiniert wurde – und im Amt blieb. Auch ihrer Erinnerung nach hat die Görlitzer Synode nie einen Beschluss gefasst, der die Zölibatsklausel aufgehoben hätte. Vielleicht befasste sich die Kirchenleitung mit dem Thema oder es reichte eine Feststellung des Kollegiums des Konsistoriums – oder der Bischof ordinierte eben. So war es jedenfalls bei Katrin Müller, geborene Kohli. Wir treffen sie und ihren Mann, Pfarrer i. R. Reinhard Müller, in Waldhufen, im Landkreis Görlitz, auf ihrem wunderschönen Bauernhof.

Sie selbst hat es im Jahr 2020 so formuliert, in einem Artikel für die Kirchenzeitung, der leider nicht abgedruckt wurde, und darum nun hier gewürdigt werden soll:

Eine Pastorin und ihre spezielle Ordination

»Vor fast einem Jahr, am 29.4.2019, gab es in der Marienkirche Berlin ein schönes Gedenken an den Synodalbeschluss der Brandenburgischen Kirche von vor 45 Jahren, der dazu führte, dass Pastorinnen mit ihrer Eheschließung ihre Ordinationsrechte nicht mehr verlieren sollten. Bei dieser Veranstaltung kristallisierte sich allmählich für mich heraus, dass ich offensichtlich ein kleines Wunder erst jetzt wahrnehmen konnte: In der kleinen Ev. Kirche des Görlitzer Kirchengebietes – damals ›Restschlesien‹ genannt, von einem Bischof Fränkel geleitet, dem nicht gerade Frauenfreundlichkeit nachgesagt wurde, – geschah etwas Wichtiges und zwar ohne Synodenbeschluss! Es wurde Ende der 80er Jahre in Bischof Rogges Zeit festgestellt, dass es keinen Beschluss gibt, dass Frauen ihre Ordinationsrechte nicht mehr durch die Heirat verlieren. Als ich mich im Theologiestudium mit einem Theologiestudenten aus Lutherisch Sachsen verloben wollte, war mir klar, dass mir als Pastorin dort ein schärferer Gegenwind drohte. Pastorinnen, das war schon ein Dorn im Auge vieler Sachsen. Und verheiratete verloren selbstverständlich ihre Ordinationsrechte.

Ich ging also 1967 zu Bischof Fränkel und legte ihm die Frage vor, ob mir das auch in Görlitz blühen würde. Dann könnte ich ja auch meinem Freund nach Sachsen folgen. Würde aber Görlitz weiter sein, dann käme mein Freund auch nach Görlitz. Er versprach mir, dass ich trotz Heirat ordiniert würde und so wechselte mein Freund in meine Landeskirche. Erstaunlicherweise entschied sich die sächsische Landeskirche schon in einer Synode 1970, den Pastorinnen die Ordinationsrechte bei einer Heirat nicht mehr abzuerkennen. Dort hatte man nämlich die Erfahrung gemacht, dass etliche Theologinnen die Landeskirche wechselten. Und nun verloren sie auch noch einen Mann. Vielleich half das auch bei der erstaunlichen Wende in Sachsen. Brandenburg beschloss dies erst 1974. Das lag wohl an der konservativeren Westkirche. Die Gleichberechtigung der Frau war im Osten auf vielen Gebieten weiter als im Westen. Vielleicht war der Pfarrermangel in Berlin auch nicht so spürbar.

1970 heirateten wir nach meinem 1. Examen. Ich war in Nieder Seifersdorf im Vikariat, wohin mein Mann mir nach einem halben Jahr folgen konnte. Für die Predigerseminarszeit wünschten wir uns Lückendorf. Dort lehnte man ab, weil es nur einen Duschraum gab. Gnadau blieb übrig. Da war sogar ein Ehepaar mit Kind gekommen. Das 2. Examen konnten wir dann schon gemeinsam ablegen. Ich hatte da schon ein Kind, was meine Leistungen doch sehr beeinträchtigte. Wir wurden nach Weißwasser geschickt, wo wir an der Seite eines Superintendenten arbeiten sollten, der aber bald krank wurde und aufhörte.

Vor der Ordination am 7.10.1973 überlegten wir, wie meine Anstellung sinnvoll sein könnte. Schließlich wollten wir noch weitere Kinder haben. In der DDR bekamen die Mütter ein Jahr lang Müttergeld, d. h. etwa 67 % des Gehaltes. Als ›Beamte‹ hätte die Kirche voll weiterbezahlt. Ich wollte aber der Kirche nicht auf der Tasche liegen, ohne genug arbeiten zu können. So schilderte ich Bischof Fränkel meine Bedenken und machte einen Vorschlag: Ich werde sozialversicherte Angestellte, bekomme im Babyjahr das Geld von der Versicherung, dann arbeite ich weiter so viel Prozent wie es mit zwei Kindern (das zweite war unterwegs) möglich sei. Ich wollte aber als Pastorin alle Rechte behalten. Bischof Fränkel war begeistert und wies sein Konsistorium an, einen Weg dafür zu finden. Der Konsistorialbeamte meinte, er habe eine Nacht nicht geschlafen, um das zu bewerkstelligen. So fand man folgende Lösung: Ich wurde als Pfarrhelferin im gehobenen Dienst angestellt mit den Aufgaben einer Pastorin mit allen Rechten. Dies blieb ein Einzelfall. Mein Mann und ich wurden am 7. Oktober 1973 ordiniert mit einer anderen verheirateten Frau und einem 4. Kandidaten.

Wie ging es mit meiner Anstellung weiter? Ich bekam drei Kinder. So wechselte meine Anstellung zwischen 10, 25, 50 und 75 %, je nachdem, wie ich glaubte, mich in den Dienst stellen zu können. Zeitweise schrieb ich mir dann auch meine Arbeitsstunden auf, um vor mir selbst sagen zu können, das sind so und so viel Prozent (sehr aufschlussreich). Unser Superintendent vertraute mir und änderte gern. 1987 sagte ich zu, eine Vakanz-Vertretung in einem Nachbarort zu übernehmen. Da hakte das Konsistorium ein und meinte, das ginge nur, wenn ich den ›Beamtenstatus‹ hätte. Ich brauchte nur einen formlosen Antrag stellen. Unkompliziert veränderte man nun meine Anstellung, so dass ich als ›normale‹ Pastorin auch die Wendezeit erlebte. Kurios war aber dann doch noch, dass ich mich um die 3. Pfarrstelle in Weißwasser bewerben musste und ich erst ab 1990 als Pastorin galt, was dort kaum einer erfuhr. Nun konnte mir auch eine Vikarin zugeteilt werden. Unsere Partnergemeinde aus Wilhelmshaven war fast neidisch, wie unkompliziert und unbürokratisch bei uns manches möglich war.

Anfangs war ich auch die einzige Frau im Konvent. Ich war traurig, wenn ich wegen der Geburten und der Aufgaben als Mutter nicht dabei sein konnte, weil es eine gute Gemeinschaft war, in der ich sicher auch manches zu hören bekam, was man heute als frauenfeindlich oder sexistisch bezeichnen würde. In feministisch geprägten Zusammenkünften fühlte ich mich dagegen unwohl. Das, worüber ich im Konvent lachen konnte, was Spaß machte, Mann und Frau im Spiel, wo ich kontern konnte, das wurde nun als Beleidigung empfunden. Warum sollte das alles schlimm sein, wenn Grenzen eingehalten wurden. Und da war ich gefragt, Grenzen zu setzen. Manche Feministinnen wirkten peinlich auf mich bei ihren Überreaktionen.

Inzwischen weiß ich, dass die feministische Bewegung auch auf meinem Werdegang wichtig war, aber mir gefällt es jetzt oft nicht, dass ich mich in eine Verteidigungshaltung gedrängt fühle, weil ich die Kindererziehungszeiten allein übernommen habe. Würde ich heute vor die Wahl gestellt, *lass doch deinen Mann ein Jahr für die Kinder sorgen*, dann würde ich wohl immer noch antworten: Dieses Privileg der Kindererziehung lasse ich mir nicht nehmen. Ich wollte in erster Linie Mutter sein, und dann erst Pastorin. Dass ich, nachdem die Kinder groß genug waren, mehr in der Gemeinde mit-

2016: Ehepaar Müller im Talar mit Kasel und Stola bei der Trauung ihres jüngsten Sohnes, Ev. Kirche Weißwasser

arbeiten wollte, versteht sich von selbst. Ich überließ gern meinem Mann die Leitung der Gemeinde. So konnte ich meine kreativen Fähigkeiten besser ausleben.

Ich bin voller Dankbarkeit, wenn ich auf meine Tätigkeit als Pastorin zurückblicke. Übrigens wollte ich immer Pastorin genannt werden. Pfarrerin klingt zu sehr nach Pfarr-Herrin. Ich wollte nicht Pfarrern gleichgestellt werden, sondern ein eigenes Profil – als Frau – als Pastorin finden. Dazu gehört auch meine Verwunderung, dass die Pastorinnen von heute fast alle diese schrecklichen Beffchen tragen. Ich war so froh, dass wir einen eigenen Stil finden konnten, und ganz schöne weiße Kragen tragen können. Falsch verstandene Gleichstellung kann ja dazu führen, dass die Besonderheiten verloren gehen und nicht zu einer Bereicherung führen, sondern zu einer Verarmung.

In einem unterschied ich mich aber von meiner Elterngeneration. Meine Mutter und Schwiegermutter waren mitarbeitende Pfarrfrauen und hatten wohl zurecht den Titel Frau Pastor oder Frau Pfarrer. Wurde ich so angesprochen, erwiderte ich: ›Sie können gern Frau Müller sagen. Aber wenn sie schon einen Titel geben, dann den richtigen. Dann nennen sie mich Pastorin, denn ich habe Theologie studiert und habe den gleichen Beruf wie mein Mann.‹ Aber wenn ich ehrlich bin, habe ich oft die Aufgaben einer früheren Pfarrfrau übernommen. Schließlich haben soviel Gemeindeglieder ehrenamtliche Dienste übernommen. Warum sollte ich diese nicht auch übernehmen.

Wir Frauen, aber auch die Männer haben in unserer Generation das Pfarrerbild stark verändert. Den schwarzen Anzug, auch Kollar, trugen noch unsere

1973: Ordination in Görlitz, Frauenkirche, durch Bischof Fränkel – Sabine Beck, Martin Königer, Reinhard Müller, Katrin Müller, Bischof Fränkel

Väter zum Konvent, wir nur noch zu Amtshandlungen. Wir wollten unseren Gemeindegliedern näherkommen und uns nicht absetzen. Vielleicht hat uns auch der äußere Druck dazu geführt. Deshalb beobachte ich ein wenig schmunzelnd, wie sich viele jüngere Kollegen damit wieder schmücken. Ich kann auch Gründe dafür finden, aber es passt nicht zu meinem Pastorinnenbild. Ich bleibe aber neugierig und freue mich auch über viele neue und kreative Versuche, das Evangelium unter die Menschen zu bringen. Ich bleibe in der Gewissheit, dass Gott sich seine Wege sucht und findet.«

Katrin Müller

Was bleibt

Geboren ein reichliches Jahr vor Kriegsende, 1944, in Paschkerwitz, Kreis Trebnitz, in der Nähe von Breslau, verliebt sich Katrin Kohli mit 19 Jahren in einen Kommilitonen und beide wissen: Sie möchten ins Pfarramt und ebenbürtig arbeiten und leben. Das Wunder gelingt. Beide werden zusammen ordiniert und Katrin Müller hat ihrer Familie, die ihr das nicht zugetraut hat und dagegen war, bewiesen, sie kann es schaffen. Und ihrer Heimatkirche zeigt sie, dass ihr die Ordination und die Ehe in Kombination mehr bedeuten als die unverbrüchliche Treue zu einer Kirche, die verheiratete Theologinnen nicht ordiniert bzw. nach der Heirat aus dem Pfarramt entfernt.

Pfarrerin in Ruhe Katrin Müller hat in ihrem Amt und ihrem Privatleben, die sie beide haben durfte, viel Segen verschenkt. An ihre Gemeinde, ihre Familie und nicht zuletzt an ihre Pflegetochter: Diese lebt seit 2000 bei Ehepaar Müller für über 13 Jahre. Über den Weg einer evangelikalen Gruppe suchte eine Frau im Erwachsenenkurs bei Pfarrerin Katrin Müllers Mann nach Antworten auf ihre Fragen. Nach der Taufe kam sie zu Pfarrerin Katrin Müller als Seelsorgerin, denn Medikamentenabhängigkeit und Magersucht waren lebensbedrohlich geworden. So nahm das Ehepaar sie wie eine Tochter bei sich auf und ging mit ihr fünf Jahre lang durch die Hölle der Entzugserscheinungen. 2,5 Jahre fütterte die Pfarrerin Katrin Müller die 40-jährige Frau, die sich nicht alleine versorgen konnte, und besuchte mit ihr fünf Jahre eine psychotherapeutische Begleitung. Pfarrerin Katrin Müller sagt: »Wir sind stolz, dass sie nun wieder das Leben ohne uns meistern kann. Trotz dramatischer Erfahrungen blicken wir voll Dankbarkeit auf die Zeit zurück. Atheistisch erzogen stellte Kerstin Fragen, die uns neue Antworten finden lassen mussten. Mit gemeinsamen Vorbereitungen meiner Predigt, Dialoggottesdienst, Tanz und Musikbeiträgen bereicherte sie unsere Gottesdienste. Zu Weihnachten ließ sie im Krippenspiel die Engel tanzen. Das möchten wir nicht missen in unserem Erinnern.«

Wenn ich das Bild von Katrin Müllers Ordination aus dem Jahr 1973 betrachte, bin ich sehr gerührt und berührt. Eine Frau geht ihren Weg – sie betrachtet es als selbstverständlich, den studierten Beruf ausüben zu dürfen. Sie geht zu ihrem Bischof und setzt ihn unter Druck. Der juristische Konsistorialrat kann ihretwegen nicht schlafen, so viel Kopfzerbrechen bereitet ihm diese Amtsschwester, die beides will – das Amt und die Ehe. Wenn ich das Bild anschaue, finde ich es wunderschön, dass und wie diese Kollegin das Heilige Abendmahl austeilt. Und dass sie es als verheiratete Frau tut, die sich durchgesetzt hat. So wie die Samaritanerin sich bei Jesus durchgesetzt hat, mit Beharrlichkeit und Klugheit. Als ich ordiniert worden bin, war es selbstverständlich, dass ich verheiratet, Mutter und Amtsinhaberin sein – und bleiben – durfte. Deswegen berührt mich dieses Foto aus dem Jahr vor meiner Geburt so – die Rechte, die Menschen haben, mögen manchen als Gott gegeben oder selbstverständlich gelten. Aber sie sind es nicht. Sie sind oft errungen, erkämpft und mit Verletzungen bezahlt worden. Umso wichtiger sind in meinen Augen Dankbarkeit und Demut gegenüber denen, die uns vorausgegangen sind.

III

Die 1910er Jahre – Der Erste Weltkrieg und das Frauenwahlrecht

3.1. Auswirkungen auf Frauen in Berlin und Breslau: Bildung und Chancen für Theologinnen

Der Erste Weltkrieg

Der Erste Weltkrieg (1914–1918) markierte eine tiefgreifende Zäsur in der Geschichte Europas und beeinflusste die Gesellschaft in nahezu allen Aspekten, einschließlich der Rolle der Frauen. Besonders in Großstädten wie Berlin und Breslau führte der Krieg zu signifikanten Veränderungen im Bereich der Bildung und eröffnete neue Möglichkeiten, aber auch Herausforderungen für Frauen, die eine Karriere in der Theologie anstrebten.

Vor dem Krieg waren Frauen in Deutschland im Bildungswesen stark benachteiligt. Höhere Bildung, insbesondere an Universitäten, war hauptsächlich Männern vorbehalten. Frauen durften nur in Ausnahmefällen und oft unter speziellen Bedingungen studieren. Der Erste Weltkrieg führte jedoch zu einer beispiellosen Situation: Da ein Großteil der männlichen Bevölkerung an die Front geschickt wurde, ergaben sich für Frauen neue Möglichkeiten, die zuvor undenkbar waren.

In Berlin, einer der intellektuellen Zentren Deutschlands, wurden viele Positionen in Schulen und Universitäten vakant, weil die männlichen Lehrkräfte und Studenten in den Krieg zogen. Frauen mussten diese Lücken füllen, und so erhielten sie Zugang zu Berufen, die ihnen zuvor verwehrt waren. Die Universität Berlin öffnete ihre Türen weiter für weibliche Studierende, insbesondere in Fächern wie Medizin, Naturwissenschaften und Geisteswissenschaften. Auch in Breslau, einer wichtigen preußischen Universitätsstadt, veränderte sich die Situation ähnlich. Die Hochschulen begannen, mehr Frauen zuzulassen, und es entstanden neue Möglichkeiten, sich akademisch zu qualifizieren.

Ein besonders interessanter Aspekt ist die Entwicklung der Rolle von Frauen in der Theologie. Vor dem Krieg war es für Frauen nahezu unmöglich, als Theologinnen tätig zu werden, da der Zugang zu theologischen Fakultäten und kirchlichen Ämtern streng reguliert und Frauen weitgehend ausgeschlossen waren. Der Krieg führte jedoch zu einer Lockerung dieser strikten Geschlechtertrennung.

In Berlin begannen einige Frauen, Theologie zu studieren, unterstützt von progressiven Professoren und Geistlichen, die erkannten, dass die Kirche nach dem Krieg vor einem personellen Engpass stehen würde. Zwar war der Weg zur ordinierten Theologin noch lange nicht frei, aber der Zugang zum Studium und die Teilnahme an theologischen Diskussionen war ein bedeutender Schritt nach vorn. In Breslau verlief die Entwicklung ähnlich, wenn auch etwas langsamer. Hier mussten Frauen gegen stärkere konservative Widerstände ankämpfen, dennoch gab es auch in dieser Stadt Pionierinnen, die sich trotz der Herausforderungen in der Theologie engagierten.

Die erweiterten Bildungsmöglichkeiten und der Zugang zu bisher männlich dominierten Studiengängen veränderten die gesellschaftliche Position der Frauen nachhaltig. In Berlin und Breslau ergriffen viele Frauen die Chance, sich weiterzubilden und akademische Grade zu erlangen. Dies führte nach dem Krieg dazu, dass Frauen zunehmend in intellektuelle und berufliche Positionen drängten, die ihnen zuvor verwehrt waren. Auch wenn die Gleichberechtigung in der Praxis noch lange nicht erreicht war, legten diese Entwicklungen den Grundstein für die weitere Emanzipation der Frauen in der Weimarer Republik.

Besonders im Bereich der Theologie, wo Frauen weiterhin gegen strukturelle und institutionelle Barrieren kämpften, zeigte sich, dass der Krieg einen entscheidenden Wandel eingeleitet hatte. Frauen begannen, in kirchlichen Gemeinschaften und theologischen Kreisen Gehör zu finden, und einige von ihnen setzten sich nachhaltig für die Gleichberechtigung der Geschlechter in der Kirche ein.

Plakat »Heraus mit dem Frauenwahlrecht« zum Frauentag am 8. März 1914

Das Frauenwahlrecht

Das Frauenwahlrecht, das in Deutschland am 12. November 1918 eingeführt und bei den Wahlen zur Weimarer Nationalversammlung am 19. Januar 1919 erstmals umgesetzt wurde, markierte einen historischen Wendepunkt in der Geschichte der Frauenrechte. Für Frauen bedeutete diese Errungenschaft nicht nur eine politische Teilhabe, sondern auch einen symbolischen und praktischen Schritt in Richtung Gleichberechtigung in allen

Lebensbereichen. Besonders für Theologinnen in Berlin und Breslau war das Frauenwahlrecht von großer Bedeutung, da es neue Möglichkeiten und Herausforderungen mit sich brachte.

Das Frauenwahlrecht öffnete Frauen erstmals die Tür zur parlamentarischen politischen Mitbestimmung und gab ihnen die Möglichkeit, ihre Interessen aktiv in den politischen Prozess einzubringen. Für viele Frauen in Berlin und Breslau, die in der stark politisierten Atmosphäre der Weimarer Republik lebten, war dies ein entscheidender Moment. Die Wahlbeteiligung von Frauen war überraschend hoch, was das große Interesse und die Bereitschaft der Frauen zeigte, ihre neuen Rechte auszuüben.

Für Theologinnen war das Wahlrecht besonders bedeutsam, weil es ihnen eine Stimme in kirchlichen und gesellschaftlichen Angelegenheiten gab. Frauen konnten nun nicht nur in kirchlichen Gremien mitbestimmen, sondern auch Einfluss auf die politische Gestaltung der Weimarer Republik nehmen. Die Beteiligung an der Politik ermöglichte es ihnen, für ihre Rechte und Interessen zu kämpfen, einschließlich der Forderung nach einer stärkeren Rolle in der Kirche. Ab 1922 besaßen Frauen im Bereich der Evangelischen Kirche der altpreußischen Union das aktive und passive Wahlrecht, d. h. sie konnten in den Vorgängerkirchen der EKBO die Synodalen wählen und selbst auch gewählt werden.[1]

Vor der Einführung des Frauenwahlrechts waren Theologinnen in Deutschland kaum präsent und hatten nur begrenzte Möglichkeiten, ihre Berufung auszuüben. Die Kirche war eine fest in männlicher Hand befindliche Institution, und Frauen hatten nur eingeschränkten Zugang zu theologischen Studien und Ämtern. Mit der Einführung des Frauenwahlrechts und dem allgemeinen gesellschaftlichen Wandel, den dieses symbolisierte, erhielten Frauen in der Theologie jedoch neue Chancen.

In Berlin, einer der intellektuellen Hauptstädte der Weimarer Republik, und in Breslau, einem bedeutenden Zentrum für Wissenschaft und Bildung, begannen Frauen, ihre theologischen Ambitionen selbstbewusster zu verfolgen. Das Wahlrecht stärkte ihr Selbstbewusstsein und ihre Position innerhalb der Kirche. Einige Theologinnen nutzten die politische Emanzipation als Plattform, um sich für Reformen in der Kirche einzusetzen, die Frauen den Zugang zu geistlichen Ämtern erleichtern sollten.

Trotz der Fortschritte blieb die Situation für Theologinnen herausfordernd. Die Kirche war eine der konservativsten Institutionen der Weimarer Republik, und viele männliche Theologen und Kirchenführer standen der zunehmenden Rolle von Frauen skeptisch gegenüber. In Berlin und Breslau, wie in vielen anderen Teilen Deutschlands, mussten Theologinnen weiterhin gegen tief verwurzelte Vorurteile und institutionelle Barrieren ankämpfen.

Das Frauenwahlrecht gab ihnen jedoch ein Mittel an die Hand, um diese Herausforderungen zu adressieren. Theologinnen konnten nun politische Allianzen schmieden und sich mit anderen Frauenrechtsaktivistinnen zusammenschließen, um ihre

1 Vgl. Studienzentrum der EKD für Genderfragen/Konferenz der Genderreferate und Gleichstellungsstellen in den Gliedkirchen der EKD (Hrsg.), Frauenwahlrecht in der Kirche – Ergänzungsband 2 zum Atlas zur Gleichstellung von Frauen und Männern in der evangelischen Kirche in Deutschland, Hannover 2019.

Anliegen voranzubringen. Durch die politische Partizipation hatten sie auch die Möglichkeit, die öffentliche Meinung zu beeinflussen und für eine größere Akzeptanz von Frauen in kirchlichen und akademischen Positionen zu werben.

3.2. Theologinnen studieren und werden examiniert: Breslau

In Breslau wurden Frauen ab 1896 als Gasthörerinnen zugelassen. Damals hatte die Universität fünf Fakultäten: Philosophie, katholische Theologie, evangelische Theologie, Recht und Medizin.[2] Breslau war nach der 1810 eröffneten Berliner Universität die zweite der preußischen Friedrich-Wilhelms-Universitäten. Breslau war eigentlich keine Neugründung, sondern die Nachfolgerin gleich zweier Universitäten, zunächst der Viadrina, der 1506 in Frankfurt an der Oder gestifteten brandenburgischen Universität, und der Leopoldina von 1702, eine Jesuiten-Universität mit nur zwei Fakultäten, der katholisch-theologischen und der philosophischen. Aus den sechs Fakultäten der Viadrina und der Leopoldina wurden nun fünf, es gab also nun zwei theologische Fakultäten; aber auch an der philosophischen und juristischen Fakultät wurden nach Konfessionen Lehrstühle für Philosophie, Geschichte und Kirchenrecht eingerichtet. Die konfessionelle Symmetrie einer Universität war etwas Neues. So etwas gab es zu diesem Zeitpunkt an keiner anderen Universität.

Im Jahr 1911, für die Festschrift zum 100-jährigen Jubiläum der preußischen Universität Breslau, bilanzierte der Breslauer Kirchengeschichtler Franklin Arnold, die Fakultät habe immer zu den kleineren in Deutschland gehört, habe nie – so wie Erlangen, Tübingen oder Marburg – eine eigene theologische Schule hervorgebracht, habe über Schlesien und die Provinz Posen hinaus wenig Zulauf gehabt, sei aber mit der schlesischen Kirche eng verbunden gewesen.

Im Sommersemester 1914 waren 191 Studenten im Fach evangelische Theologie eingeschrieben, im Wintersemester 1919/20 gab es 162 Männer und vier Frauen.[3] Diese ersten Theologiestudentinnen in Breslau hießen:

- Paula Jungnick (seit Herbst 1919 immatrikuliert) aus Neutomischel in der Provinz Posen,
- als Gasthörerin Susanna Heinrici, im Immatrikulationsverzeichnis geführt als »wissenschaftlich städtische Mittelschullehrerin« aus Breslau,
- Freiin Erika Richthofen aus Breslau, im Immatrikulationsverzeichnis geführt als Oberlehrerin, Studienfächer: Religion und Englisch,
- Fräulein Elsbeth von Tempsky aus Breslau, Studienfächer: Deutsche Literatur und Theologie und
- Lehrerin Elfriede Wagner aus Breslau, Studienfach: Ev. Religion.

Im Wintersemester 1919/20 gab es an der Universität Breslau an allen Fakultäten insgesamt 4.717

2 Vgl. Simon Gerber: Über die evangelisch-theologische Fakultät an der Universität Breslau, in: Jahrbuch für Schlesische Kirchengeschichte; N. F. 97/98. 2018/19 S. 7–34.

3 Vgl. 170. Personal-Verzeichnis der Schlesischen Friedrich-Wilhelms-Universität zu Breslau. Sommer-Semester 1914, Breslau o. J. (1914), 40–107; 183. Personal-Verzeichnis der Schlesischen Friedrich-Wilhelms-Universität zu Breslau. Wintersemester 1920/21, Breslau o. J. (1920), 42–186.

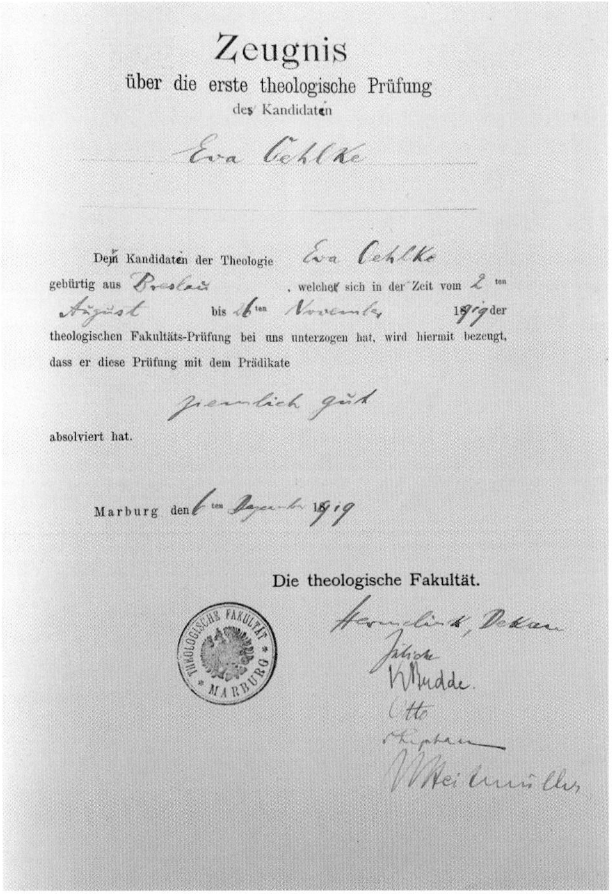
Zeugnis
über die erste theologische Prüfung
des Kandidaten
Eva Oehlke

Dem Kandidaten der Theologie Eva Oehlke
gebürtig aus Breslau, welcher sich in der Zeit vom 2ten August bis 26ten November 1919 der theologischen Fakultäts-Prüfung bei uns unterzogen hat, wird hiermit bezeugt, dass er diese Prüfung mit dem Prädikate

ziemlich gut

absolviert hat.

Marburg den 6ten Dezember 1919

Die theologische Fakultät.

THEOLOGISCHE FAKULTÄT MARBURG

Hermelink, Dekan
K Budde
Otto

Eva Oehlke: Examenszeugnis, Foto Rajah Scheepers

Männer und 398 Frauen, die immatrikuliert waren, sowie 93 Gasthörerinnen. Dies entspricht einem sehr hohen Frauenanteil.

3.3. Eva Oehlke aus Breslau – die erste examinierte Theologin[4]

»Eva Oehlke. Pastorin« – so schrieb es die Kirchengemeinde in Weißwasser 1970 auf ihren Grabstein. Damit kam in ihrem Tode zum Ziel, was der Lebenden verwehrt blieb. Die 1893 geborene Breslauerin war nach ihrem Theologiestudium, das sie in ihrer Heimatstadt Breslau, in Königsberg, und Marburg absolvierte, die erste Vikarin in der damaligen schlesischen Provinzialkirche.

Der Wendepunkt für die Theologinnen kam mit der Weimarer Reichsverfassung – in der am 14. August 1919 nach dem Ende des Ersten Weltkrieges in Kraft tretenden Weimarer Reichsverfassung hieß es in Artikel 109: *Alle Deutschen sind vor dem Gesetze gleich. Männer und Frauen haben grundsätzlich dieselben staatsbürgerlichen Rechte und Pflichten*.

Keine vier Monate später wurde daraufhin zum reichsweit ersten Mal die erste Frau in Theologie examiniert, und zwar in Marburg: Auf den 6. Dezember 1919 datiert das Zeugnis der Theologischen Fakultät der Marburger Universität unter dem Dekanat des Kirchenhistorikers Heinrich Hermelink für Eva Oehlke über die bestandene erste theologische Prüfung.

Noch im August 1918 war das Gesuch einer Theologin zur Zulassung zum theologischen Examen in Preußen durch den zuständigen Minister in Berlin vehement abgelehnt worden: *Auf die Anfrage vom 27. Dezember 1917 erwidere ich im Einvernehmen*

4 Die Personalakte von Eva Oehlke findet sich in Görlitz im Archiv des Evangelischen Kirchenkreisverbandes: (EKSOL) 12/03591.

mit dem Evangelischen Ober-Kirchenrat, dass nach den bestehenden Grundsätzen in Preußen nur solche Personen zu den theologischen Prüfungen zugelassen werden, die eine Anstellung in einem geistlichen Amt der Landeskirche erhalten können. Da dies nach der kirchlichen Gesetzgebung in Preußen bei Frauen nicht der Fall ist, kann die Zulassung weiblicher Studierender zu den theologischen Prüfungen nicht erfolgen. Für solche weibliche Theologiestudierende, die sich im Kirchendienst – abgesehen vom geistlichen Amte – betätigen wollen, ist eine Prüfung in Preußen bisher nicht eingeführt.[5]

Doch nun, seit dem 14. August 1919, war mit dem Inkrafttreten der Weimarer Reichsverfassung der Weg geebnet, um Frauen auch an den theologischen Fakultäten wie ihre männlichen Kommilitonen zu behandeln, denn nun war die staatsbürgerliche Gleichstellung von Männern und Frauen kodifiziert. In Marburg wurden Frauen dabei den gleichen Prüfungen im theologischen Examen unterzogen wie ihre männlichen Kommilitonen.

In der Prüfungsakte für das erste theologische Examen im Herbstzwischensemester 1919 ist auch diese Prüfung dokumentiert.[6] Im Jahr 1919 wurden sowohl im Frühjahr als auch im Herbst zusätzliche Semester eingefügt, um den Kriegsteilnehmern ein schnelleres Studium zu ermöglichen. Eva Oehlke ist unter diesen als einzige Frau und als einzige ohne den Zusatz »Kriegsteilnehmer« aufgeführt. Der Ablauf ist völlig unkommentiert wie auch bei den Männern, nur der Vordruck des Abschlusszeugnisses ist in die weibliche Form korrigiert worden. Die Akte enthält einen dreieinhalbseitigen Lebenslauf (üblicherweise sind es höchstens zwei Seiten) und ihre Prüfungsarbeit. Die Prüfungen

Eva Oehlke

5 Vgl. Zentralarchiv der EKHN 1/82: Schreiben des preußischen Ministers der Geistlichen, Unterrichts- und Medizinalangelegenheiten an Fräulein stud. theol. et. phil. Martha Traut vom 14.08.1918 (hier als Abschrift an das Königliche Konsistorium in Wiesbaden):
6 UniA MR 307a Nr. 539.

und Prüfungsfächer, auch in Praktischer Theologie, entsprachen exakt denen der männlichen Kommilitonen – also auch mit einer Predigt und einem Gottesdienstentwurf.

Die Kirchen waren – im Unterschied zu den Universitäten – von einer Zubilligung gleicher Rechte für Frauen allerdings auch in der Weimarer Republik nach wie vor weit entfernt. Das Beispiel der ersten examinierten Theologin, Eva Oehlke, zeigt, dass mit dem Fakultätsexamen keineswegs eine gesicherte Arbeitsmöglichkeit verbunden war: Oehlke bewarb sich nach ihrem bestandenen Examen, das, wie gesagt, genau die gleichen Prüfungen wie das ihrer männlichen Kommilitonen umfasste, sogar inklusive einer ausgearbeiteten Predigt, um die Aufnahme in die Liste der Kandidaten des Predigtamtes bei der für sie zuständigen Kirchenleitung von Ober- und Unterschlesien. Ihr Antrag wurde abgelehnt, woraufhin sie sich am 17. Januar 1920 beim Evangelischen Oberkirchenrat, der obersten Kirchenbehörde der APU, bewarb. In ihrer Bewerbung berief sie sich auf die Weimarer Reichsverfassung, die die Gleichberechtigung von Männern und Frauen kodifiziere.

Der Evangelische Oberkirchenrat konterte ebenfalls mit dem Verweis auf die Weimarer Reichsverfassung, und zwar Art. 137 Abs. 3, wonach die Kirchen ihre Angelegenheiten selbst regeln dürften – und lehnte ihr Ersuchen ab, zumal dieses der »tatsächlichen und rechtlichen Ordnung« widerspräche.

1929 wurde Eva Oehlke Mitglied im Verband Evangelischer Theologinnen und legte am 9.3.1932 das 2. Theologische Examen in Breslau ab. Als einzige der damals in Schlesien zum kirchlichen Dienst eingesegneten Theologinnen ist sie, anders als auch ihre bekannteste Kollegin Katharina Staritz im Verzeichnis der Ordinationen in der evangelischen Kirche von Schlesien 1925 bis 1945 aufgeführt.[7] Ihre Einsegnung fand am 14. Dezember 1932 in Landeshut durch den dortigen Superintendenten Richard Pflanz statt. Damit war sie die erste Vikarin Schlesiens.

Weil Eva Oehlke als Mitglied der Bekennenden Kirche die Bestätigung durch das unter dem Einfluss der Deutschen Christen stehende Konsistorium in Breslau ablehnte, wurde sie 1936 in Weißwasser nicht als Vikarin, sondern »nur« als Gemeindehelferin angestellt. Trotzdem übernahm sie je länger je mehr pfarramtliche Aufgaben. Als der Gemeindepfarrer am Ende des 2. Weltkrieges mit einem Teil der Gemeinde flüchtete, blieb sie und übernahm während seiner Abwesenheit die Leitung der Gemeinde. Ihre Bitte 1947, »ob es möglich und an der Zeit sei, in Weißwasser eine Vikarinnenstelle zu errichten und mich in einem Gottesdienst als Pfarrvikarin einzuführen«, wurde, obwohl sie einen Gehaltsverzicht angeboten hatte und trotz Unterstützung der Gemeinde und von Bischof Hornig, aus finanziellen Gründen bis zu ihrem Ruhestand abgelehnt. Sie blieb im Status einer Gemeindehelferin.

7 Vgl. Jahrbuch für schlesische Kirchengeschichte, Jg. 1965, Band 44, S. 73–159

3.4. Das erste Examen einer Frau in Berlin (1920): Adolf von Harnack und Ilse Kersten

Diese grundsätzliche Öffnung der Universitäten für Frauen garantierte also noch nicht den Anspruch auf Zulassung zu den universitären und staatlichen Prüfungen oder gar den Eintritt in das Pfarramt.

In Berlin legte 1920 die erste Frau ein theologisches Fakultätsexamen ab, und zwar Ilse Kersten, unter dem Dekanat Adolf von Harnacks. Der Kirchenhistoriker und Wissenschaftsorganisator Adolf von Harnack kann durchaus als Pionier des Frauenstudiums gelten, denn er hatte schon vor der offiziellen Immatrikulation Studentinnen, als sie also noch Gaststudentinnen waren, gleichwohl zu ordentlichen Mitgliedern seines Hauptseminars gemacht und eine Reihe von Frauen zur Promotion geführt.[8] Wieweit seine Tochter Agnes von Zahn-Harnack, eine wichtige Figur der institutionalisierten Frauenbewegung, für diese offene Haltung zentral mitverantwortlich war – sie wurde, wie oben erwähnt, immerhin als erste Frau an der Berliner Universität ordentlich immatrikuliert –, wäre noch einmal zu untersuchen. Aber bemerkenswerterweise kann man die Öffnung des Theologiestudiums und der theologischen Wissenschaft nicht allein mit einem einzelnen Mann oder gar der theologischen Richtung von Harnack verbinden. Denn die Frauen aus dem Umkreis von Dietrich Bonhoeffer und zuallererst seine langjährige Freundin Elisabeth Zinn zeigen, dass auch die politisch eher konservativen und theologisch eher der liberalen Theologie gegenüber kritisch eingestellten Theologen Frauen förderten und zur Promotion ermuntert haben müssen.

Ilse Kersten

Grundlegend für Harnacks frauenpolitisches Engagement waren seine kirchenhistorischen Forschungen zu Frauen im Neuen Testament und der Alten Kirche, mit denen er darauf ab-

8 Claudia Kampmann, Adolf Harnack zur »Frauenfrage«: Eine kirchengeschichtliche Studie (Arbeiten zur Kirchen- und Theologiegeschichte (AKThG), Leipzig 2018.

zielte, den bildungsbürgerlichen Frauen und der bürgerlichen Frauenbewegung eine historische Argumentationsgrundlage zu liefern, um ihnen so die Möglichkeit zu bieten, die Forderung nach vermehrter Beteiligung von Frauen an kirchlicher Arbeit zu fundieren. Gleichzeitig war dies für ihn der genuine Ort einer theologischen Antwort auf die Frauenfrage. Durch sein Wirken trug er zur Normalisierung der Präsenz von Frauen an der Universität bei und ebnete ihnen Wege. So war es auch unter seinem Dekanat, als 1920 die erste Frau in Berlin ihr Theologisches Examen ablegte: die Berliner Theologin Ilse Kersten.

Die 1893 in Westpreußen im Kreis Marienwerder geborene Ilse Kersten hatte nach dem Besuch von Gymnasialkursen in Berlin 1914 ihr Abitur abgelegt. Sie studierte anschließend in Tübingen, Berlin, Marburg und Berlin. Weil die Kirchen Frauen nicht zum theologischen Examen zuließen, beantragte sie mit neuen weiteren Berliner Theologinnen an der Friedrich-Wilhelms-Universität die Erlaubnis zur Prüfung. Adolf von Harnack, als Dekan, stimmte dem Antrag zu und prüfte die Frauen.

Am 27. März 1920 legte Ilse Kersten ihr Erstes Theologisches Examen ab. Im Anschluss informierte Harnack das Kultusministerium über die Prüfung und darüber, dass die theologische Fakultät in Berlin nun auch Frauen zu Abschlussprüfungen zulasse: »Als Erste [...] hat sich Frl. Ilse Kersten dieser Prüfung unterzogen.«

Im selben Jahr veröffentlichte Ilse Kersten einen Aufsatz in der Zeitschrift »Die christliche Welt«, in dem sie sich für die Frauenordination stark machte. Sie argumentierte, es gebe »manche Arbeit, zu der eine Frau vielleicht geeigneter wäre als ein Mann«. Sie sprach sich für ein spezielles Frauenamt aus, das der veränderten kirchlichen Realität Rechnung trage, und kritisierte das Amt der Pfarrgehilfin, das dazu verleite, »gerade die Arbeit, die er [der Pfarrer] am wenigsten gern tue, von sich abzuwälzen«.

Nach ihrem Examen arbeitete Ilse Kersten in verschiedenen Berliner Gemeinden als Pfarrgehilfin und absolvierte ein inoffizielles Vikariat in Berlin-Wilmersdorf an der Hochmeisterkirche bei Pfarrer Albrecht Kaiser. Über ihre Ausbildung sagte ihr Lehrpfarrer: »Ich habe Fräulein Ilse Kersten ausgebildet, wie es sonst im männlichen Vikariat geschieht. Ich darf versichern, dass die Eindrücke dieses inoffiziellen Vikariatsjahres denen des offiziellen entsprechen.«

1929 absolvierte sie vor dem Berliner Konsistorium ihr Zweites Theologisches Examen und wurde anschließend Mitglied im »Verband Evangelischer Theologinnen«. Von 1932 bis 1943 war Ilse Kersten als Pfarrvikarin in der Kapernaumgemeinde in Berlin-Wedding tätig, anschließend diente sie bei der Evangelischen Frauenhilfe Berlin. Sie gehörte dem Bruderrat der Bekennenden Kirche an und war Teil der Widerstandsgruppe um den Gefängnispfarrer Harald Poelchau. Die Gruppe unterstützte untergetauchte Regimegegner und verfolgte Jüdinnen und Juden, organisierte Arztbesuche und Lebensmittelbezugscheine. Dora Mechur, ein Mitglied dieser Gruppe, erinnerte sich: »In Ilse Kerstens Wohnung fanden wöchentliche Bibelkreise statt und am Schluss wurden wir unterrichtet über die aktuellen Geschehnisse. Wir erfuhren von Verhaftungen christlicher und jüdischer Geistlicher, von Hinrichtungen, von Konzentrationslagern und vielem anderen mehr. Alle Teilnehmer waren treue

Widerstandskämpfer. Eine einzige Anklage hätte uns alle ins KZ gebracht.«

1936 wurde Ilse Kersten von der Bekennenden Kirche durch Präses Gerhard Jacobi zur Vikarin eingesegnet. Nach dem Krieg arbeitete sie als Pfarrvikarin in Berlin-Kladow. Sie starb 1967, ihre letzten Jahre waren von Krankheit und finanziellen Sorgen überschattet.

Fazit

Der Erste Weltkrieg war eine Zeit des Umbruchs, die tiefgreifende Veränderungen in der Rolle der Frauen mit sich brachte. In Berlin und Breslau eröffneten sich durch die kriegsbedingten Umstände neue Bildungsmöglichkeiten, die es Frauen ermöglichten, akademische und theologische Karrieren zu verfolgen. Obwohl der Weg zur völligen Gleichberechtigung noch weit war, stellte der Krieg eine wichtige Weichenstellung dar, die das Fundament für die spätere Entwicklung der Frauenbewegung legte. Insbesondere für Theologinnen markierte diese Zeit den Beginn eines langen, aber letztlich erfolgreichen Kampfes um Anerkennung und Gleichstellung in der Kirche und in der Gesellschaft.

Das Frauenwahlrecht hatte langfristige Auswirkungen auf die Rolle der Frauen in der deutschen Gesellschaft und insbesondere in der Kirche. Während der Weimarer Republik konnten Theologinnen allmählich größere Verantwortung in der Kirche übernehmen, und es entstanden erste Netzwerke und Organisationen, die sich für die Gleichberechtigung von Frauen im kirchlichen Bereich einsetzten.

In Berlin und Breslau wurden diese Entwicklungen besonders deutlich. Theologinnen begannen, stärker in den akademischen Diskurs einzutreten und sich innerhalb der Kirche zu engagieren. Sie trugen dazu bei, den Weg für die spätere volle Gleichberechtigung von Frauen in der Kirche zu ebnen, die allerdings noch Jahrzehnte auf sich warten ließ.

Das Frauenwahlrecht, auch das kirchliche, war für Frauen in Deutschland, insbesondere für Theologinnen in Berlin und Breslau, ein entscheidender Schritt in Richtung Gleichberechtigung. Es ermöglichte ihnen nicht nur eine politische Teilhabe, sondern stärkte auch ihr Selbstbewusstsein und ihre Position innerhalb der Kirche. Trotz der bestehenden Herausforderungen legte das Frauenwahlrecht den Grundstein für den weiteren Kampf um Gleichberechtigung und die Anerkennung von Frauen in allen gesellschaftlichen Bereichen, einschließlich der Theologie.

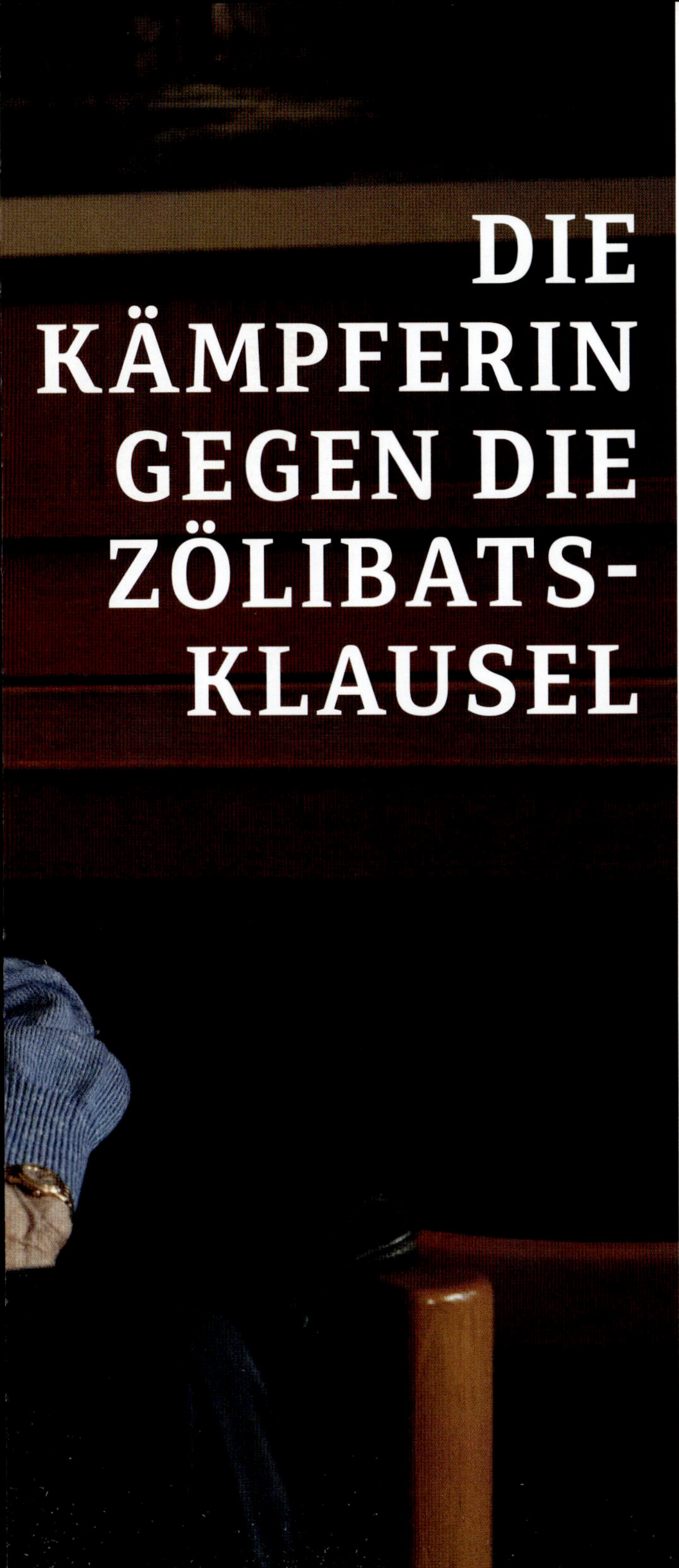

DIE KÄMPFERIN GEGEN DIE ZÖLIBATS-KLAUSEL

ANGELIKA FISCHER

Synodale und Vorsitzende des Theologieausschusses

Der Dank für die Gleichstellung gilt ihr

Wenn wir im November 2024 »50 Jahre Gleichstellung im geistlichen Amt« feiern, haben wir dies in erster Linie der bereits verstorbenen Pfarrerin in Ruhe Angelika Fischer, geborene Dombrowski, zu verdanken.

»Sie haben es um Vieles leichter als wir und dafür hat sich der Einsatz gelohnt!«, so sagte sie mir in unserem letzten Gespräch. – Ja, dass Theologinnen meiner Generation es heute viel leichter haben, ist unseren Schwestern zuzuschreiben, die uns den Weg bereitet haben. Sie haben für uns die Sachen durchgesetzt, deren Früchte wir ernten dürfen. Es liegen nur wenige Jahrzehnte zwischen uns und doch scheinen ihre Erfahrungen aus einer anderen Ära zu stammen. Eine, der wir Jüngeren viel zu verdanken haben, ist Pfarrerin in Ruhe Angelika Fischer.

Am Palmsonntag dieses Jahres ist sie im Alter von 90 Jahren friedlich in ihrem Haus in Lichterfelde verstorben. Es war auf den Tag genau fast fünf Jahre her, dass ich diese bemerkenswerte Kollegin kennenlernen durfte, um sie im Rahmen des Projektes unserer Landeskirche zur Würdigung von »75 Jahre Frauenordination« zu interviewen. Im März dieses Jahres hatte ich sie noch einmal zu Hause besucht und wenige Tage vor ihrem Tod

Bei einer Konfirmation vor der Pauluskirche

mit ihr zuletzt telefoniert. Sie sollte durch unsere Landeskirche gewürdigt und geehrt werden.

Im März 2019 sagte sie mir: »Dass die Kränkung über den Verlust meines Amtes bei Eheschließung immer noch nicht verheilt ist, wurde mir dadurch bewusst, dass relativ viel Negatives in unserem Gespräch war. Vor allem über unsere damaligen kirchenleitenden Herren. Ich möchte nicht, dass es so stehen bleibt und Sie es so in Erinnerung behalten. Nein, ich bin mit ›ganzem Herzen und Gemüte‹, mit Lust und Laune, auch ziemlich fleißig in meinen Ämtern aktiv gewesen.«

Dornige Wege

Angelika Dombrowski wird am 9. September 1933 in Halle/Saale geboren, studiert Evangelische Theologie von 1952 bis 1954 an der Martin-Luther-Universität Halle-Wittenberg sowie von 1954 bis 1958 an der Humboldt-Universität. Ihr Vater, ebenfalls Pfarrer, hatte sie vor dem »dornigen Weg« als Frau in der Kirche gewarnt. Ihre Vorlesungsmitschriften zeugen von hoher Intelligenz, überdurchschnittlichem Fleiß und großer Präzision. Im Februar 1958 absolviert sie das 1. Examen, 1958 bis 1960 als Lehrvikariat eine Ausbildung an der Wohlfahrtsschule der Inneren Mission Berlin-Spandau, anschließend das Gemeindevikariat in Westfalen und schließlich das Schulvikariat.

Ihr 2. Examen legt sie im Oktober 1961 ab, die Ordination zur Pfarrvikarin erfolgt am 18.3.1962 in der Kaiser-Wilhelm-Gedächtniskirche – durch Generalsuperintendent Hans-Martin Helbich. Bischof Dibelius, in dessen Verantwortungsbereich die Ordination eigentlich fällt, ordiniert zu diesem Zeitpunkt ausschließlich Männer. Ab 1961 ist sie als Vikarin und dann nach der Ordination als Pfarrvikarin an der Kaiser-Wilhelm-Gedächtniskirche tätig. Im Kollegenkreis erfährt sie damals sowohl Unterstützung als auch Ablehnung. Der Superintendent verlangt etwa im Pfarrkonvent einmal von ihr, den Raum zu verlassen, eine Apfelsine für ihn zu holen und sie ihm zu schälen. Diese Episode hat sich ihr tief eingeprägt. Die meisten Kollegen hätten sie herablassend behandelt, nur wenige hätten sie spüren lassen, dass sie die gleiche theologische Bildung besitzt, so erinnert sich Angelika Fischer noch 60 Jahre später.

Im November 1962 heiratet sie den schwäbischen Ingenieur Rudi Fischer. Nach ihrer Eheschließung teilt das Konsistorium ihr umgehend mit, dass ihre Amtstätigkeit nun aufgrund ihrer Heirat ohne Abfindung ende. Die Anrede laute nun nicht mehr »Pfarrvikarin«, sondern nur noch »Vikarin« – trotz Ordination. Und den Titel »Pastorin« dürfe sie nicht tragen, da sie vor Inkrafttreten des neuen Pastorinnengesetzes ja bereits wegen ihrer Eheschließung aus dem Dienst geschieden sei, wie das Konsistorium ihr mitteilt: »Es soll auch in ähnlich gelagerten Fällen keine nachträgliche Ernennung zur Pastorin vorgenommen werden.« Insofern solle sie nun weiterhin als »Frau Fischer-Dombrowski« bezeichnet werden, wie sie allerdings nie hieß. Kurz darauf wird ihr seitens des Konsistoriums bescheinigt, dass sie – trotz Ordination – Amtshandlungen nur nach jeweiliger Genehmigung durch den Superintendenten sowie den Ortspfarrer durchführen dürfe. Dies gelte auch auf den von ihren verantworteten Tagungen für berufstätige Frauen. Unmittelbar darauf erhält sie das Schreiben eines Amtsbruders zur Kenntnis, der eine Trauung, für die sie angefragt worden war, absagt, da die Anmeldung ja kraftlos sei, weil »Frau Fischer« keine Trauungen vornehmen dürfe.

Angelika Fischer sucht sich daraufhin andere Tätigkeitsfelder als Theologin: bei der Evangelischen Frauenhilfe, an der Evangelischen Akademie für Sozialarbeit, als Theologische Leitung der Berufstätigenarbeit der Ev. Kirche und als Studienleitung im »Haus der Kirche«. Das Konsistorium macht ihren Dienststellen seinerseits klar, dass ihr keinesfalls das Gehalt einer Pfarrvikarin oder gar Pastorin zustehe, sondern nur das einer Vikarin, das selbstverständlich deutlich unter dem einer voll ausgebildeten Theologin lag. In all dieser Zeit stärkt ihr Ehemann ihr kompromisslos den Rücken und unterstützt ihren Weg in der Kirche – mit und gegen die verfasste Kirche. Das Ehepaar Fischer adoptiert zwei Kinder, Dietmar (1963–2015) und Victoria (geboren 1964).

Der größte Erfolg: Die Gleichstellung der Theologinnen durch die Synode 1974

Während all dieser Jahre setzt sie sich, nicht zuletzt aufgrund der am eigenen Leib erfahrenen, theologisch durch nichts zu rechtfertigenden Diskriminierung als verheiratete ordinierte Theologin, für die Gleichbehandlung der Theologinnen ein – mit Erfolg. Der Präses der Regionalsynode West der Kirche Berlin-Brandenburg, Hans Altmann, tritt vor der entscheidenden Synode zurück, da er sich nicht in der Lage sieht, einer Synode vorzustehen, die vorhat, die Gleichbehandlung von Frauen und Männern im Pfarramt zu beschließen.

Übrigens wird er später von Angelika Fischer bestattet. Und Bischof Otto Dibelius, der stets das Heiraten von Theologinnen »als segensreiche Lösung des Problems« empfahl, lässt sich von ihr das Abendmahl geben und das Beffchen zubinden, eine eher ambivalente, späte Würdigung.

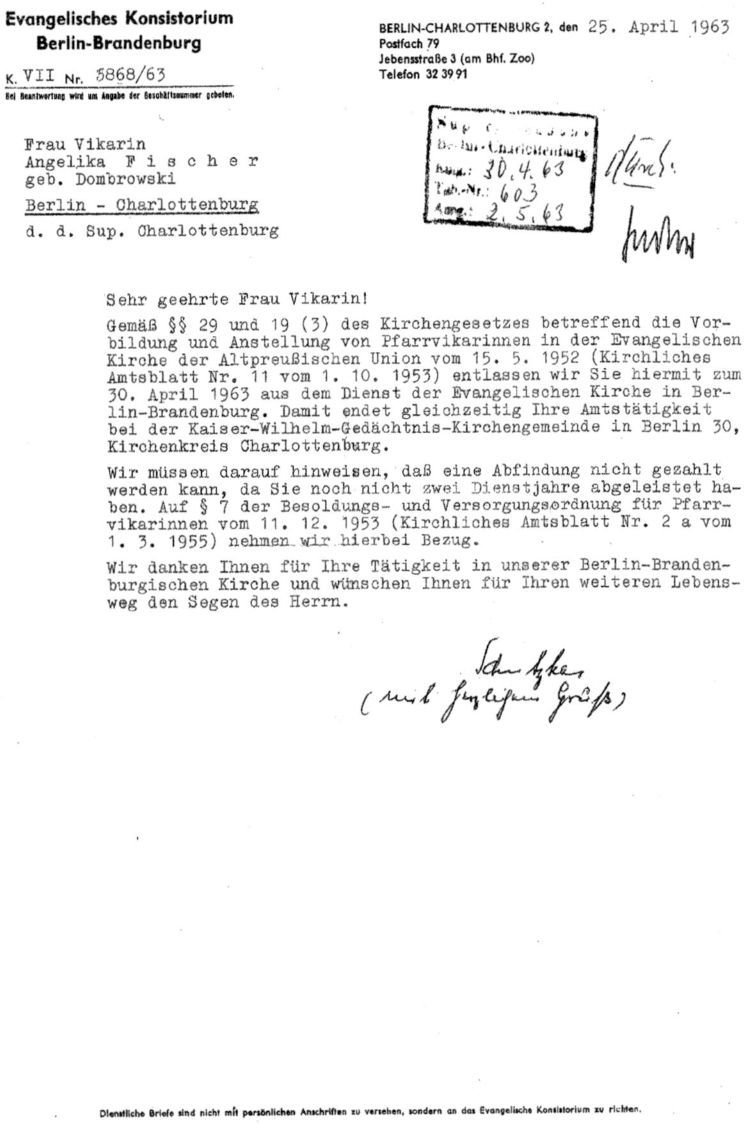

Evangelisches Konsistorium
Berlin-Brandenburg

K. VII Nr. 5868/63

Bei Beantwortung wird um Angabe der Geschäftsnummer gebeten.

BERLIN-CHARLOTTENBURG 2, den 25. April 1963
Postfach 79
Jebensstraße 3 (am Bhf. Zoo)
Telefon 32 39 91

Frau Vikarin
Angelika F i s c h e r
geb. Dombrowski
Berlin - Charlottenburg
d. d. Sup. Charlottenburg

Eing.: 30.4.63
Tgb.-Nr.: 603
Ang.: 2.5.63

Sehr geehrte Frau Vikarin!

Gemäß §§ 29 und 19 (3) des Kirchengesetzes betreffend die Vorbildung und Anstellung von Pfarrvikarinnen in der Evangelischen Kirche der Altpreußischen Union vom 15. 5. 1952 (Kirchliches Amtsblatt Nr. 11 vom 1. 10. 1953) entlassen wir Sie hiermit zum 30. April 1963 aus dem Dienst der Evangelischen Kirche in Berlin-Brandenburg. Damit endet gleichzeitig Ihre Amtstätigkeit bei der Kaiser-Wilhelm-Gedächtnis-Kirchengemeinde in Berlin 30, Kirchenkreis Charlottenburg.

Wir müssen darauf hinweisen, daß eine Abfindung nicht gezahlt werden kann, da Sie noch nicht zwei Dienstjahre abgeleistet haben. Auf § 7 der Besoldungs- und Versorgungsordnung für Pfarrvikarinnen vom 11. 12. 1953 (Kirchliches Amtsblatt Nr. 2 a vom 1. 3. 1955) nehmen wir hierbei Bezug.

Wir danken Ihnen für Ihre Tätigkeit in unserer Berlin-Brandenburgischen Kirche und wünschen Ihnen für Ihren weiteren Lebensweg den Segen des Herrn.

(mit herzlichem Gruß)

Dienstliche Briefe sind nicht mit persönlichen Anschriften zu versehen, sondern an das Evangelische Konsistorium zu richten.

Inzwischen war auf der Ebene des Kirchenbundes, der EKU (Evangelische Kirche der Union), dem auch die EKiBB angehörte, 1973 die Gleichstellung im Amt beschlossen worden und nun sollten die Gliedkirchen, also auch die EKiBB, dies ebenfalls beschließen. Und dafür hat Angelika Fischer als berufene Landessynodale und als Vorsitzende des Ständigen Theologischen Ausschusses der Regionalsynode West in jahrelanger mühsamer Gremienarbeit und Vernetzung die Weichen gestellt: Im November 1974 beschließt die Regionalsynode West, die Frauen im Pfarramt gleichzustellen und dementsprechend die Grundordnung der Kirche zu ändern. Der Punkt soll schon auf Wunsch einiger Synodaler von der Tagesordnung genommen werden, doch Angelika Fischer ist durch nichts mehr aufzuhalten. Sie hat die Mehrheit der Synode auf ihrer Seite.

So kann man in den »Verhandlungen der Regionalen Synode der Ev. Kirche in Berlin-Brandenburg in Berlin-West, vom 12. bis 17. November 1974, Band II Drucksachen« in Drucksache 116 zu Drucksache 16 den schlichten Satz lesen: »Von der Synode am 17.11.1974 mit großer Mehrheit beschlossen.« In das Pfarrdienstgesetz wird in Absatz 1 folgender Satz eingefügt: »Es (das Pfarramt, RS) kann gleicherweise Männern und Frauen übertragen werden.« Pastorinnen werden damit rechtlich gleichgestellt und tragen künftig den Titel »Pfarrerin«. Übrigens regt sie damals außerdem an, dass auch männliche Pfarrer in Teilzeit gehen können sollen und Männer und Frauen die gleiche Altersgrenze für die Pensionierung haben sollen.

Auch Angelika Fischer darf nun Pfarrerin heißen, endlich sich ihren Jugendtraum erfüllen, als solche gleichberechtigt tätig sein und das gleiche

Brief des Konsistoriums an Angelika Fischer, um ihr, aufgrund ihrer Eheschließung, ihre Entlassung mitzuteilen, 25.4.1963

Amt wie ihr geliebter Vater ausüben, das *eine* Pfarramt, das Männern *und* Frauen gleichermaßen übertragen werden kann.

So bewirbt sie sich mit knapp 44 Jahren auf ihre erste reguläre Pfarrstelle. Am 17. Oktober 1976 hält sie ihre Predigt in der Pauluskirche Lichterfelde über »Das Weib schweige in der Gemeinde!« – den vorgesehenen Predigttext. Ihr Mann sagt ihr damals: »Wenn Du das schaffst, schaffst Du alles.« Ihr Mann habe immer 150-prozentig hinter ihr gestanden, in all den Auseinandersetzungen und Jahren, so erzählte sie mir. Als Professor an der FU berät er ihre Gemeinden, sowohl die Kaiser-Wilhelm-Gedächtniskirche als auch Paulus-Lichterfelde, zu Fragen der Akustik, natürlich ehrenamtlich. Gemeinsam leiten beide den Theologischen Arbeitskreis der Paulus-Gemeinde. Für seine Frau empfindet er eine tiefe Bewunderung.

Was sie in der Paulus-Gemeinde bis 1997, auch hinsichtlich der Geschäftsführung leistet, ist enorm: Umbau und Renovierung der Pauluskirche, Aufbau einer leistungsfähigen Diakoniestation, Geschäftsführung der Kindertagesstätten und vieles andere mehr. Als Predigerin und Seelsorgerin ist sie allseits beliebt. Auf dem Lichterfelder Kranoldplatz kennt sie jeder. Der Verlust ihres Sohnes im Jahr 2015 und – im selben Jahr – ihres Mannes trifft sie hart.

Was bleibt

Ihr größtes »Werk«: Als Vorsitzende des Ständigen Theologischen Ausschusses der Regionalsynode Berlin-West und Geschäftsführerin des Theologinnenverbandes der Bundesrepublik Deutschland überzeugt sie im November 1974 bei der Synode die Mehrheit der Synodalen, einer Gesetzesänderung zuzustimmen, so dass nun Frauen und Männer im Pfarramt im Bereich Berlin-West gleichberechtigt sind. Die unrühmliche, durch nichts theologisch zu rechtfertigende Geschichte des Zölibats für Pastorinnen hat endlich ein Ende gefunden. Dank sei einer begnadeten Theologin, deren Sammlung theologischer Werke mich tief beeindruckt hat. Sie war eine der klügsten, fleißigsten und scharfsinnigsten Theologinnen, die ich kennenlernen durfte. Dass es Zeiten gab, in denen man solche Theologinnen aus dem Pfarramt geworfen hat, weil sie geheiratet haben, gehört für mich zu den sinnlosesten Aktionen der evangelischen Kirche. Auf die Entschuldigung ihrer Kirche, sie wegen ihrer Heirat aus dem Amt entlassen zu haben, hat sie, wie sie mir sagte, bis zuletzt gewartet. Umso glücklicher war sie über ihre Würdigung durch unsere Landeskirche im Jahr 2019 zum Jubiläum 75 Jahre Frauenordination durch Festschrift und Wanderausstellung. Hier, so sagte sie, sei sie das erste Mal für ihre Kirche mit ihrer Geschichte sichtbar und hörbar gewesen: »Eine späte und nennenswerte Freude, quasi auf den letzten Drücker«. Das automatische Ausscheiden aus dem Dienst nach Verheiratung einer ordinierten Theologin ist ein deutsches Alleinstellungsmerkmal, das jeder Vernunft entbehrt. Wie gut, dass eine unserer klügsten Amtsschwestern für deren Abschaffung gesorgt hat, mit Zähigkeit, theologischem Sachverstand und einer breiten Vernetzung.

Pfarrerin in Ruhe Angelika Fischer, geborene Dombrowski, sei Dank. Am 24. März 2024 ist diese bis zuletzt hellwache Theologin von uns gegangen. Der Gedenkgottesdienst fand am 23. April 2024 in ihrer geliebten Pauluskirche mit mehreren hundert Menschen statt, die gekommen waren, um sich von ihr zu verabschieden. Menschen aus ihrer Gemeinde, Kolleg:innen, die sie zum Pfarramt inspiriert hatte, und Familienmitglieder. Altpropst Dr. Karl-Heinrich Lütcke dankte ihr posthum im Namen der ganzen Kirche für ihr außerordentliches Engagement. Nun ist sie wieder vereint mit ihrem Mann und ihrem Sohn. Möge sie in Frieden ruhen und das schauen, was sie geglaubt und verkündigt hat. Sie wird unserer Kirche und vielen Menschen fehlen.

Grußwort in der Trauerfeier für Pfarrerin Angelika Fischer

Propst i.R. Dr. Karl-Heinrich Lütcke

Heute spreche ich zu Ihnen im Auftrag der Leitung der Evangelischen Kirche Berlin-Brandenburg-schlesische Oberlausitz. Wir denken in unserer Landeskirche dankbar an das langjährige Wirken von Angelika Fischer in der Landessynode und dabei insbesondere an ihren Einsatz für die Gleichstellung der Frauen im Pfarramt. Vor 50 Jahren, 1974, beschloss die Landessynode ein Gesetz, das den Pfarrerinnen alle Rechte gewährte, die für ihre männlichen Kollegen schon lange bestanden. Zuvor gab es für die Frauen allerlei Sonderregelungen. So mussten Frauen ihr Pfarramt aufgeben, wenn sie heirateten. Man kann sich heute kaum vorstellen, dass es so etwas gab. Angelika Fischer hat das am eigenen Leibe erfahren, als sie heiratete, und sie hat darunter gelitten, denn sie war mit Leidenschaft Gemeindepfarrerin. Trotzdem blieb sie weiter mit großem Engagement für die Kirche tätig (z.B. in der Berufstätigenarbeit). Sie wurde in die Landessynode und dort sogar zur Vorsitzenden des Theologischen Ausschusses gewählt. Dort hat sie aus fester Glaubensüberzeugung den Beschluss über das neue Gesetz entscheidend mit vorangetrieben und auf den Brief des Paulus an die Galater verwiesen: In Christus ist nicht Mann noch Frau; denn ihr seid allesamt einer in Christus. Ich habe, ebenso wie viele hier in der Gemeinde, die Energie miterlebt, die Pfarrerin Fischer an den Tag legte, wenn es um wichtige Dinge ging (z.B. die Erneuerung der Pauluskirche), und ich kann mir daher vorstellen, mit welcher Energie sie in der Synode für die Neuregelung und damit für alle Pfarrerinnen unserer Kirche gekämpft hat.

Die Landessynode wird im Herbst an den vor 50 Jahren gefassten Beschluss erinnern, und sie will dabei die Rolle von Frau Fischer besonders würdigen. Wir hatten gehofft, dass sie diese Ehrung noch miterleben könnte. Nun ist sie vorher gestorben. Aber tröstlich ist: Sie hat von der geplanten Ehrung noch kurz vor ihrem Tod erfahren, bei einem Besuch der mit der Vorbereitung dieser Ehrung beauftragten Pfarrerin Rajah Scheepers. Unsere Kirche gedenkt ihrer mit Dankbarkeit. Möge sie in Gottes Frieden ruhen.

IV

Die 1920er Jahre – Promotionen, Verbandsgründung und Vikarinnengesetz

Vorbemerkungen

Die 1920er Jahre waren eine Zeit tiefgreifender gesellschaftlicher, politischer und kultureller Veränderungen, die auch die Rolle der Frauen stark beeinflussten. Besonders in Deutschland, das nach dem Ersten Weltkrieg eine demokratische Verfassung erhalten hatte, ergaben sich neue Möglichkeiten und Herausforderungen für Frauen in verschiedenen Bereichen, einschließlich der Theologie.

Mit der Gründung der Weimarer Republik 1919 erhielten Frauen in Deutschland das Wahlrecht, was ein bedeutender Schritt in Richtung politischer Gleichberechtigung war. Frauen begannen verstärkt, in Berufe einzutreten, die zuvor ausschließlich Männern vorbehalten waren, darunter auch akademische und geistliche Berufe.

Die 1920er Jahre, oft als »Goldene Zwanziger« bezeichnet, waren eine Zeit kultureller Blüte, in der Frauen zunehmend ihre Selbstständigkeit betonten und neue Freiheiten ausloteten. Die Mode der Zeit, z. B. der Bubikopf, symbolisierte oft diese neue Unabhängigkeit.

Gleichzeitig bestand jedoch ein starkes Spannungsverhältnis zwischen traditionellen Geschlechterrollen und den neuen Freiheiten. Frauen, die in bislang männlich dominierten Bereichen Fuß fassten, sahen sich oft Vorurteilen und Widerständen ausgesetzt.

In der Weimarer Republik nutzten Frauen zunehmend die Möglichkeit, an Universitäten zu studieren, einschließlich der Theologie. Dies war ein bedeutender Fortschritt, da Frauen in Deutschland erst seit 1908 generell zum Universitätsstudium zugelassen worden waren.

Auch hier ist insbesondere der Dekan der Berliner Theologischen Fakultät, Adolf von Harnack, zu nennen, der bereits ab 1898 Schülerinnen förderte und frauenhistorische Forschung betrieb. Harnack lehrte von 1888 bis 1924 in Berlin und gehörte mit Wilhelm Dilthey, Minna Cauer und Hans Delbrück der 1893 von der Frauenrechtlerin Helene Lange gegründeten Vereinigung zur Veranstaltung von Gymnasialkursen für Frauen an, die sich prinzipiell für ein Recht der Frauen auf ein Universitätsstudium einsetzte. Gemeinsam mit Kaiserin Auguste Viktoria und den Frauenrechtlerinnen Helene Lange und Gertrud Bäumer engagierte er sich für die große Reform des Mädchenbildungswesens im Jahr 1908. Bis zur Zulassung von Frauen zum Studium in Preußen im Jahre 1908 konnten vereinzelte Frauen nur als Gasthörerinnen an Seminaren teilnehmen. Als Abschluss in der Theologie kam ab 1912 endlich die Promotion in Frage, nachdem sich Adolf von Harnack und Reinhold Seeberg für die Ausweitung des Promotionsrechtes auf Frauen eingesetzt hatten, da die Kirche Frauen nach wie vor nicht zum Examen zuließ. 13 Jahre später, 1925, promovierte die erste Theologin in Berlin – bei Adolf von Harnack.

Die Stadt Berlin war ein Zentrum der intellektuellen und kulturellen Avantgarde, und Frauen hatten hier relativ gute Möglichkeiten, sich zu vernetzen und zu engagieren. Universitäten und kirchliche Kreise in Berlin boten eine Plattform für Debatten über die Rolle von Frauen in Kirche und Gesellschaft. Als damals wichtige preußische Universitätsstadt war Breslau ebenfalls ein Ort, an dem Frauen Zugang zu höherer Bildung hatten. Die dortige theologische Fakultät war jedoch, ähnlich wie in anderen Regionen, von konservativen Kräften geprägt, die den Zugang von Frauen zu kirchlichen Ämtern stark einschränkten.

4.1. Theologinnen promovieren, zum Beispiel Elisabeth Zinn

Die erste Lizenziatin der Theologie war 1907 Carola Barth, in Jena.[1] Nach dem Besuch des Lehrerinnenseminars in Frankfurt studierte Carola Barth ab 1902 Theologie und Geschichte in Bonn und Marburg, ehe sie 1907 aufgrund einer von Adolf Jülicher betreuten Arbeit im Fach Evangelische Theologie an der Universität Jena promoviert wurde – und war damit die erste Frau in diesem

Celsus und Origenes

Das Gemeinsame ihrer Weltanschauung

nach den acht Büchern des Origenes gegen Celsus

Eine Studie zur Religions- und Geistesgeschichte
des 2. und 3. Jahrhunderts

von

Anna Miura-Stange

Lic. theol.

Verlag von Alfred Töpelmann in Gießen

1926

Promotion von Anna Miura-Stange

1 Zu Carola Barth vgl. Dagmar Henze: Zwei Schritte vor und einer zurück: Carola Barth – eine Theologin auf dem Weg zwischen Christentum und Frauenbewegung (= Neukirchener theologische Dissertationen und Habilitationen; Bd. 2), Neukirchen-Vluyn 1996.

Fach an einer deutschen Universität. Für ihre Dissertation bekam sie 1908/09 als erste Frau überhaupt das Reisestipendium des Deutschen Archäologischen Instituts in der Fachrichtung Christliche Archäologie zugesprochen.

Seit 1912 hatten Frauen auch an der Theologischen Fakultät in Berlin das Recht zu promovieren. Die erste in Berlin promovierte Theologin war Anna Miura-Stange: Sie promovierte 1925 bei Adolf von Harnack über »Celsus und Origenes. Das Gemeinsame ihrer Weltanschauung nach den acht Büchern des Origenes gegen Celsus. Eine Studie zur Religions- und Geistesgeschichte des 2. und 3. Jahrhunderts«. Die Dissertation erschien 1926 in der Reihe »Beihefte zur Zeitschrift für die neutestamentliche Wissenschaft (BZNW)«, seit 1923 eine der renommiertesten internationalen Buchreihen zur neutestamentlichen Wissenschaft.

Bis 1945 erlangten in Berlin insgesamt acht Frauen den theologischen Doktorgrad:

Die ersten in Berlin promovierten Theologinnen waren:

— 1925 Anna Stange: Celsus und Origenes. Das Gemeinsame ihrer Weltanschauung nach den acht Büchern des Origenes gegen Celsus. Eine Studie zur Religions- und Geistesgeschichte des 2. und 3. Jahrhunderts.
— 1927 Selma Hirsch: Die Vorstellung von einem weiblichen Pneuma Hagion im Neuen Testament und in der ältesten christlichen Literatur. Ein Beitrag zur Lehre vom Heiligen Geist.
— 1928 Helene Oberbeck: Die religiöse Weltanschauung des Novalis.
— 1931/32 Grete Möller: Föderalismus und Geschichtsbetrachtung im 17. und 18. Jahrhundert.
— 1933 Gertrud Frischmuth[2]: Die paulinische Konzeption in der Frömmigkeit Bernhards von Clairvaux.
— 1930/33 Marie Horstmeier: Die Idee der Persönlichkeit bei Immanuel Hermann Fichte und Christian Hermann Weiße.
— 1932/33 Elisabeth Zinn: Die Theologie des Friedrich Christoph Oetinger.
— 1937 Eva Aleith: Paulusverständnis in der alten Kirche.

Des Weiteren gab es auch Ehrenpromotionen für Frauen, so wurde zum Beispiel Berta Gräfin von der Schulenburg im Jahr 1923 durch die Berliner Universität für ihr sozialdiakonisches Engagement mit der Verleihung eines Doktortitels ehrenhalber gewürdigt.

Elisabeth Zinn war also eine der ersten Frauen, die in Berlin in Theologie promovierten. Geboren wurde sie 1908 in Berlin als Tochter von Dr. Wilhelm Zinn und seiner Frau Clara. 1927 legte sie ihr Abitur ab. Schon in ihrer Jugend war sie eng mit Dietrich Bonhoeffer befreundet. In den folgenden fünf Jahren studierte sie Theologie und Philosophie in Berlin und Tübingen. Bereits wenige Tage nach

2 Sie war von 1933 bis 1973 Vikarin, Pfarrvikarin und schließlich Pastorin der Ev. Friedensgemeinde Berlin-Charlottenburg. Ab 1934 war sie Mitglied im Pfarrernotbund. Bedeutung hat Gertrud Frischmuth durch ihren aktiven Widerstand gegen das Nazi-Regime in Berlin: Im Bereich der Heerstraße in Berlin-Charlottenburg warnte sie jüdische Bürger vor bevorstehenden Deportationen und unterstützte mit Pfarrer Ernst Gürtler jüdische Nachbarn. Zu ihr vgl. Gudrun Domes, Art. »Dr. Getrud Frischmuth (1903–1987)«, in: Erhart, Hannelore (Hrsg.), früher evangelischer Theologinnen. Biographische Skizzen, Neukirchen-Vlyun 2005 (abgekürzt im Folgenden: Lexikon), hier: S. 120.

ihrem ersten theologischen Examen promovierte sie 1932 über die Theologie Friedrich Christoph Oetingers.

Nach ihrem Zweiten theologischen Examen 1933 wurde Elisabeth Zinn vom Konsistorium als »Dienerin am Wort« begrüßt und von der Bekennenden Kirche angestellt, die sich gegen die nationalsozialistisch ausgerichtete Reichskirche der Deutschen Christen stellte. Als Lehrvikarin der Bekennenden Kirche unterrichtete Elisabeth Zinn in der Kaiser-Wilhelm-Gedächtniskirche unter anderem junge jüdische Frauen, die durch die Taufe versuchten, der Verfolgung zu entkommen.

Am 2. Juli 1936 wurde sie in Berlin-Dahlem als Vikarin durch Pfarrer Gerhard Jacobi eingesegnet. Sie gehörte zu den ersten neun Vikarinnen, die dort eingesegnet wurden. Ihre Aufgaben beschränkten sich auf unterstützende Tätigkeiten, wie etwa den Konfirmandenunterricht, die Sakramentsverwaltung war ihnen jedoch nicht erlaubt. Als Vikarin arbeitete Elisabeth Zinn in der Gemeinde, der Jugendarbeit und der Krankenseelsorge. Sie verteidigte das Alte Testament als Grundlage des Christentums und wurde für ihre lebendige Predigt geschätzt.

Elisabeth Zinn (1938)

1938 heiratete sie Günther Bornkamm und musste daher, wie es das Vikarinnengesetz von 1927 vorschrieb, ihre Tätigkeit als Vikarin aufgeben. 1949 zog die Familie nach Heidelberg, wo ihr Mann eine Professur für Neues Testament übernahm. Trotz der Erziehung ihrer fünf Kinder und eines weltoffenen Haushalts, in dem viele internationale Studierende ein- und ausgingen, blieb Elisabeth Bornkamm ihren theologischen Interessen treu. Sie leitete über Jahrzehnte in Heidelberg einen Bibel-Frauenkreis, der auch viele nichtkirchliche Teilnehmerinnen anzog. Später wurde sie kirchlich rehabilitiert und durfte wieder als Theologin tätig sein, Trauungen durchführen und ihre Enkelkinder taufen. Eines ihrer Kinder ist die für ihre Forschungen zur Erinnerungskultur berühmte Prof. em. Dr. Dr. h. c. Aleida Assmann, eine Anglistin, Ägyptologin, Literatur- und Kulturwissenschaftlerin. Elisabeth Bornkamm starb 1995 in Heidelberg.

4.2. Die Gründung des Theologinnenverbandes

Die Fakultätsprüfungen wurden von den evangelischen Kirchen nicht als Berufseingangsexamina anerkannt. Dass Frauen trotz aller Vorbehalte und ohne eine gesicherte berufliche Laufbahn sich diesem Fach zuwandten und bis zu drei Sprachen neu zu lernen hatten, macht deutlich, dass hinter ihrem Entschluss eine besondere Motivation gestanden haben muss. Viele belegten allerdings mehrere Fächer, um sich den Beruf der Lehrerin offen zu halten, oder absolvierten zunächst eine Lehrerinnenausbildung, ehe sie sich für Theologie immatrikulierten. Was den Theologinnen nun fehlte, war ein Organ, das ihre Interessen bündelte und vertrat – damit schlug die Geburtsstunde des Theologinnenverbandes.

Seit der Zulassung von Frauen zum Studium in Preußen hatten sich zahlreiche Vereine und Verbände gegründet, die die Interessen studierender Frauen vertraten. Bereits 1919, als sich nach dem Ersten Weltkrieg allgemein die Arbeitsbedingungen für Frauen wieder verschlechterten, hatte die 1909 in Jena erste promovierte Theologin Carola Barth in der Zeitschrift der liberalen Theologen »Die Christliche Welt« zum Zusammenschluss aller Theologinnen in einem Berufsverband aufgerufen.

Im Jahr 1925 konstituierte sich dann der »Verband evangelischer Theologinnen Deutschlands« in Marburg. In einer Mitteilung über die Gründung des Verbandes, die in der »Christlichen Welt« abgedruckt wurde, heißt es: *Der Wunsch, als Theologin innerhalb der Gemeinde tätig zu sein, entspringt nicht frauenrechtlerischen Bestrebungen. Insofern sind wir keine Kampforganisation, die die männliche Pfarrertätigkeit, also die volle Gemeindeleitung, nun auch für die Frau beansprucht. Vielmehr möchten wir dort angreifen, wo Frauenarbeit besonders notwendig erscheint.* Und weiter: *Das äußere Recht gibt uns die Situation: unsere Absicht, als Theologinnen selbständig zu arbeiten, stößt fast überall an die scharfe Ablehnung der kirchlichen Behörden. Und das innere Recht gibt uns die Sache, der wir dienen wollen: Frauennot schreit nach Frauenhilfe. Darum dürfen wir nicht nur warten, bis man kirchlicherseits einsieht, dass die kirchliche Arbeit innerhalb und außerhalb der Gemeinde Theologinnen und Theologen braucht, sondern müssen auch von uns aus dazu tun, was wir können, damit dies Ziel erreicht wird.*

Diese Beschränkung sollte nicht bedeuten, dass sich die Theologinnen selbst auf kirchliche Hilfstätigkeiten festlegen wollten, vielmehr hatten sie die Schaffung eines speziellen Amtes für Frauen, eines sog. Amtes sui generis, im Blick. Das bedeutete konkret, dass Tätigkeiten als Seelsorgerin an Frauen in Gefängnissen, Krankenhäusern und Mädchenheimen, als Jugendpfarrerin, Studentinnenseelsorgerin oder Religionslehrerin angestrebt werden sollten.

Die Zahl der Mitglieder betrug bei der Verbandsgründung 30 – eine enorme Anzahl, wenn man bedenkt, dass es insgesamt im Deutschen Reich im Jahr 1925 nur 51 Theologiestudentinnen gab. Bis 1929 stieg die Anzahl der Mitglieder auf 70, so wie auch insgesamt die Anzahl der Theologiestudierenden beider Geschlechter nach 1925 sprunghaft anstieg, bis 1930 auf 107 Mitglieder an – zu diesem Zeitpunkt gab es bereits 241 Theologiestudentinnen, die Anzahl hatte sich also binnen fünf Jahren fast verfünffacht.

Fragt man, was die Theologinnen dazu veranlasste, sich zu einem Verband zusammenzuschließen, so findet sich immer wieder der Verweis auf die ausstehenden gesetzlichen Regelungen für akademisch-theologisch gebildete Frauen, die in einigen Landeskirchen, insbesondere in der evangelischen Kirche der Altpreußischen Union, bevorstanden. Ziel des Verbandes sollte es von daher sein, angesichts dessen einen Zusammenschluss zu haben, der die Möglichkeit und Berechtigung hat, die Stellungnahme der Theologinnen an die Behörden zu vermitteln.

Tatsächlich wurde der Verband sofort nach seiner Gründung aktiv und richtete Eingaben an die verschiedensten Stellen, so z. B. den Evangelischen Oberkirchenrat in Berlin, der daraufhin unter Beigabe der Leitlinien des Verbandes die Evangelischen Konsistorien zu Stellengnahmen aufforderte. Weiterhin sollte er dem Austausch untereinander und der Stellenvermittlung dienen. Ausdrücklich ausgeschlossen wurde die Forderung eines vollen Pfarramtes für die Theologin.

Gleich nach seiner Gründung versandte der Verband Fragebögen an seine Mitglieder, in denen die Frauen aufgefordert wurden, zu dem Programm des Verbandes Stellung zu nehmen. Diese Befragung ergab, dass die meisten Theologinnen, die dem Verband angehörten, hinter den oben dargestellten Richtlinien standen, nur wenige gingen in ihren Forderungen über ein »Amt sui generis« hinaus, einige warnten sogar vor zu hohen Forderungen. Schon in dieser ersten Meinungsäußerung deutete sich ein Konflikt in der Frage des vollen Pfarramtes für die Theologinnen an, der das Verbandsleben im Folgenden prägen und letzten Endes spalten sollte.

Ende Oktober 1925 trafen sich in Marburg die Mitglieder des Verbands evangelischer Theologinnen zu ihrer ersten gemeinsamen Tagung. Die ersten Frauen hatten nunmehr ihr Theologiestudium abgeschlossen, nachdem Preußen sie 1908 als letzter deutscher Staat offiziell zum Universitätsstudium zugelassen hatte. Sie hatten ihre Abschlüsse in evangelischer Theologie gemacht und einige hofften nun auf eine Anstellung als Vikarin oder auf ein Pfarramt. Doch die Zeiten waren noch andere. Wie in allen gesellschaftlichen Bereichen waren Theologinnen ihren männlichen Kollegen längst nicht gleichgestellt. Zu kirchlichen Prüfungen wurden sie nicht zugelassen. Sie wichen auf andere Berufsfelder aus, wurden Lehrerinnen, Dozentinnen, Diakonissen, arbeiteten als Gemeinde- und Pfarramtshelferinnen in Gemeinden, Gefängnissen und Krankenhäusern. Ihre Zuständigkeit war auf Frauen, Kinder und weibliche Jugendliche beschränkt. Einige waren mit einem Pfarrer verheiratet und arbeiteten in der Gemeinde mit, ohne ein eigenes Amt zu versehen oder dafür entlohnt zu werden.

Unter diesen Vorzeichen fand vom 27. bis 29. Oktober 1925 die erste Tagung des Verbandes Evangelischer Theologinnen in Marburg statt. Es waren insgesamt 18 Frauen anwesend, unter ihnen nur eine Theologin aus Berlin: Edelgard Schmoeckel (Berlin).[3] Der Verband bemühte sich mit Erfolg in der Folgezeit, auf die Gesetzgebung Einfluss zu nehmen.

4.3. Das Vikarinnengesetz von 1927

1927 war es dann soweit: Am 9. Mai 1927 wurde von der Generalsynode der Evangelischen Kirche der Altpreußischen Union das »Vikarinnengesetz« verabschiedet, das für einige Theologinnen das Fass sprichwörtlich zum Überlaufen brachte – für andere hingegen genau ihren Vorstellungen entsprach.[4] Weitgehend bildeten sich hier die Vorstellungen des Theologinnenverbandes ab, indem die Arbeitsfelder Seelsorge, Wortverkündigung und Unterricht betont wurden, sowie der Kreis, auf den sich die Arbeit der Theologinnen beziehen sollte, Mädchen und Frauen betraf. An eine Gleichstellung von Frau und Mann in der Kirche war nicht gedacht, die Sakramentsverwaltung und leitende Funktionen sollten männlichen Geistlichen vorbehalten bleiben.

Die Amtsbezeichnung lautete »Vikarin«. Ihr Gehalt wurde auf 70 Prozent, im Beamtenverhältnis auf 75 Prozent eines Pfarrergehalts festgelegt.

In dem Gesetz heißt es in § 20,1: *Die Vikarin wird in ihr Amt in einem Gemeindegottesdienst durch den Vorsitzenden des Gemeindekirchenrats (Presbyterium) eingeführt. Bei der erstmaligen Anstellung findet eine Einsegnung zum Dienst als Vikarin durch den Superintendenten statt, der sie zugleich in ihr Amt einführt.*

Vor 1933 sind aus dem Bereich der Evangelischen Kirche der Altpreußischen Union nur einzelne Einsegnungen bekannt. Die »Einsegnungen« verweigerten das volle Pfarramt und schrieben in einer sogenannten »Zölibatsklausel« das Ausscheiden der Theologinnen aus dem Kirchendienst mit ihrer Heirat fest: *Im Falle der Verheiratung scheidet die Vikarin aus ihrem Amt aus. In besonderen Fällen kann das Konsistorium Ausnahmen zulassen.*

Dieses erste Vikarinnengesetz definierte das geistliche Amt für Frauen also, trotz gleicher wissenschaftlicher Vorbildung, nur als Zuarbeit und Entlastung des Pfarramtes. So durfte die Vikarin zwar den Konfirmandenunterricht halten, jedoch nicht konfirmieren, unterrichten im kirchlichen Unterricht sowie an Berufsschulen, Wortverkündigung nur im Kindergottesdienst, in Bibelstunden mit Mädchen oder Frauen und in kleineren Andachten vornehmen, seelsorgerlich in der Gemeinde, in Mädchenheimen sowie in Frauenabteilungen

3 Zu Studienassessorin Schmoeckel vgl. Rebecca Müller, Ausbildung zur Gemeindehelferin: Das Seminar für kirchlichen Frauendienst im Burckhardthaus e. V. 1926–1971, Stuttgart 2014, S. 82, 162f.

4 Vgl. Gesetz betreffend Vorbildung und Anstellung der Vikarinnen der Kirche der Altpreußischen Union vom 9. Mai 1927, in: Kirchliches Gesetz- und Verordnungsblatt 11 (1927) S. 228–236. In den Jahren 1925 bis 1930 verabschiedeten einige Landeskirchen Gesetze, die den Dienst und die Anstellung theologisch vorgebildeter Frauen regelten: Thüringen (1926), Hamburg (1927), Pfalz (1928), Württemberg (1928), Mecklenburg (1929), Nassau (1930), Hannover (1930) und Hessen-Kassel (1930). Vgl. Heike Köhler, Die Entwicklung der Theologinnen-Gesetzgebung bis 1932, in: Frauenforschungsprojekt, Darum, S. 109–128. Zur Permanenz der Zölibatsklausel in der südhessischen Kirche und der Bedeutung dieser Klausel als gemeinsames Strukturelement der Theologinnengesetze der evangelischen Landeskirchen in Deutschland bis in die 1970er Jahre vgl. zuletzt: Jolanda Gräßel-Farnbauer, Die Zölibatsklausel für evangelische Theologinnen am Beispiel der Evangelischen Kirche in Hessen und Nassau, in: ZKG 133, Band 2022, Heft 1, 90–119; Gräßel-Farnbauer, Jolanda, Die Rolle der Synode im Gleichstellungsprozess von Frauen im Pfarramt der EKHN von 1949 bis 1971, in: Jahrbuch der Hessischen Kirchengeschichtlichen Vereinigung 72/73 (2021/2022), 233–253.

in Gefängnissen, Krankenhäusern und Seniorenheimen arbeiten – jedoch weder die Sakramente verwalten noch Amtshandlungen vollziehen und unter keinen Umständen im Gemeindegottesdienst predigen. Lediglich in Ausnahmefällen konnte Theologinnen die Sakramentsverwaltung in geschlossenen Frauenabteilungen übertragen werden.

Zur entscheidenden Streitfrage innerhalb des Theologinnenverbandes wurde nach der Veröffentlichung des Vikarinnengesetzes nun endgültig die Frage, ob es für Frauen ein Pfarramt *sui generis* oder das volle Pfarramt geben solle. Die Mehrheit der im Verband zusammengeschlossenen Theologinnen gaben sich immer noch mit dem Ausschluss von gemeindeleitenden Funktionen zufrieden, die Minderheit jedoch nicht. Allgemein beklagt hingegen wurde insbesondere die Beschränkung bei der Sakramentsverwaltung: Einige Theologinnen hatten inzwischen in ihrer Arbeit praktische Erfahrungen mit der Seelsorge in Gefängnissen und Krankenhäusern gesammelt und waren mit der Unmöglichkeit der Sakramentsspende sehr unzufrieden.

Der »Verband« trieb die Diskussion um die Frauenordination weiter maßgeblich voran. Allerdings gingen die Forderungen des Verbandes nach wie vor einigen Theologinnen nicht weit genug, weswegen es im Januar 1930 zur Abspaltung vom Verband kam. Dies entsprach durchaus der Motivation von drei Vierteln der damaligen Theologiestudentinnen, die als Berufswunsch »Pfarrer« angaben.

So gründeten einige ehemalige Marburger Studentinnen die »Vereinigung Evangelischer Theologinnen«, die das volle Pfarramt für die Frau forderten. Es handelte sich dabei um Carola Barth, die zur 1. Vorsitzenden gewählt wurde, Ina Gschlössl,

Gruppenfoto mit Elisabeth von Aschoff, Ina Gschlössl, Annemarie Rübens und Aenne Schümer: Vereinigung evangelischer Theologinnen Deutschlands, 1930

Annemarie Rübens, Elisabeth von Aschoff, Aenne Schürmer und Ulrike Türck. Vier von ihnen – Ina Gschlössl Annemarie Rübens, Aenne Schümer und Elisabeth von Aschoff – sollten als die »Vier Kölner Vikarinnen« Bekanntheit erlangen. Die Vereinigung kämpfte darum, auch den Pfarrdienst für die Frauen zu öffnen, und dass Männer und Frauen in der Evangelischen Kirche die gleichen Rechte erhielten. Wörtlich forderte die Vereinigung das volle, dem Manne gleichgestellte Pfarramt auch für Frauen, also mit sämtlichen Aufgaben und Kompetenzen, von der Predigt über die Taufe, die Trauung bis zur Beerdigung. Aus theologischen Gründen bestritten sie in Bezug auf die Amtsfrage eine geschlechtermäßige Festlegung. Sie waren von der Gleichheit von Männern und Frauen hinsichtlich der Befähigung zu Pfarramtstätigkeit zutiefst überzeugt.

Doch der »Vereinigung« waren auf Grund der nationalsozialistischen Entwicklung Deutschlands weder Erfolg noch Überleben vergönnt: Am 30. September 1933 wurde Gschlössl von den Nationalsozialisten entlassen. Unter dem wachsenden Einfluss des Nationalsozialismus, seiner Diskriminierung der Wissenschaft und seinem spezifischen Frauenbild verunmöglichten sich die Chancen für die berufliche Gleichstellung der Theologinnen, ja sogar deren Studienmöglichkeiten sollten sich deutlich verringern. Die »Vereinigung« löste sich unter nationalsozialistischer Herrschaft schließlich zwangsweise auf.

Im Jahr 2025 wird der Theologinnenverband in Marburg sein einhundertjähriges Bestehen feiern – ein Jubiläum, auf das Universität, Fachbereich und Kirche stolz sein dürfen.

Fazit

Die 1920er Jahre waren für Frauen in der Theologie eine Zeit des Aufbruchs, aber auch der Begrenzungen. Während der Zugang zu akademischer Bildung und gesellschaftlicher Teilhabe wuchs, blieben viele traditionelle Barrieren bestehen, insbesondere in den kirchlichen Strukturen. In den Regionen Berlin, Brandenburg und Breslau gab es regionale Unterschiede, aber die Grundproblematik der eingeschränkten Möglichkeiten für Theologinnen zog sich durch alle Gebiete.

DIE EPHORALE KOLLEGIALE

LONA KUTZER-LAURIEN

Erste Frau im West-Berliner Ephorenkonvent

Zum Einstieg

Kamala Harris, die Kandidatin der Demokrat:innen für die Wahl zum bzw. zur Präsident:in der USA fragt im Wahlkampf immer wieder, welche Gesetze Frauen erlassen haben, die sich auf die Körper von Männern beziehen. Damit zielt sie auf die Abtreibungsdebatte und die entsprechenden Gesetze in den USA. Im Sommer 2022 hatte die konservative Mehrheit am Supreme Court die bundesweite Regelung für das Recht auf Abtreibung gekippt – fünf Männer und eine Frau. Die Mehrheit der Richterinnen, nämlich zwei, stimmten mit einem männlichen Kollegen dagegen: »Nach dem heutigen Tag werden junge Frauen mit weniger Rechten aufwachsen, als ihre Mütter und Großmütter hatten«, schrieben sie in ihrer abweichenden Meinung.

In der evangelischen Kirche in Deutschland – dies ist ein deutsches Alleinstellungsmerkmal – haben 150 Jahre lang männliche Theologen bestimmt, dass ihre weiblichen Kolleginnen zölibatär leben sollen. Dies galt ab den 1830er Jahren für Diakonissen, während Diakone verheiratet sein sollten. Und dann ab den 1920er Jahren für weibliche Geistliche, während zum Pfarrer selbstverständlich seit der Reformationszeit – explizit theologisch begründet – die Pfarrfrau und damit eine nicht-zölibatäre Lebensweise dazugehörten. Diese Theologen waren in der Regel stets verheirate Familienväter, die ihren weiblichen Kolleginnen Ehe- und damit auch Kinderlosigkeit vorschrieben. Die die entsprechenden Gesetze verfassten und diese mit Erbarmungslosigkeit als Konsistoriumskollegium durchsetzten. Und zwar wohlgemerkt: ohne jedwede theologische oder biblische Begründung. Denn eine solche gibt es nicht.

Obwohl diese Männer als Theologen ausgebildete Seelsorger waren, fehlte ihnen für diese Härte, so scheint es mir, wenn ich im Archiv die Erlasse, Gesetze und Schriftstücke lese, jegliches Gespür. Im Jahr 1993 schreibt der damalige Bischof Dr. Kruse an seine Amtsschwester Pfarrerin Lona Kutzer-Laurien zu ihrem Eintritt in den Ruhestand. Der Bischof war zu diesem Zeitpunkt seit 24 Jahren verheiratet und Vater von vier Kindern. Er schreibt: »Nach der Verheiratung wurden Sie – wie das Gesetz es befahl – aus dem Dienst ›entlassen‹

und ›ausgezahlt‹. Ob Ihnen das bitter gewesen ist? (…) Sie dürfen dankbar sein, dass Gott Ihren Weg so gefügt hat.«

Bischof Dr. Martin Kruse war derselbe Jahrgang wie Lona Kutzer-Laurien und heiratete ein Jahr vor ihr. Wie hätte er das empfunden, wenn ihm ein ausschließlich aus Frauen bestehendes Kollegium des Konsistoriums 1959 nach seiner Heirat mitgeteilt hätte, dass, trotz der flehentlichen Bitten seiner Dienststelle, er höchstens noch *ein* Jahr im Dienst bleiben dürfe – eben WEIL er geheiratet (!) hatte. Wäre ihm das »bitter« gewesen?

Kindheit, Studium und Examina

Lona Irmgard Laurien wird am 29.9.1929 in Danzig als Tochter des Chemikers und späteren Ministerialrats Dr. Helmut Laurien geboren. Die Mutter Charlotte, geb. Feuerabend, ist Lehrerin, Hausfrau und ab 1939 wieder berufstätig. Ihre ältere Schwester ist Hanna-Renate Laurien. Die Freie Stadt Danzig bestand als teilsouveräner selbstständiger Staat mit polnischen Hafenrechten unter dem Schutz des Völkerbundes seit 1920. 1932 siedelt die Familie, nachdem der Vater die Leitung der Stadtwerke übernommen hat, nach Spremberg (Niederlausitz) über, 1944 zieht die Familie nach Berlin.

1952 absolviert Lona Laurien mit 22 Jahren das Erste Examen in Greifswald und ist dann im Lehrvikariat in Steglitz sowie im Vikarinnenseminar in Spandau. In Steglitz macht sie einen sehr guten Eindruck auf die jungen Menschen, wie sich Pfarrerin i. R. Christa Otto erinnert. Lona Kutzer-Laurien berichtete dem heutigen Spandauer Superintendenten Florian Kunz folgende Begebenheit, als der sie zu ihrem 70-jährigen Ordinationsjubiläum im Februar 2024 besuchte, nach Erinnerung des Superintendenten so: »Von einem Gottesdienst, den sie während ihres Vikariats hielt, erzählte sie mir. Da hatte sich der damalige Berliner Bischof Dibelius unter die Feiernden gemischt. Nach dem Gottesdienst am Ausgang habe er ihr anerkennend, aber auch gönnerhaft bescheinigt, eine wie sie könne er sich vorstellen zu ordinieren. Später habe er sich dann aber gegen die Frauenordination positioniert. Das habe sie geärgert.« Das Vikarinnenseminar in Spandau wird von Dr. Christine Bourbeck geleitet.

Ihre Schwester Hanna-Renate Laurien tritt im Alter von 24 Jahren 1952 zum Katholizismus über, weil »es in der katholischen Kirche die Beichte und den Neuanfang gibt«. Mit ihrer Konversion traf sie eine Entscheidung, die sie als Glück ihres Lebens bezeichnete. Hanna-Renate Laurien blieb unverheiratet und legte als Laien-Dominikanerin gegenüber der katholischen Kirche das Gelübde der Ganzhingabe ab. In seiner Ausschließlichkeit und Konsequenz kam dieser Schritt einem Ehegelöbnis gleich. Zwei Verlobungen hatte sie davor gelöst. Später wird sie Kultusministerin in Rheinland-Pfalz, Schulsenatorin von Berlin und Präsidentin des Abgeordnetenhauses von Berlin werden.

Hilfsprediger, Heirat und Rauswurf

Lona Laurien wird mit 24 Jahren am 21.2.1954 in der Kaiser-Wilhelm-Gedächtnis-Kirche in Berlin ordiniert. Sie ist überrascht, dass sie bereits unmittelbar einige Tage nach ihrem Zweiten theologischen Examen ordiniert wird, doch der Berliner Generalsuperintendent Gerhard Jacobi will noch vor seinem Dienstantritt als Bischof von Oldenburg ihre Ordination vollziehen, da Bischof Dibelius ja keine Frauen ordiniert. Anschließend ist sie als »Hilfsprediger« in der Gemeinde Berlin-Marienfelde tätig: Diese hatte sich als eine von zwei Gemeinden in Berlin (West) gefunden, die bereit waren, eine »Pfarrvikarin« aufzunehmen. Dort kann Lona Laurien ihren Dienst beginnen und wird dem Pfarrer der Gemeinde an die Seite gestellt, um ihn bei seiner Arbeit zu unterstützen. Denn aus damaliger Sicht gehört zum »Amt sui generis (sc. Amt eigener Art)« der Frauen nicht nur die andere Dienstbezeichnung »Pfarrvikarin« und die damit verbundene Aufgabenbeschränkung, sondern auch die Vorstellung, dass die Frau im Amt Zuarbeit leistet und den männlichen Kollegen entlastet. Die Besoldung der Pfarrvikarinnen liegt deutlich unter der der männlichen Kollegen – trotz Zweiten Examens und Ordination. Lona Laurien fragt diesbezüglich im Konsistorium nach und erhält eine zurechtweisende Antwort.

Schnell gibt Lona Laurien den übernommenen Tätigkeiten ihre ganz persönliche Prägung und ist in der Gemeinde bei Jung und Alt beliebt. Sie arbeitet mit Geflüchteten aus dem Osten, mit Jugendlichen und Senior:innen, mit Armen und Kranken. An der Planung der 1960 eingeweihten Kindertagesstätte und dem Gemeindezentrum ist Lona Laurien intensiv beteiligt.

Und dort lernt sie Menschen kennen, die auch ihren weiteren Lebensweg begleitet haben. Einer davon ist Eckhard Kutzer. Er stammt aus dem Kreis

Pfarrvikarin in Berlin-Marienfelde (1954–1961)

Vikarin im Vikarinnenseminar (1952)

Wirsitz im heutigen Polen. Nach dem Theologiestudium in Berlin, Göttingen und Bonn arbeitet er zunächst am Predigerseminar in Nikolassee und als Pfarrer der Martha-Kirchengemeinde in Kreuzberg. Die beiden heiraten 1960 und ziehen nach Spandau. Weil für Pfarrvikarinnen damals noch zölibatäres Leben vorgeschrieben ist, verliert sie die Rechte aus ihrer Ordination. Ihre Gemeinde bittet um Weiterbeschäftigung, doch das Konsistorium gewährt nur ein Jahr. So muss sie 1961 nach einer Gnadenfrist von einem Jahr ihre Ordinationsurkunde abgeben: »Das tat weh!« Obwohl dieser Schritt äußerst schmerzlich für sie ist, ist es wie für die meisten Pfarrvikarinnen in der damaligen Zeit auch für Lona Kutzer-Laurien keine Option, ihre Rechte gerichtlich prüfen zu lassen. Im Rückblick sagt sie später verständnisvoll: »Die Männer mussten erst lernen, mit uns Frauen umzugehen.« Ihre beiden Söhne Sebastian und Thomas kommen zur Welt.

Neubeginn

Ihr Mann, Eckhard Kutzer, wird 1964 zum Anstaltsvorsteher des Diakonissenhauses Bethanien gewählt. Er ahnt damals noch nicht, dass er der »Abwickler« dieses Unternehmens sein wird. Auf dem 6,9 ha großen Areal befinden sich zu der Zeit das Krankenhaus und die beiden sogenannten Beamtenhäuser. In eines dieser Beamtenhäuser zieht Familie Pastor Kutzer. Er wird der Diakonie sein Leben lang treu bleiben: Über Jahrzehnte hinweg ist er Geschäftsführer des Vereins zur Errichtung evangelischer Krankenhäuser, der heutigen

Johannesstift-Diakonie. 1964 tritt »Pfarrvikarin a. D.« Lona Kutzer-Laurien die 2. Pfarrstelle dort an, im Diakonissenhaus Bethanien. 1965 sind laut dem »Pfarralmanach 1965 West-Berlin« von 348 Pfarrer:innen im Gemeindepfarramt 22 Frauen, d. h. 6,3 %. Das einzig weibliche Mitglied der Kirchenleitung ist Frau Borgmann, Oberstudienrätin, als eine von zwölf, es gibt keine Superintendentin. Als Lona Kutzer-Laurien 1970 die Kreispastorinnenstelle für Krankenhausseelsorge übernimmt, werden ihr die Rechte der Ordination wieder zuerkannt.

Im ephoralen Amt

1988 wird Martina Gern als erste Superintendentin in Berlin (West) gewählt, in Ost-Berlin gibt es mit Ingrid Laudien seit 1976 eine Superintendentin. Die erste Frau im Ephorenkonvent, also dem Konvent der Superintendent:innen, der Kirche in Berlin-Brandenburg (Region West) ist jedoch Pfarrerin Lona Kutzer-Laurien, und zwar als Vertretung der Kollegialen Leitung von Spandau. In einem Brief an Pfarrerin Irene Ahrens-Cornely hat sie darüber geschrieben und die Kollegin kommentiert dies so: »›1. 1974–1980 (einzige Frau und 6 Männer) auf allgemeinen Wunsch: 1987–1992 (3 Frauen)! Nochmal Ephorenkonvent: wäre eine extra Geschichte!!!‹ Da hat sie drei Ausrufezeichen gesetzt. Sie meinte, dass das heute alles unvorstellbar ist – so vieles hat sich da dennoch verändert. So diplomatisch und zugewandt sie sein konnte, wenn sie im Kollegium den Vorsitz innehatte, machte sie sehr deutlich, dass sie nun das Sagen hatte. Unbestechlich. Durchsetzungsstark. Freundlich und sehr bestimmt – so habe ich das gehört«, sagt Pfarrerin Irene Ahrens-Cornely.

Um die Kollegiale Leitung gab es damals viele Diskussionen in der Landeskirche und im Konsistorium. Davon legen nicht nur die Akten im Landeskirchlichen Archiv, wie z. B. die Protokolle der Sitzungen der Kirchenleitung, ein beredtes Zeugnis ab. Heute gibt es die Kollegiale Leitung nur noch in zwei Kirchenkreisen in der EKBO (Falkensee und Barnim), in Spandau gibt es mit Florian Kunz seit 2021, nach 50 Jahren, wieder einen Superintendenten. 1971 geht der Spandauer Superintendent Günther Brandt in den Ruhestand und ein Interimskollegium übernimmt die Leitung des Kirchenkreises. »Im Kirchenkreis Spandau werden die Aufgaben der Superintendentin oder des Superintendenten einem Kollegium übertragen.« So nüchtern beschreibt die Satzung des Kirchenkreises Spandau die Kollegiale Leitung. Eingeführt wird sie als ein kirchenreformerisches Projekt, das Spandau von anderen Kirchenkreisen der Landeskirche unterscheidet. Am 16. Oktober 1971 diskutiert die Kreissynode Spandau den von einer Sprechergruppe vorgelegten Vorschlag für eine Regelung der Nachfolge im Superintendentenamt im Kirchenkreis Spandau. Sie entscheidet mit 83

Stimmen (bei 9 Gegenstimmen und 4 Enthaltungen), mit der Kirchenleitung über die Einsetzung eines Kollegiums zu verhandeln. Doch die Kirchenleitung lehnt eine kollegiale Leitung ohne »herausgehobenes Superintendentenamt« ab. Ab 1972 gibt es ein Interimskollegium, das allerdings nicht von der Kirchenleitung anerkannt wird, stattdessen beauftragt sie Pfarrer Emil Cauer kommissarisch mit dem Superintendentenamt, doch dieser lehnt das ab. So wird Oberkirchenrat Kehr von der Kirchenleitung als kommissarischer Verwalter beauftragt. Großen Einfluss auf den Kirchenkreis Spandau haben die Person und das Werk Ernst Langes, von 1959 bis 1963 Pfarrer in der Ladenkirche, der in ganz besonderer Weise diese Neuorientierung formulierte und ab 1960 mit Alfred Buthenuth zusammen realisiert.

Im Frühjahr 1974 ist es so weit: Für eine Erprobungszeit von dreieinhalb Jahren werden ein Laie und sechs Theolog:innen in das Leitungskollegium gewählt, unter ihnen Pfarrerin Lona Kutzer-Laurien. Pfarrerin Lona Kutzer-Laurien bleibt von 1974 bis 1980 als einzige Pfarrerin Mitglied der Kollegialen Leitung und ist damit, wie auch die anderen Mitglieder der Kollegialen Leitung, »geborenes« Mitglied des West-Berliner Ephor:innenkonvents. Leider können wir sie aufgrund ihres Alters nicht mehr befragen, wie sie ihre Arbeit dort erlebt hat – als einzige Frau *und* Entsandte der Kollegialen Leitung. Dies bleibt unserer Phantasie überlassen. Heute haben von den 24 Kirchenkreisen der EKBO sechs eine Superintendentin und ein Kirchenkreis ein Team, bestehend aus einem Mann und einer Frau. Im Sprengel Berlin sind heute drei Frauen und acht Männer Mitglied im Ephor:innenkonvent, unter der Leitung der Generalsuperintendentin Ulrike Trautwein.

Sankt Nikolai

1979 wird Lona Kutzer-Laurien laut Urkunde vom 2. Mai »zum Pfarrer der Kirchengemeinde St. Nikolai Spandau« berufen, wo sie bis 1992 als erste Frau auf der Kanzel wirkt, damals mit 4.763 Gemeindegliedern. Damit ist sie in dieser Kirche der Reformation die erste Frau. Sie ist gleich mit umfangreichen Kirchenrenovierungsmaßnahmen konfrontiert. Sie unterstützt, wo sie kann: So stellt sie ab 1980 der Selbsthilfegruppe für krebserkrankte Frauen einen Raum zur Verfügung und nimmt auch selbst lange Zeit an den Gruppentreffen teil.

1991 eröffnet sie mit ihrer Schwester eine Veranstaltungsreihe zur Flucht der Kurd:innen in Spandau und Neukölln zur parallel in Spandau und Neukölln laufenden Ausstellung »Traurige Reise« über den Krieg in Kurdistan, die Opfer, die Flucht, die Folgen. Das Motto: »Für die, die ihre Stimme selbst nicht erheben können«. Die doppelt laufende Veranstaltungsreihe wird von einer doppelten Frau Laurien eingeleitet: Pfarrerin Lona Kutzer-Laurien ist Verantwortliche des Spandauer Kirchenkreises, der als Träger des »Hinbun« fungiert – ein 1981 gegründetes interkulturelles Beratungs- und Bildungszentrum für Frauen und ihre Familien – und ihre Schwester zu dem Zeitpunkt Präsidentin des Abgeordnetenhauses.

Frau Kutzer-Laurien hat ihrer Nachnachfolgerin Pfarrerin Irene Ahrens-Cornely in einem Brief Schwerpunkte ihrer Arbeit aufgeschrieben, den meine Kollegin so zusammenfasst: »›Es waren bei allen diakonischen Einrichtungen und Arbeiten stets Menschen mitbeteiligt.‹ Aus ihren Worten habe ich die große Begeisterung für die Arbeit mit den Kindern herausgelesen. [...] Immer war sie Seelsorgerin für Jung und Alt und auch für psychisch Kranke. Sie hatte so etwas wie einen evangelischen Blick auf die Dinge – also einen Blick, der dem Evangelium entspricht, sich für die Schwachen, die Kranken, Kinder einzusetzen, um für sie da zu sein. In ihrem Brief ist sie nicht auf den Verein für soziale Integration eingegangen. Dass sie ein Haus mit Wohngemeinschaften für psychisch kranke Menschen eingerichtet hat und Mitbegründerin der Diakoniestation in Spandau war. Dass sie die Tagespflege für Pflegebedürftige gegründet hat. Sie hat in ihrem Brief nichts über die Selbsthilfegruppe der krebserkrankten Frauen geschrieben. So viele Dinge hat sie angestoßen und initiiert. Sie hat Menschen inspiriert, sich einzusetzen und Ideen umzusetzen – so habe ich das aus Erzählungen verstanden. Sie hat anderen etwas zugetraut und war immer ermutigend. Und natürlich hat sie nichts darüber geschrieben, dass sie immer über alle Zusammenhänge sehr gut informiert war. Sie hat Verbindungen geknüpft und gehalten. Ihr Telefon ist ihr bis heute eine ganz wichtige Verbindung mit allen Menschen, die ihr wichtig sind. Heutzutage nennt man das Networking und ist auch ein wichtiger Aspekt für Führung und Leitung im kirchlichen Amt.«

Was bleibt

1992 ist Lona Kutzer-Laurien in den Ruhestand gegangen. Auf den Pfarrertafeln sind die Namen aller Pfarrer und Pfarrerinnen in Nikolai festgehalten. 2007 wird sie für ihr ehrenamtliches Engagement mit der Johann-Hinrich-Wichern-Plakette der Diakonie ausgezeichnet. Ihr Ehemann stirbt 2020 im Alter von 86 Jahren nach schwerer Krankheit. Im selben Jahr wird sie noch einmal besonders in »ihrer« Kirche gewürdigt: Gezeigt wird in St. Nikolai die Wanderausstellung »Vorgängerinnen. Der Weg von Frauen in das geistliche Amt. Zum Jubiläum 75 Jahre Ordination von Frauen«. Auf einer der Tafeln wird sie vorgestellt. Inzwischen lebt sie im Pflegeheim. Was unsere Kirche ihr angetan hat, und so vielen anderen Amtsschwestern, tut mir leid und beschämt mich. Lona Kutzer-Laurien hat es, so sagte sie, verstanden und verziehen. Sie war der Auffassung, dass die Männer erst lernen und verstehen mussten, mit Frauen im Pfarramt umzugehen. Das war ein langer Weg.

Ich danke für die Unterstützung bei diesem Kapitel:
Irene Ahrens-Cornely, Pfarrerin, Evangelische Kirchengemeinde St. Nikolai
Nils van Buer, Kirchenkreis Spandau, Kirchenkreisbüro
Florian Kunz, Superintendent, Evangelischer Kirchenkreis Spandau
Pfarrerin Barbara Deml, Heilig Geist Gemeinde Falkensee

V

Die 1930er Jahre – Nationalsozialismus, Einsegnungen und Bekennende Kirche

Vorbemerkungen

Die 1930er Jahre waren in Deutschland eine Zeit des Umbruchs und der wachsenden Repression, insbesondere nach der Machtergreifung der Nationalsozialisten im Jahr 1933. Für Frauen, einschließlich Theologinnen, änderten sich die Rahmenbedingungen drastisch, und viele der Freiheiten und Möglichkeiten, die in den 1920er Jahren erkämpft worden waren, wurden stark eingeschränkt.

Mit der Machtübernahme der Nationalsozialisten wurden viele Rechte von Frauen zurückgenommen. Die Ideologie des Nationalsozialismus propagierte ein sehr konservatives Frauenbild, das die Frau vor allem als Mutter und Hausfrau sah. Berufe und öffentliche Ämter wurden Frauen weitgehend entzogen. Frauen wurden aus vielen Berufsgruppen verdrängt, besonders aus solchen, die als »männliche Domänen« galten. In einigen Fällen wurden Frauen aktiv dazu gedrängt, den Arbeitsmarkt zu verlassen, um Platz für Männer zu machen.

Das Frauenbild der 1930er Jahre in Nazi-Deutschland war stark geprägt von der Vorstellung der »deutschen Frau« als Hüterin des Hauses und Mutter möglichst vieler »arischer« Kinder. Programme wie das »Ehrenkreuz der Deutschen Mutter« sollten Frauen motivieren, viele Kinder zu gebären.

Frauen, die sich dennoch in beruflichen oder intellektuellen Kreisen engagieren wollten, standen vor erheblichen Hürden und der Gefahr politischer Verfolgung. Der Zugang zu akademischen Karrieren und kirchlichen Ämtern wurde für Frauen zunehmend schwieriger. Während es in der Weimarer Republik möglich war, dass Frauen Theologie studierten, wurden diese Möglichkeiten unter den Nationalsozialisten stark eingeschränkt.

Die Kirche selbst war in den 1930er Jahren ein Schauplatz intensiver ideologischer Kämpfe. Innerhalb der protestantischen Kirche spaltete sich die Bekennende Kirche von den »Deutschen Christen« ab, die eine stärkere Anpassung der Kirche an die nationalsozialistische Ideologie anstrebten.

Als Hauptstadt des nationalsozialistischen Deutschlands war Berlin ein Ort, an dem die Repression besonders stark zu spüren war. Theologinnen, die in Berlin wirkten, mussten sich mit einem feindlichen politischen Klima auseinandersetzen. Allerdings war Berlin auch ein Zentrum des kirchlichen Widerstands, und einige Frauen sowie nahezu alle Vikarinnen waren aktiv in der Bekennenden Kirche. In Brandenburg, insbesondere in ländlichen Gegenden, war die Lage für Frauen oft noch schwieriger, da hier die nationalsozialistische Ideologie tief verwurzelt war. Frauen in der Theologie oder in kirchlichen Berufen wurden stark eingeschränkt und überwacht. Breslau, eine bedeutende Stadt im damaligen Preußen, war ebenfalls stark vom Nationalsozialismus geprägt. Auch hier waren Frauen, die in der Theologie arbeiteten oder studierten, erheblichen Repressionen ausgesetzt.

Trotz der schwierigen Bedingungen gab es Frauen, die sich in der Theologie und in der Kirche engagierten und Widerstand leisteten. Die Bekennende Kirche bot einigen Frauen eine Plattform, um sich gegen die Vereinnahmung der Kirche durch die Nationalsozialisten zu wehren. Prominente Theologinnen oder religiös engagierte Frauen dieser Zeit, wie Elisabeth Schmitz[1], setzten sich mutig gegen die nationalsozialistische Ideologie zur Wehr und unterstützten Verfolgte.

5.1. Der Kontext der NS-Zeit – Illegalität, Relegation und Einsegnungen

Die Theologinnenfrage muss in den 1930er und 1940er Jahren vor dem Hintergrund der Auseinandersetzungen um die Rolle der Kirche im nationalsozialistischen Staat gesehen werden. In dieser Zeit des sog. Kirchenkampfes, in der die Kirche mit sich selbst rang, bzw. Deutsche Christen und Bekennende Kirche einander unversöhnlich gegenüberstanden, gab es auch Bewegung in der Theologinnenfrage.

Der Frauenanteil in der Kirchenprovinz Mark Brandenburg unter den Jungtheolog:innen der Bekennenden Kirche betrug damals ein Siebtel: 427 Männern standen 66 Frauen gegenüber.[2] Dies war ein Novum in der Männerdomäne »Pfarrerschaft« und »zudem ein Hinweis auf entsprechendes Selbstbewusstsein der jungen Frauen – und gewiss auch auf die elterliche Liberalität in Fragen rollenspezifischer Erziehung«.[3] Die Unterstützung der Eltern wurde von vielen Theologinnen als wesentlich erlebt, so schrieb z. B. Elisabeth Lawrenz, Tochter eines pommerschen Landwirts: »Ich hatte mir [...] in den Kopf gesetzt, das Abitur zu machen, um dann auch zu studieren. Aus diesem Grund wählte ich an der Schule Latein – nicht Handarbeit, wie man es [...] hätte erwarten können. (Meine Eltern) förderten diesen Plan, indem sie mich [...] finanziell und moralisch unterstützten.«[4]

Über die politische Ausrichtung der Elternhäuser der Vikarinnen lässt sich leider kein statistisch belastbares Material finden. Möglicherweise ist Elisabeth Lawrenz' Einschätzung hier paradigmatisch: »Über dem Schreibtisch meines Vaters hing ein Bismarckbild. Ich nehme an, das hing da nicht nur wegen der Verdienste Bismarcks um das Kaiserreich. Er war uns menschlich nahe gerückt, weil er von der persönlichen Frömmigkeit seiner Frau, Johanna von Puttkamer, beeinflusst war. Das Ende des Kaiserreichs – wenn ich mich recht entsinne – erlebten wir jedenfalls ohne große Trauer. Mein Vater war in Sachen Politik ein interessierter und besonnener Mann, deutschnational und christlich-

1 Manfred Gailus (Hrsg.), Elisabeth Schmitz und ihre Denkschrift gegen die Judenverfolgung. Konturen einer vergessenen Biografie (1893–1977), Berlin 2008; Manfred Gailus, Mir aber zerriss es das Herz. Der stille Widerstand der Elisabeth Schmitz, Böhlau 2011.

2 Vgl. Stenzel, Archivbericht, 11. Der Frauenanteil lag 1930 an deutschen Hochschulen bei den Studierenden bei 16 %.

3 Stenzel, Archivbericht, 11.

4 Zitiert nach Stenzel, Archivbericht, 12.

sozial. Auch die gelegentliche Hektik der Weimarer Zeit hat uns nie aus der Fassung gebracht.«[5]

Manche der Vikarinnen engagierten sich auch politisch. Im »Büro Grüber«, das sich offen für Verfolgte des NS-Regimes einsetzte, arbeiteten Gerda Bertram, Katharina Staritz und Dorothea Stutkowski mit.[6]

Es gab auch Vikarinnen, die entweder nach den damals geltenden Rassegesetzen als »nichtarischer Abstammung« kategorisiert wurden oder Ehepartner »nichtarischer Abstammung« hatten: so z. B. Irene Diemer, geborene Pauly (1919–1988), Gerda Friedmann (1912–2003) und Ursula von Koss (1916–2000).[7]

Die Mehrheit der Theologinnen gehörte der Bekennenden Kirche (BK) an, und viele legten ihre Examina vor deren Prüfungskommissionen ab. Elisabeth Grauer, die als erste Frau dem Prüfungsausschuss der BK angehörte, wurde 1936 mit weiteren acht Theologinnen eingesegnet. 1935 legten fünf Vikarinnen vor der Prüfungskommission der BK der Kirchenprovinz Mark Brandenburg ihr 1. Theologisches Examen ab (und 59 Männer) und 1936 eine (und 25 Männer). Das 2. Theologische Examen absolvierten 1935 drei Frauen (und 32 Männer), 1936 eine Frau (und 12 Männer).[8]

Anfang 1944 gab es in Berlin 81 nicht legalisierte Vikarinnen, in Brandenburg 157 und in Schlesien 46 – in der gesamten Kirche der Altpreußischen Union waren es 712.[9] Die Begriffe »Illegalität« oder die »Illegalen« haben das Bild der Bekennenden Kirche in der Rückschau stark geprägt, verbunden mit den Namen von Bonhoeffer, Niemöller, Paul Schneider und anderen. Die Kategorisierung »legal/illegal« meinte zeitgenössisch, ob Prüfungsleistungen eine von der Amtskirche anerkannte Anwartschaft auf den Pfarrdienst begründeten, ob sie also »legal« erbracht worden waren. Das Konsistorium der Mark Brandenburg hatte am 11.5.1935 ein Schreiben an alle Studenten und Kandidaten der Theologie gerichtet, in dem es u. a. hieß, dass Prüfungen, »die im Bereich unserer Kirche von anderen als den allein ordnungsgemäßen und legalen, bei den Konsistorien gebildeten Prüfungskommissionen abgenommen werden, für unsere Kirche ohne rechtliche Bedeutung sind. Eine Anwartschaft auf Anstellung in einem Pfarramt unserer Kirche haben nur solche Kandidaten, die eine Ausbildung nach den in unserer Kirche geltenden Vorschriften aufgrund der Weisungen der legalen Kirchenbehörden durchgemacht haben. Die Ordination der Kandidaten hat im Auftrage unserer Kirche und auf Anordnung der Bischöfe zu erfolgen.«[10]

Für die Theologinnen gab es – aufgrund ihres Geschlechts – im Unterschied zu ihren Amtsbrüdern keine Möglichkeit der nachträglichen Legalisierung, da die Amtskirche Frauen nicht zum geistlichen Amt zuließ. Dies sollte sich erst nach dem Krieg ändern. Insofern waren die Theologinnen deutlich mehr als die Theologen auf die Solidarität und Unterstützung der Bekennenden Kirche angewiesen, denn sie war – wollten sie im geistlichen Amt verbleiben – alternativlos.

Der »Pfarrernotstand« war zu dieser Zeit gravierend. Ende der 1930er Jahre waren in der

5 Zitiert nach Stenzel, Archivbericht, 12.
6 Vgl. Lexikon.
7 Vgl. Lexikon.
8 Vgl. Stenzel, Archivbericht, 22.
9 Vgl. Stenzel, Archivbericht, 25.
10 EZA 50/454/171 f.

Kirche der Altpreußischen Union von ca. 8.000 Pfarrstellen 1.700 unbesetzt.[11] Allein der Mark Brandenburg fehlten damals ca. 411 Pfarrer.[12] Die Gründe hierfür lagen auch im Rückgang der Zahl der Theologiestudierenden – in Berlin gab es 1939 nur noch 74 Theologiestudierende, während es 1914 noch 486 und 1933 sogar 769 gewesen waren.[13] Während für die Vikare der Besuch eines Predigerseminars obligatorisch war, entfiel dies für die Vikarinnen.

Der sog. Himmler-Erlass vom 29.8.1937 verfügte, dass Studierenden, die an nicht anerkannten Ausbildungsstätten studierten, die Relegation drohte. Dies betraf 1938 15 Studierende, eine von ihnen war Ilse Fredrichsdorff.[14] Im Mai 1941 wurde Asmussen ebenso wie Albertz, Günther Dehn und Vikarin Elisabeth Grauer (1904–1995) verhaftet und am 22. Dezember 1941 durch das Berliner Sondergericht I im sogenannten Prüfungsprozeß zu einer Haftstrafe verurteilt.

5.2. Theologinnen und Pfarrfrauen in der Bekennenden Kirche

Nach der Gründung der Bekennenden Kirche stellten sich viele Theologinnen auf deren Seite, obwohl sie auch hier um ihre Existenz kämpfen mussten, da ihr Amt in diesen Strukturen zunächst nicht berücksichtigt war. Im Herbst 1935 bat Erika Dalichow, Mitarbeiterin im Burckardthaus, in der Bekennenden Kirche Berlin/Brandenburg um ihre Ordination; diese wurde ihr mit der Begründung verwehrt, dass »das Pfarramt und das Vikariatsamt einen wesentlich anderen Gehalt haben« – jedoch

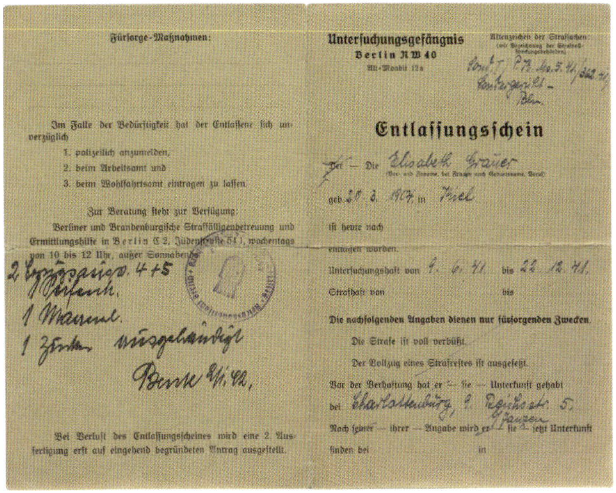

Fürsorge-Maßnahmen:

Im Falle der Bedürftigkeit hat der Entlassene sich unverzüglich

1. polizeilich anzumelden,
2. beim Arbeitsamt und
3. beim Wohlfahrtsamt eintragen zu lassen.

Zur Beratung steht zur Verfügung:

Berliner und Brandenburgische Straffälligenbetreuung und Ermittlungshilfe in Berlin C 2, Judenstraße 51 I, wochentags von 10 bis 12 Uhr, außer Sonnabends.

Bei Verlust des Entlassungsscheines wird eine 2. Ausfertigung erst auf eingehend begründeten Antrag ausgestellt.

Untersuchungsgefängnis
Berlin NW 40
Alt-Moabit 12a

Aktenzeichen der Strafsachen:
(mit Bezeichnung der Strafverfolgungsbehörden)

Entlassungsschein

~~Der~~ – Die Elisabeth Grauer
(Vor- und Zuname, bei Frauen auch Geburtsname, Beruf)

geb. 20. 3. 1904 in Kiel

ist heute nach

entlassen worden.

Untersuchungshaft von 4. 6. 41. bis 22. 12. 41.

Strafhaft von bis

Die nachfolgenden Angaben dienen nur fürsorgenden Zwecken.

Die Strafe ist voll verbüßt.

Der Vollzug eines Strafrestes ist ausgesetzt.

Vor der Verhaftung hat er – sie – Unterkunft gehabt

bei Charlottenburg, ...

Nach seiner – ihrer – Angabe wird er – sie – jetzt Unterkunft finden bei in

Entlassungsschein aus der Untersuchungshaft für Elisabeth Grauer

wurde ihr die Einsegnung angeboten, welche dann am 22. August 1936 erfolgte.

Die ersten Einsegnungen von Frauen fanden am 8. Oktober 1935 in der Provinz Rheinland statt, wobei gleich mehrere Vikarinnen eingesegnet/ordiniert wurden. Bereits 1935 wurde nämlich der Begriff »Ordination« verwendet, obwohl formal nur eine Einsegnung vorgenommen wurde – so wurde auch das Wort »Ordination« auf den Urkunden

11 Vgl. Stenzel, Archivbericht, 27.

12 Vgl. Stenzel, Archivbericht, 27.

13 Vgl. Stenzel, Archivbericht, 28.

14 Zu Ilse Fredrichsdorff vgl. Carl-Hans Graf von Hardenberg-Stiftung (Hrsg.), Zivilcourage und Nächstenliebe. Leben und Wirken der Vikarin Ilse Fredrichsdorff im Kreis Lebus. Dokumente und Selbstzeugnisse, Berlin 2003.

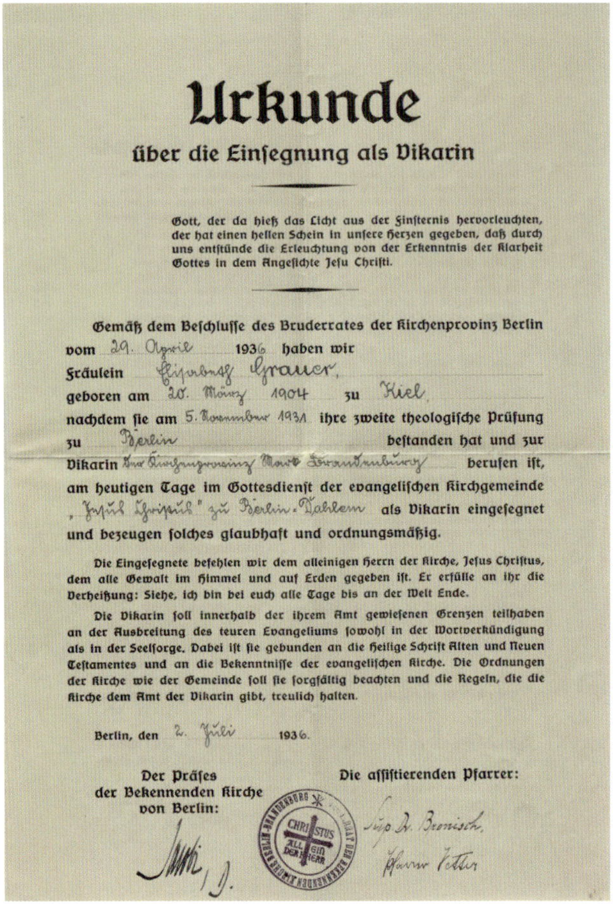

Urkunde

über die Einsegnung als Vikarin

Gott, der da hieß das Licht aus der Finsternis hervorleuchten, der hat einen hellen Schein in unsere Herzen gegeben, daß durch uns entstünde die Erleuchtung von der Erkenntnis der Klarheit Gottes in dem Angesichte Jesu Christi.

Gemäß dem Beschlusse des Bruderrates der Kirchenprovinz Berlin vom 29. April 1936 haben wir Fräulein Elisabeth Grauer, geboren am 20. März 1904 zu Kiel, nachdem sie am 5. November 1931 ihre zweite theologische Prüfung zu Berlin bestanden hat und zur Vikarin der Kirchenprovinz Mark Brandenburg berufen ist, am heutigen Tage im Gottesdienst der evangelischen Kirchgemeinde „Jesus Christus" zu Berlin-Dahlem als Vikarin eingesegnet und bezeugen solches glaubhaft und ordnungsmäßig.

Die Eingesegnete befehlen wir dem alleinigen Herrn der Kirche, Jesus Christus, dem alle Gewalt im Himmel und auf Erden gegeben ist. Er erfülle an ihr die Verheißung: Siehe, ich bin bei euch alle Tage bis an der Welt Ende.

Die Vikarin soll innerhalb der ihrem Amt gewiesenen Grenzen teilhaben an der Ausbreitung des teuren Evangeliums sowohl in der Wortverkündigung als in der Seelsorge. Dabei ist sie gebunden an die Heilige Schrift Alten und Neuen Testamentes und an die Bekenntnisse der evangelischen Kirche. Die Ordnungen der Kirche wie der Gemeinde soll sie sorgfältig beachten und die Regeln, die die Kirche dem Amt der Vikarin gibt, treulich halten.

Berlin, den 2. Juli 1936.

Der Präses der Bekennenden Kirche von Berlin:

Die assistierenden Pfarrer:

Sup. Dr. Bronisch.
Pfarrer Vetter

Urkunde über die Einsegnung als Vikarin von Elisabeth Grauer

durchgestrichen und durch ein handschriftliches »Einsegnung« ersetzt.

In der Provinz Berlin/Brandenburg wurden am 2. Juli 1936 die ersten neun Vikarinnen eingesegnet, unter ihnen auch Elisabeth Grauer – in der Jesus-Christus-Kirche in Dahlem von Präses Gerhard Jacobi, der dafür ein eigenes Formular verwendete, in dem zwar konsequent der Terminus »Einsegnung« verwendet wurde, dessen Gelübde jedoch in weiten Teilen mit dem der Männer übereinstimmte. Vier weitere Theologinnen wurden am 24. Juni 1937 in der Dahlemer Kirche eingesegnet, diesmal allerdings mit vier Zeugen, was bei einer Einsegnung bisher nicht nötig gewesen war und ihr dadurch einen besonderen Stand verlieh.

Der anschließende Versuch, eine Theologinnenvereinigung innerhalb der Bekennenden Kirche zu bilden, scheiterte, obwohl die meisten Mitglieder der Bekennenden Kirche angehörten: Die durch Lic. Elisabeth Zinn[15] vorgebrachte Forderung, eine Theologinnenvereinigung innerhalb der Bekennenden Kirche zu bilden, wurde abgelehnt.[16] Die Positionsbestimmung im Kirchenkampf wurde ausdrücklich den Landesgruppen des Theologinnenverbandes überlassen. Um den Verband nicht auseinanderbrechen zu lassen, beschränkte sich dessen Tätigkeit auf den Informationsaustausch. Doch 1940 wurde er wieder aktiv, um die Diskussionen über eine Neufassung der Theologinnengesetzgebungen sowohl

15 Vgl. Aleida Assmann, Zwischen Gegenwart und Vergangenheit. Erinnerungen an meine Mutter als Zeitzeugin, in: Scheepers, Vorgängerinnen, hier: S. 10f.; Margarete Pauschert, Bornkamm, in: Lexikon, S. 45.

16 Zur Diskussion um die Frauenordination in der Bekennenden Kirche vgl. Dagmar Herbrecht/Ilse Härter/Hannelore Erhart (Hrsg.), Der Streit um die Frauenordination: Quellentexte zu ihrer Geschichte im Zweiten Weltkrieg, Neukirchen 1998; Hannelore Herbrecht, Emanzipation oder Anpassung: Argumentationswege der Theologinnen im Streit um die Frauenordination in der Bekennenden Kirche, Neukirchen 2000.

in der Deutschen Evangelischen Kirche als auch in der Bekennenden Kirche zu begleiten.[17]

Stellvertretend für die vielen Pfarrfrauen, die keine studierten Theologinnen waren, und dennoch eine immens große Bedeutung für die Theologie und Kirche insbesondere im Nationalsozialismus hatten, soll Margarete Grüber (1899–1986), Ehefrau von Pfarrer Heinrich Grüber (1891–1975) genannt werden.[18] Sie lieferte zusammen mit ihrem Ehemann und einem Helferkreis ein Beispiel dafür, dass zutiefst christlich motiviertes Engagement für die sogenannten »rassisch« Verfolgten unter nationalsozialistischer Herrschaft möglich war. Margarete Grüber war eine Tochter des ehemaligen Generalsuperintendenten der Neumark und Niederlausitz, Ernst August Vits, der 1931 Dietrich Bonhoeffer ordiniert hatte. Seit 1938 nahm sich das »Büro Pfarrer Grüber« Menschen jüdischen Glaubens und Menschen christlichen Glaubens mit jüdischen Vorfahren an und leistete ihnen geistlichen Beistand, fand für sie Verdienstmöglichkeiten oder verhalf ihnen zur Auswanderung aus Deutschland. Margarete Grüber veräußerte zur Finanzierung der Büromiete und -arbeit ihr Erbe, bestehend aus IG-Farben-Aktien. Die meisten der Hilfsstellenmitarbeiter wurden selbst wegen ihrer Herkunft verfolgt. Da Heinrich Grüber aus Stolberg bei Aachen stammte, sprach er fließend niederländisch und war neben seinem Pfarramt in Berlin-Kaulsdorf Prediger der niederländischen Gemeinde. Dadurch hatte er viele Auslandskontakte, die er bei seinen Hilfsaktionen nutzte und die auch die nötige materielle Grundlage für sein Engagement boten. Anfangs wirkten Grüber und sein Helferkreis durchaus noch mit Billigung der Gestapo und anderer NS-Organisationen. Insbesondere die Hilfe zur Emigration kam deren Ziel entgegen, Deutschland so schnell wie möglich »judenfrei« zu machen. Erst mit dem Kriegsbeginn und der Weigerung vieler Staaten, noch Auswanderer aufzunehmen, wurde das Büro Grüber und das dazugehörige Netz weiterer Hilfsstellen von der Gestapo geschlossen. Viele der Helfer:innen starben in den Konzentrationslagern der Nationalsozialisten. Durch den unentwegten Einsatz der Grübers und ihrer Helfer:innen konnten zwischen 1938 und 1940 wahrscheinlich 1.138 zum Christentum konvertierte Jüdinnen und Juden sowie deren Ehegatt:innen oder Nachkommen auswandern.[19]

Ob sie all seinem Tun im Widerstand zugestimmt habe? »Sofort! Und ich meine – wir hatten ja viele Menschen im Haus. Auch nachts wurde manch einer aufgenommen, erst einmal versteckt und dann heimlich, durch Mitglieder der Bekennenden Kirche unserer Gemeinde, in den Lauben am Stadtrand untergebracht. Das kann keiner alleine schaffen. Dazu braucht man die ganze Familie.«[20]

17 Zur folgenden Entwicklung des Theologinnenverbandes vgl. Christine Globig, Frauenordination im Kontext lutherischer Ekklesiologie. Ein Beitrag zum ökumenischen Gespräch. Göttingen 1994.

18 Zu ihr vgl. »Pfarrfrau Courage: Margarete Grüber«, in: Wolfgang See, Rudolf Weckerling (Hrsg.), Frauen im Kirchenkampf. Beispiele aus der Bekennenden Kirche in Berlin-Brandenburg 1933–1945, 2. Auflage, Berlin 1984, 43–52.

19 Vgl. Dieter Winkler, Heinrich Grüber. Protestierender Christ. Berlin-Kaulsdorf 1934–1945, Berlin 1998, hier: S. 114.

20 Zitiert nach: »Pfarrfrau Courage: Margarete Grüber«, in: Wolfgang See, Rudolf Weckerling (Hrsg.), Frauen im Kirchen-

Zum achtzigsten Geburtstag erhielt Margarete Grüber das große Bundesverdienstkreuz.

Neben ihr gab es zahlreiche bekannte Pfarrfrauen, wie Else Niemöller, und weniger bekannte Pfarrfrauen, wie Dorothee Poelchau, ohne deren Beitrag der Widerstand ihrer Männer im Nationalsozialismus kaum denkbar gewesen wäre. Mögen sie nicht vergessen werden.

Katharina Staritz, 1925

5.3. Katharina Staritz

Katharina Staritz, 1903 in Breslau geboren, studierte zunächst Deutsch, Geschichte und Theologie, bevor sie sich zu einem Volltheologiestudium in Breslau und Marburg entschloss. 1928 bestand sie das Fakultätsexamen und schloss wenige Tage später ihre Promotion mit einer Arbeit über Augustins Schöpfungsglauben nach seinen Genesisauslegungen ab. Sie war damit die erste Frau, die eine theologische Promotion in Marburg erlangte – von der von ihr gewünschten Habilitation riet Staritz ihr Lehrer Hans von Soden allerdings ab.[21] 1932 absolvierte sie das Zweite Theologische Examen in Breslau und bekam durch den Präsidenten des Konsistoriums Folgendes mit auf den Weg: *Ich beglückwünsche Sie zu einem außerordentlich guten Examen und dem vielen Wissen, was sie gezeigt haben. Es tut*

kampf. Beispiele aus der Bekennenden Kirche in Berlin-Brandenburg 1933–1945, 2. Auflage, Berlin 1984, 43–52, hier: S. 52.

21 Die Promotionsakte von Katharina Staritz samt ihres Antrages auf Zulassung sowie der Beurteilung durch Hans von Soden und des Protokolls ihrer Lizenziatsprüfung trägt die Signatur UniA MR 307a Nr. 535. Ihre Personalakte befindet sich im Archiv des Evangelischen Kirchenkreisverbandes: EKSOL 12/03591: Vgl. Elisabeth Stiefel, Sie waren Sand im Getriebe. Frauen im Widerstand. Francke, Marburg 2015, S. 90–112; Ilse Meseberg-Haubold/Dietgard Meyer, Katharina Staritz 1903–1953. Dokumentation, Band 2: 1942–1953, Göttingen 2023.

22 ZA EKHN 104/1206, Rundschreiben von Stadtvikarin Katharina Staritz an die Breslauer Pfarrer vom 17.09.1941

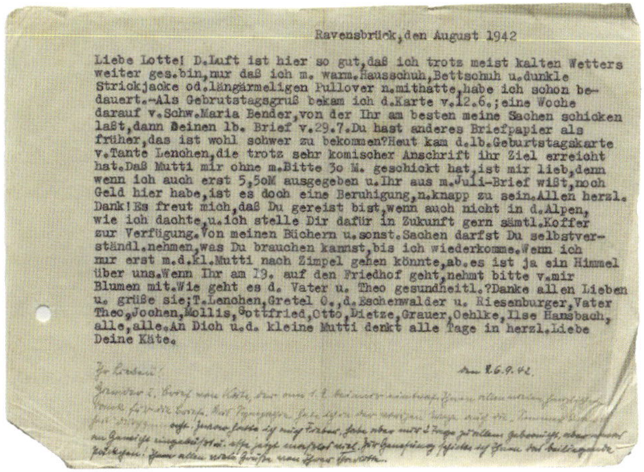

Ravensbrück, den August 1942

Liebe Lotte! D. Luft ist hier so gut, daß ich trotz meist kalten Wetters weiter ges. bin, nur daß ich m. warm. Hausschuh, Bettschuh u. dunkle Strickjacke od. längärmeligen Pullover n. mithatte, habe ich schon bedauert. - Als Gebrutstagsgruß bekam ich d. Karte v. 12.6.; eine Woche darauf v. Schw. Maria Bender, von der Ihr am besten meine Sachen schicken laßt, dann Deinen lb. Brief v. 29.7. Du hast anderes Briefpapier als früher, das ist wohl schwer zu bekommen? Heut kam d. lb. Geburtstagskarte v. Tante Lenchen, die trotz sehr komischer Anschrift ihr Ziel erreicht hat. Daß Mutti mir ohne m. Bitte 3o M. geschickt hat, ist mir lieb, denn wenn ich auch erst 5,5oM ausgegeben u. Ihr aus m. Juli-Brief wißt, noch Geld hier habe, ist es doch eine Beruhigung, n. knapp zu sein. Allen herzl. Dank! Es freut mich, daß Du gereist bist, wenn auch nicht in d. Alpen, wie ich dachte, u. ich stelle Dir dafür in Zukunft gern sämtl. Koffer zur Verfügung. Von meinen Büchern u. sonst. Sachen darfst Du selbstverständl. nehmen, was Du brauchen kannst, bis ich wiederkomme. Wenn ich nur erst m. d. kl. Mutti nach Zimpel gehen könnte, ab. es ist ja ein Himmel über uns. Wenn Ihr am 19. auf den Friedhof geht, nehmt bitte v. mir Blumen mit. Wie geht es d. Vater u. Theo gesundheitl.? Danke allen Lieben u. grüße sie; T. Lenchen, Gretel G., d. Eschenwalder u. Riesenburger, Vater Theo, Jochen, Mollis, Gottfried, Otto, Dietze, Grauer, Oehlke, Ilse Hansbach, alle, alle. An Dich u. d. kleine Mutti denkt alle Tage in herzl. Liebe Deine Käte.

Brief Katharina Staritz' aus dem Konzentrationslager Ravensbrück, 1942

mir nur leid, dass Sie das alles gar nicht mehr verwenden können. In der Folge übernahm sie Sonderaufgaben in verschiedenen Breslauer Gemeinden.

Am 6.11.1938 erfolgte ihre Einsegnung mit der besonderen Erlaubnis der Sakramentsverwaltung und der Unterrichtung von männlichen Jugendlichen. Sie erhielt eine Anstellung als Stadtvikarin und setzte sich für Christ:innenen jüdischer Herkunft ein, wo sie ab 1938 die Leitung der schlesischen Vertrauensstelle des »Büros Pfarrer Grüber« übernahm.

In ihrer Widerstandstätigkeit gegen das nationalsozialistische Regime des Deutschen Reichs wurde Katharina Staritz insbesondere durch ein denkwürdiges Rundschreiben bekannt, das sie an ihre »Breslauer Amtsbrüder« richtete. Sie verfasste es nach Inkrafttreten der Polizeiverordnung vom 5. September 1941, die eine Verpflichtung zum Tragen des Davidsterns für alle Juden und Jüdinnen in Deutschland befahl. Unter anderem schrieb sie: *Es ist Christenpflicht der Gemeinden, sie [Anmerkung: jüdische Christen] nicht etwa wegen der Kennzeichnung vom Gottesdienst auszuschließen. Sie haben das gleiche Heimatrecht in der Kirche, wie die anderen Gemeindemitglieder und bedürfen des Trostes aus Gottes Wort besonders. Für die Gemeinden besteht die Gefahr, daß sie sich durch nicht wirklich christliche Elemente irreführen lassen, daß sie die christliche Ehre der Kirche durch unchristliches Verhalten gefährden. Es muß ihnen hier seelsorgerlich, etwa durch Hinweis auf Luk. 10, 25–37, Matth. 25, 40 und Sach. 7, 9–10 geholfen werden.*[22] Daraufhin entband die Breslauer Kirchenleitung sie fristlos vom Dienst und beurlaubte sie.

Zwei Monate später erschien im »Schwarzen Korps«, einem SS-Organ, ein Artikel unter dem Titel »Frau Knöterich als Stadtvikarin«, der die Bevölkerung gegen Katharina Staritz aufhetzen sollte. Die Kirchenleitung drängte sie, Breslau zu verlassen. 1941 erfolgten ihre Beurlaubung und Ausweisung. Sie ging nach Marburg, wo sie wieder Vorlesungen hörte und arbeitete – ehe sie am 4. März 1942 im Philippshaus in Marburg verhaftet wurde.[23] Sie wurde in »Schutzhaft« genommen und in das Polizeigefängnis nach Kassel überführt.

Bis Mai 1943 war Staritz im Frauenkonzentrationslager Ravensbrück, wo sie trotz des Verbots Gottesdienste hielt und zu den politischen Gefangenen zählte. Es folgte jedoch nie ein Prozess.

Ihre »probeweise« Entlassung aus dem Konzentrationslager am 18. Mai 1943 verdankte sie ihrer

23 Vgl. EKSOL 12/03591, Brief ihrer Schwester Charlotte Staritz an Bischof Horbig v. 9.6.1962.

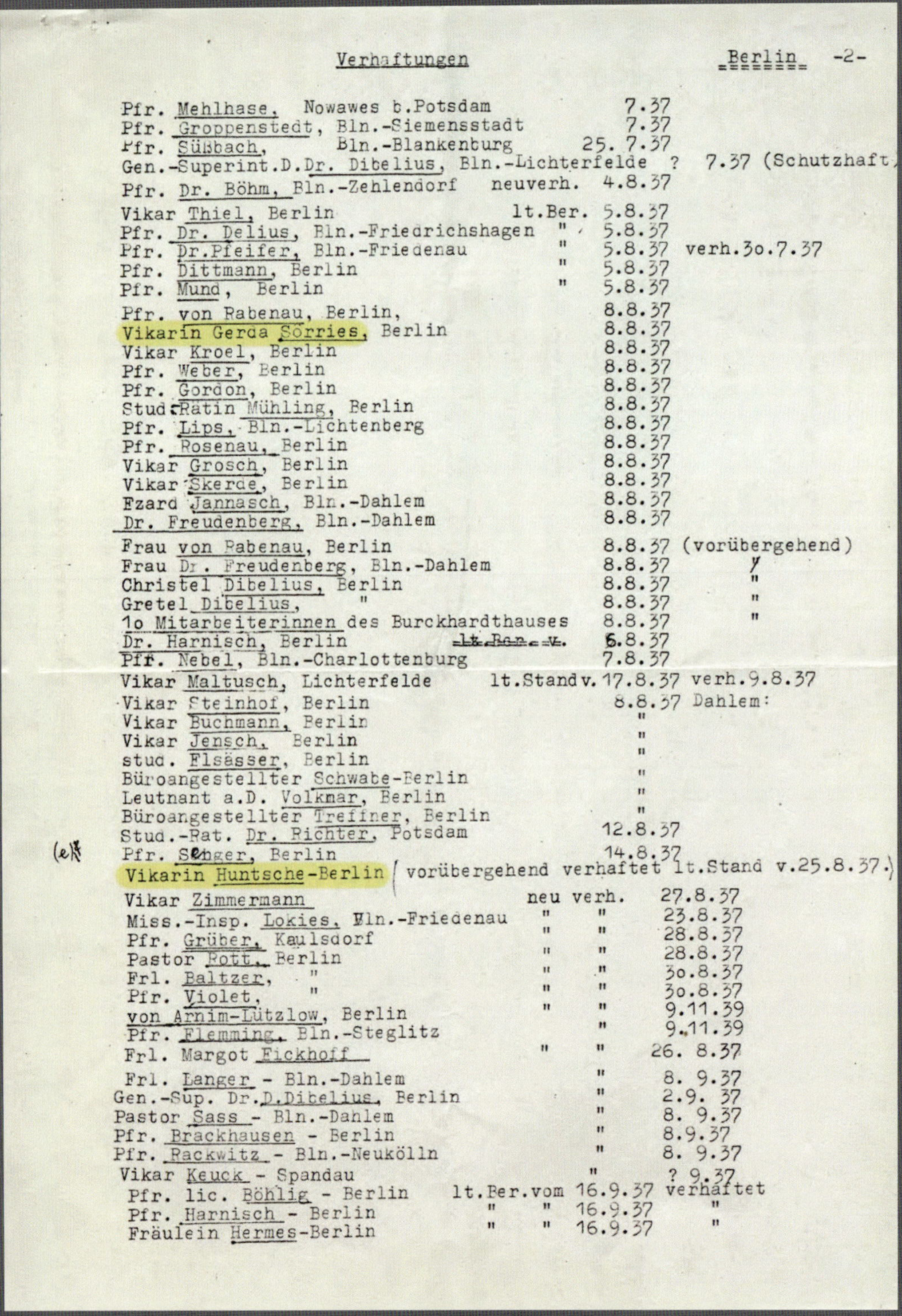

Verhaftungen Berlin -2-

Pfr. Mehlhase, Nowawes b.Potsdam 7.37
Pfr. Groppenstedt, Bln.-Siemensstadt 7.37
Pfr. Süßbach, Bln.-Blankenburg 25. 7.37
Gen.-Superint.D.Dr. Dibelius, Bln.-Lichterfelde ? 7.37 (Schutzhaft)
Pfr. Dr. Böhm, Bln.-Zehlendorf neuverh. 4.8.37

Vikar Thiel, Berlin lt.Ber. 5.8.37
Pfr. Dr. Delius, Bln.-Friedrichshagen " 5.8.37
Pfr. Dr.Pfeifer, Bln.-Friedenau " 5.8.37 verh.3o.7.37
Pfr. Dittmann, Berlin " 5.8.37
Pfr. Mund, Berlin " 5.8.37

Pfr. von Rabenau, Berlin, 8.8.37
Vikarin Gerda Sörries, Berlin 8.8.37
Vikar Kroel, Berlin 8.8.37
Pfr. Weber, Berlin 8.8.37
Pfr. Gordon, Berlin 8.8.37
Stud.Rätin Mühling, Berlin 8.8.37
Pfr. Lips, Bln.-Lichtenberg 8.8.37
Pfr. Rosenau, Berlin 8.8.37
Vikar Grosch, Berlin 8.8.37
Vikar Skerde, Berlin 8.8.37
Ezard Jannasch, Bln.-Dahlem 8.8.37
Dr. Freudenberg, Bln.-Dahlem 8.8.37

Frau von Rabenau, Berlin 8.8.37 (vorübergehend)
Frau Dr. Freudenberg, Bln.-Dahlem 8.8.37 "
Christel Dibelius, Berlin 8.8.37 "
Gretel Dibelius, " 8.8.37 "
1o Mitarbeiterinnen des Burckhardthauses 8.8.37 "
Dr. Harnisch, Berlin lt.Ber.v. 6.8.37
Pfr. Nebel, Bln.-Charlottenburg 7.8.37
Vikar Maltusch, Lichterfelde lt.Stand v. 17.8.37 verh.9.8.37
Vikar Steinhof, Berlin 8.8.37 Dahlem:
Vikar Buchmann, Berlin "
Vikar Jensch, Berlin "
stud. Elsässer, Berlin "
Büroangestellter Schwabe-Berlin "
Leutnant a.D. Volkmar, Berlin "
Büroangestellter Treffner, Berlin "
Stud.-Rat. Dr. Richter, Potsdam 12.8.37
Pfr. Sänger, Berlin 14.8.37
Vikarin Huntsche-Berlin (vorübergehend verhaftet lt.Stand v.25.8.37.)

Vikar Zimmermann neu verh. 27.8.37
Miss.-Insp. Lokies, Bln.-Friedenau " " 23.8.37
Pfr. Grüber, Kaulsdorf " " 28.8.37
Pastor Rott, Berlin " " 28.8.37
Frl. Baltzer, " " " 3o.8.37
Pfr. Violet, " " " 3o.8.37
von Arnim-Lützlow, Berlin " " 9.11.39
Pfr. Flemming, Bln.-Steglitz " 9.11.39
Frl. Margot Eickhoff " " 26. 8.37

Frl. Langer - Bln.-Dahlem " 8. 9.37
Gen.-Sup. Dr.D.Dibelius, Berlin " 2.9. 37
Pastor Sass - Bln.-Dahlem " 8. 9.37
Pfr. Brackhausen - Berlin " 8.9.37
Pfr. Rackwitz - Bln.-Neukölln " 8. 9.37
Vikar Keuck - Spandau " ? 9.37
Pfr. lic. Böhlig - Berlin lt.Ber.vom 16.9.37 verhaftet
Pfr. Harnisch - Berlin " " 16.9.37 "
Fräulein Hermes-Berlin " " 16.9.37 "

Ausschnitt einer Liste der im NS verhafteten Menschen, unter ihnen auch Vikarinnen (Markierung durch Rajah Scheepers)

Schwester Charlotte, die zahlreiche Eingaben bei den Kirchenbehörden und den Nationalsozialisten gemacht hatte. Ihr gelang es sogar, einen Gesprächstermin mit Adolf Eichmann zu erhalten. Für ihre Freilassung setzte sich schließlich auch Paul Graf Yorck von Wartenburg ein. Er wirkte auf Gauleiter Karl Hanke ein, auf dessen Befehl Staritz verhaftet worden war. Ihre während der Haft verfassten Gedichte und Briefe wurden postum unter dem Titel »Des großen Lichtes Widerschein« veröffentlicht.

Da sie nur »auf Probe« aus dem Konzentrationslager entlassen worden war, musste sie sich zweimal wöchentlich bei der Staatspolizei in Breslau melden und konnte offiziell nicht kirchlich tätig werden. Im Januar 1945 flüchtete sie allerdings nach Marburg, wo sie für die Kurhessische Kirche im Kreis Schmalkalden vertretungsweise eingesetzt wurde. Die Evangelische Kirche von Kurhessen-Waldeck erkannte die Einsegnung nicht als Ordination an. Von Bischof Adolf Wüstemann erhielt sie den Auftrag, eine Vikarinnen-Ordnung für die evangelische Kirche in Kurhessen zu entwerfen. Zudem berief man sie als Lehrkraft für Religion und Deutsch an das Fröbelseminar in Bad Wildungen. Weiterhin war sie für die Gefangenenseelsorge in der Frauenstrafanstalt Ziegenhain tätig.

Schließlich wechselte sie in die Landeskirche Hessen-Nassau und versah eine Pfarrstelle an der Katharinenkirche in Frankfurt. Sie war damit die erste Frau in Hessen, die eine Pfarrstelle erhielt, obwohl sie immer noch den Titel Vikarin tragen musste. Sie starb am 3.4.1953 in Frankfurt. Staritz sollte von insgesamt 19 promovierten Theologinnen im Deutschen Reich in der Zeit der Weimarer Republik die einzige in Marburg promovierte Frau bleiben.[24]

Fazit

Die 1930er Jahre waren für Frauen, insbesondere für Theologinnen, eine Zeit der zunehmenden Unterdrückung und Repression. Während die Möglichkeiten, sich akademisch und beruflich zu entfalten, unter den Nationalsozialisten stark eingeschränkt wurden, gab es dennoch Frauen, die Widerstand leisteten und versuchten, ihre Überzeugungen trotz der widrigen Umstände zu leben. In Berlin, Brandenburg und Breslau war die Lage für Theologinnen ähnlich repressiv, wobei Berlin aufgrund seiner zentralen Rolle im Widerstand innerhalb der Bekennenden Kirche eine gewisse Besonderheit darstellte.

Mit dem Ausbruch des Zweiten Weltkrieges sollte sich die Situation von Frauen im Allgemeinen, und Theologinnen im Speziellen, noch einmal vollkommen wandeln.

24 Vgl. Hannelore Erhart, Die Theologin im Kontext von Universität und Kirche zur Zeit der Weimarer Republik und des Nationalsozialismus. Ein Beitrag zur theologischen Diskussion, in: Leonore Siegele-Wenschkewitz/Carsten Nicolaisen (Hrsg.), Theologische Fakultäten im Nationalsozialismus, Göttingen 1993, S. 223–249, hier: S. 229.

»DER« PRÄSES

ROSEMARIE CYNKIEWICZ

Erste und letzte Frau als Präses der Synode des Bundes der Evangelischen Kirchen in der DDR

Zum Einstieg

In Deutschland gibt es aktuell zahlreiche Diskussionen um eine geschlechtergerechte Sprache. Doch dass eine Frau als »der Präses« bezeichnet wird und die von ihr unterzeichneten Schriftstücke die Signatur »der Präses« tragen, dagegen würde sich wohl doch inzwischen das Sprach- und Gerechtigkeitsempfinden der meisten Deutschen sträuben.

Wir sitzen im Wohnzimmer der 88-jährigen Rosemarie Cynkiewicz im Prenzlauer Berg, in ihrer Wohnung, in der sie schon seit Jahrzehnten wohnt. Sie zeigt mir den Abdruck des Beschlusses der Bundessynode vom 25. September 1990 in Leipzig zur ökumenischen Dekade »Solidarität der Kirchen mit den Frauen«. Und der ist tatsächlich unterzeichnet mit »Der Präses«, denn so war es damals üblich. Sie hat dann mit Vor- und Zunamen unterschrieben und damit sichtbar gemacht, dass »der Präses« eine Frau ist. Inhaltlich bekräftigt der Beschluss nicht nur die weltweite Solidarität mit den Frauen, sondern benennt auch die Probleme, mit denen der

Beschluß der Bundessynode in Leipzig zur ökumenischen Dekade "Solidarität der Kirchen mit den Frauen"*

Vom 25. September 1990

Ausgelöst durch den Bericht über die ökumenische Dekade (1988 bis 1998) "Solidarität der Kirchen mit den Frauen" hat sich die Synode ausführlich mit der Situation der Frauen beschäftigt. Sie bekräftigt die weltweite Solidarität mit den Frauen, vor allem denen, die unter ungerechten gesellschaftlichen Strukturen zu leiden haben. Der politisch-gesellschaftlich-wirtschaftliche Prozeß, der sich im Augenblick in unserem Lande vollzieht, hat Probleme von Frauen auch hier verschärft.

- Frauen sind stärker von Arbeitslosigkeit betroffen als Männer.

- Frauen geraten zunehmend wieder in ökonomische Abhängigkeit von Männern.

- Frauen werden durch Pornographie in ihrer Würde verletzt.

- Frauen sind wachsender Gewalt ausgesetzt.

- Frauen im Rentenalter erleben verbittert ihre Rolle als Sozialhilfeempfängerin.

Diese Belastungen vermindern in besonderer Weise das Selbstwertgefühl von Frauen.

Die Kirchen sind herausgefordert! Sie müssen sich an die Seite der Frauen stellen und sich ihrer Nöte annehmen. Zugleich müssen die Kirchen ihre eigenen Strukturen hinsichtlich der Benachteiligung von Frauen anfragen. Als einen Schritt in diese Richtung empfiehlt die Synode

- den Gliedkirchen des Bundes der Evangelischen Kirchen die Errichtung eines Frauenreferates (Frauenbeauftragte), wie es in mehreren Gliedkirchen der EKD bereits besteht. Die Frauenbeauftragten sind mit entsprechenden Kompetenzen zu versehen;

- den Gliedkirchen des Bundes, sich dafür einzusetzen, daß die Landesregierungen bei ihrer Bildung Gleichstellungsreferate einrichten. Diese müssen mit den entsprechenden Haushaltsmitteln ausgerüstet sein.

Leipzig, den 25. September 1990

Der Präses

der Synode des Bundes der Ev. Kirchen

Rosemarie Cynkiewicz

---

* MBl Sonderdruck/1991, S.112 = epd Dok 43/1990, S. 50.

gesellschaftliche Umbruch die Frauen im Osten besonders hart trifft, z. B. Arbeitslosigkeit, Armut im Rentenalter ... Schließlich werden »Frauenreferate« bei den Gliedkirchen gefordert und der Einsatz der Gliedkirchen für »Gleichstellungsreferate« bei den sich bildenden Landesregierungen. Die Synode stellt sich uneingeschränkt auf die Seite der Frauen. Dieser Beschluss ist einer der letzten der VI. Synode des Bundes und einer der wenigen, die sich nicht mit Fragen im Zusammenhang mit der Herstellung der Einheit der EKD befassten. Denn das war der Schwerpunkt in der kurzen Legislaturperiode von Februar 1990 bis Juni 1991, in der Rosemarie Cynkiewicz als Präses der Bundessynode vorstand.

Von Frankfurt/Oder in den Prenzlauer Berg

Rosemarie Cynkiewicz wird 1936 in Frankfurt/Oder geboren. Als sie zwei Jahre alt ist, stirbt ihr Vater. Ihre Mutter hatte es nicht leicht, sich und ihre Tochter im Zweiten Weltkrieg und den Hungerjahren danach durchzubringen. Es waren schwere Zeiten. 1945 verliert die kleine Familie ihren gesamten Besitz. Rosemarie, die zwar Jahrgangsbeste, aber »Beamtenkind« (ihr Vater war Reichsbahninspektor) und kein FDJ-Mitglied ist, wird 1950 nicht zur Oberschule zugelassen: »Mit deiner Weltanschauung kommst du nicht auf die Oberschule!«

Ihre Mutter ist oft krank und möchte, dass ihr einziges Kind bald einen Berufsabschluss erlangt. Rosemarie wird Fotodrogistin und absolviert anschließend ein Studium an der Fachschule für Pharmazie in Leipzig zur Apothekenassistentin. Die Ausbildung in der Drogerie ist mit harter körperlicher Arbeit verbunden, das junge Mädchen muss schwere Kisten mit Fotomaterial und 50-Liter-Ballons mit Säure schleppen. In ihrer Jugend werden ihr, insbesondere in den Anfeindungen durch die marxistisch-atheistische Ideologie des DDR-Staates, die Junge Gemeinde und die Studentengemeinde nicht nur zur Glaubens-, sondern auch zur Lebenshilfe. Ihre Jugendgruppe in Frankfurt wird von einer Diakonisse geleitet, hier erfährt Rosemarie Cynkiewicz Zuwendung, Begleitung und tragende Gemeinschaft. Diese Erfahrung nimmt sie mit in ihre Berufstätigkeit als Apothekenassistentin in Berlin-Prenzlauer Berg.

Während dieser Zeit holt sie an der Abendoberschule das Abitur nach, um Theologie zu studieren und als Pastorin in der Gemeinde dann selbst in diesem Sinn zu wirken. Der kommunistische Schuldirektor bemüht sich zwar, sie, wieder die Jahrgangsbeste, davon abzubringen: »Sie sind sich doch hoffentlich im Klaren, dass es bei der Kirche noch keine Gleichberechtigung der Frauen gibt! Studieren Sie Medizin oder Chemie!« Aber er hat keinen Erfolg.

Theologiestudium und Vikariat

Dass es die Gleichberechtigung von Frauen in der Kirche noch nicht gibt, ist ihr bewusst, hindert sie aber nicht, an ihrem Entschluss festzuhalten. Denn tapfere Frauen haben sie geprägt: Mutter, Großmutter, Diakonissen und Gemeindehelferinnen sind mit ihrer Glaubensstärke und ihrem Dasein für Andere ein Vorbild für Rosemarie Cynkiewicz

Pastorin Cynkiewicz bei der Konfirmation 1969, Zachäus-Gemeinde Berlin Prenzlauer Berg

geworden. Neben dem Theologiestudium an der Humboldt-Universität – beim Studienbeginn gehören zum Jahrgang zwölf Männer und zwölf Frauen – arbeitet sie gelegentlich wieder in einer Apotheke im Prenzlauer Berg und unterstützt ihre Mutter, die eine nur sehr kleine Rente bekommt. Die Theologische Fakultät hatte damals ihre Seminarräume in der Halb-Ruine des Berliner Doms: »... ein fast gespenstischer Ort, durch den die Fledermäuse und Tauben segeln«, wie sich Rosemarie Cynkiewicz erinnert. Von der Zölibatsklausel für Pastorinnen weiß sie, aber die Frage ist für sie und die meisten ihrer Kommilitoninnen während des Studiums nicht wesentlich. Später wird eine von ihnen ihre Verlobung verschweigen, um ordiniert zu werden. Als Rosemarie 29 Jahre alt ist, stirbt ihre Mutter. Andere Verwandte gibt es nicht mehr. Sie ist nun ganz auf sich allein gestellt.

1965 legt sie das Erste Theologische Examen ab und wird in den Dienst der Evangelischen Kirche in Berlin-Brandenburg (EKiBB) übernommen. Ihr Vikariat absolviert sie bei einem guten Vikariatsvater in Kaulsdorf, unter den mütterlichen Augen der Pfarrfrau. Für das Predigerseminar erhält sie eine Einweisung in das Vikarinnenseminar in Gnadau, ehe es dann heißt, dieses sei überfüllt – also kommt sie gemeinsam mit einer anderen Vikarin in das bisher Männern vorbehaltene Predigerseminar nach Brandenburg/Havel. Der Direktor Dr. Gottfried Forck nimmt die beiden freundlich auf; sie wohnen im Dachgeschoss seines Pfarrhauses. Die Vikare wohnen wie zuvor im Burghof. Die Hausdame des Predigerseminars kann sich nur schwer an die Anwesenheit der Damen in ihrem Revier gewöhnen.

Nach dem Zweiten Examen wird Rosemarie Cynkiewicz 1968 zusammen mit drei Männern von Generalsuperintendent Gerhard Schmitt ordiniert. Zur Ordination muss sie nicht mehr in dem abgelegten Talar ihres Vikariatsvaters erscheinen (zu kurz und zu weit), sondern hat ihren eigenen »ordentlichen« Pastorinnentalar mit Stehkragen, ein Geschenk von der westdeutschen Kirche, und für draußen ein Barett. Dieser Talar wird bis heute getragen.

Pastorin und Oberkonsistorialrätin

Als Pastorin wirkt sie von 1967 bis 1977 in der Zachäus-Gemeinde im Prenzlauer Berg. Dort versucht sie, etwas von dem weiterzugeben, was sie selbst als hilfreich und stärkend in der Gemeinde erfahren hat. Das Gespräch in Gemeindeseminaren ist wichtig, auch die gemeinsam mit anderen vorbereiteten Gottesdienste. Besonders schlägt ihr Herz für die Konfirmanden- und Jugendarbeit. Sie sorgt dafür, dass die Gruppen für alle, gerade auch für Kinder und Jugendliche aus problematischen und nichtkirchlichen Verhältnissen, immer offenbleiben. Mit einer Reihe der damals jungen Leute – sie sind heute alle Rentner – ist sie immer noch eng verbunden. Auch nachdem Propst Dr. Friedrich Winter sie ins Konsistorium holt, behält sie einen Predigtauftrag in der Zachäus-Gemeinde. Sie bleibt der Gemeinde treu und leitet dort noch jahrzehntelang einen Frauenkreis.

Im Konsistorium amtiert sie von 1977 bis 1998, zuerst in provisorischen, später etwas verbesserten Verhältnissen in der Neuen Grünstraße, schließlich im wiedervereinigten Konsistorium in der Bachstraße in Berlin-Tiergarten. Das renovierungsbedürftige Zimmer, das sich Rosemarie Cynkiewicz als Konsistorialrätin in der Neuen Grünstraße anfänglich mit ihrer juristischen Co-Dezernentin teilt, ist durch eine Pappwand zu zwei Zimmern gemacht worden. Darin gibt es eine Durchreiche, ursprünglich, um das eine Telefon gemeinsam nutzen zu können. Rosemarie Cynkiewicz hat es allerdings schon deutlich besser als ihre Vorgängerin Sieghild Jungklaus: Sie verfügt bereits über ein eigenes Telefon, und die Durchreiche dient nur noch der schnellen mündlichen Kommunikation.

Als Oberkonsistorialrätin ist sie im Ortsdezernat zuständig für den Sprengel Eberswalde, darüber hinaus für die Arbeit mit Kindern, Konfirmand:innen und Jugendlichen und die dazu gehörigen Ausbildungen. Sie trägt auch Verantwortung für den jährlich stattfindenden Konvent der Theologinnen in der DDR, zu dem inoffiziell stets auch Vertreterinnen des westdeutschen Theologinnenkonvents hinzukommen. Lebendig erzählt sie mir auch von den an jedem Freitag stattfindenden Kirchenleitungssitzungen, an denen stets ein Kurier aus der Region West der EKiBB teilnimmt, um Informationen hin- und herzutragen, aber auch Medikamente, Bücher und manch anderes mitzubringen.

Die Zeit im wiedervereinigten Konsistorium beschreibt Rosemarie Cynkiewicz als besonders anstrengend und teilweise auch spannungsreich: Zunächst müssen sich die Kollegialmitglieder aus dem Osten viel stärker auf ganz Neues einstellen als ihre westlichen Kolleg:innen. Gleichzeitig bemühen sie sich aber auch darum, dass nicht alles, was sich während der Trennung in der Ostregion entwickelt hat, auf der Müllhalde der Geschichte landet. Aus ihrem eigenen Dezernat erinnert sie sich an den Kampf für im Westen so nicht vorhandene Berufsbilder wie Kinderdiakonin, Katechetin, ordinierter Gemeindepädagoge. Immer geht es hierbei ja auch um die Zukunft der Menschen, die in diesen Berufen tätig sind – es sind überwiegend Frauen. Am Ende wird wenigstens keine dieser Mitarbeiterinnen arbeitslos. Und ordinierte Gemeindepädagogen gibt es heute noch in der EKBO.

Synode des Bundes der Evangelischen Kirchen in der DDR

1978 wird Rosemarie Cynkiewicz von der Synode der EKiBB (Ost) in die Synode des Bundes der Evangelischen Kirchen in der DDR (BEK) gewählt. Der BEK ist der Zusammenschluss der acht evangelischen Landeskirchen in der DDR. Seine Gründung 1969 hat faktisch die organisatorische Trennung von der EKD zur Folge gehabt. Doch sowohl in der Ordnung des BEK als auch in der Grundordnung der EKD ist »die besondere Gemeinschaft der ganzen evangelischen Christenheit in Deutschland« festgeschrieben. Sie bildet das geistliche Band, das hält trotz aller Anfeindungen durch den SED-Staat, auch unter den misstrauischen Augen der DDR-Staatsvertreter. Es gibt ständigen informellen Austausch und viel materielle Hilfe des Westens für den BEK und die östlichen Landeskirchen.

Rosemarie Cynkiewicz – sie wird immer wieder in die Bundessynode gewählt und ist in zwei Legislaturperioden Vizepräses – erinnert sich in diesem Zusammenhang besonders gern an die Treffen der

Präsidien von BEK- und EKD-Synode: Da werden wichtige Informationen zur Lage ausgetauscht, gesellschaftlich relevante Beschlüsse den jeweils anderen erläutert, und es entstehen gute menschliche Kontakte.

Kurz nach der Friedlichen Revolution konstituiert sich im Februar 1990 die VI. Synode des BEK. Dort wird Rosemarie Cynkiewicz am 23. Februar im ersten Wahlgang zur Präses gewählt – die erste Frau in diesem Leitungsamt einer gesamtkirchlichen deutschen Synode. Neu ist auch die Zusammensetzung des Präsidiums: vier Frauen und ein Mann. Rosemarie Cynkiewicz kommentiert das mit der Bemerkung: »Somit ist das Präsidium ein Spiegelbild vieler Gottesdienstgemeinden.«

Bereits im Januar 1990 hat eine Gruppe von Beauftragten des BEK und der EKD in der sogenannten Loccumer Erklärung festgestellt: »Wie sich auch die politische Entwicklung künftig gestalten mag, wir wollen der besonderen Gemeinschaft der ganzen evangelischen Christenheit in Deutschland auch organisatorisch eine angemessene Gestalt in einer Kirche geben. Mit den während der Zeit der Trennung gewachsenen Erfahrungen und Unterschieden wollen wir sorgsam umgehen.« Durch seine Veröffentlichung wird dieser Text mehr als nur Ausdruck der gemeinsamen Auffassung der Teilnehmer:innen von Loccum. Er wird bald zu einer Art Auftrag für die Leitungsgremien von BEK und EKD. Und so bestimmt das Ringen um den richtigen Weg in dieser Sache auch wesentlich die Arbeit der VI. Bundessynode.

Rosemarie Cynkiewicz erzählt von hitzigen Synodaldebatten, die sich zwischen großer Freude über die Möglichkeit, endlich die Trennung von der EKD nun auch organisatorisch zu überwinden, und erheblicher Sorge bewegen, dabei die eigene, in der DDR-Zeit erworbene Identität zu verlieren. Im Synodalbeschluss »zum weiteren Weg unserer Kirche« vom 25. Februar 1990 heißt es dazu auch: »Keine Seite kann ihre Identität in der größeren Gemeinschaft aufgeben, aber beide müssen zum Identitätswandel in der gemeinsamen Geschichte bereit sein [...]. Wir wollen uns die Zeit lassen, die anstehenden Entscheidungen [...] sorgsam miteinander zu beraten.« Eine Gemeinsame Kommission aus Vertreter:innen von EKD und BEK soll nun die anstehenden Entscheidungen vorbereiten. Schon bei der nächsten Tagung der Synode im September ist klar, dass der politische Einigungsprozess sich beschleunigt hat und außerdem einige Gliedkirchen des BEK möglichst zügig in die EKD streben. Da ist es kaum noch möglich, sich auf dem Weg zur Zusammenführung von BEK und EKD »Zeit zu lassen«.

Aus der Gemeinsamen Kommission erinnert sich Rosemarie Cynkiewicz, wie noch im Mai 1990 empfohlen wird, »dass nicht von einer Wiedereingliederung des BEK in die EKD auszugehen ist« und ein Vorschlag für die Fortschreibung der Grundordnung der EKD und der Bundesordnung zu einer neuen Grundordnung vorbereitet werden soll. Davon ist im September 1990 schon nicht mehr die Rede. Da geht es nur noch um die »zügige Herstellung der Mitgliedschaft in der EKD«. Unter dem Zeitdruck wird es immer schwieriger, sorgsam »mit den während der Zeit der Trennung gewachsenen Unterschieden und Erfahrungen« umzugehen.

Dennoch stimmt die Bundessynode im September in Leipzig dem von der Gemeinsamen Kommission vorgeschlagenen Weg der Zusammenführung von BEK und EKD zu, der die Konstituierung der neuen gemeinsamen EKD-Synode im November 1991 zum Ziel hat. Am Ende soll es noch einmal schneller gehen, denn bekanntlich konstituiert sich die neue gemeinsame EKD-Synode in Coburg schon im Juni.

Am 24. Februar 1991, es ist Rosemarie Cynkiewicz' 55. Geburtstag, tagen Bundessynode und EKD-Synode gemeinsam in Berlin-Spandau und beschließen in getrennten Abstimmungen die jeweiligen Kirchengesetze »Zur Regelung von Fragen im Zusammenhang mit der Herstellung der Einheit der EKD«. Dieser komplizierte Titel lässt etwas vom mühseligen Weg zur neuen Einheit der EKD ahnen. Rosemarie Cynkiewicz hat das Bild von der Spandauer Abstimmung auch heute noch ganz deutlich vor Augen: Die große EKD-Synode stimmt durch

Erheben von den Plätzen bei nur einer Enthaltung zu; die kleine Bundessynode – 55 anwesende Synodale – stimmt durch schlichtes Handaufheben bei 8 Gegenstimmen und 4 Enthaltungen dann ebenfalls zu. Unvergessen auch die merkwürdige Atmosphäre im Tagungssaal. Große Freude bei den einen, doch bei vielen Bundessynodalen eine gewisse Traurigkeit; denn es hat sich als Illusion erwiesen, zwei Partner könnten zusammenkommen und gemeinsam etwas Neues schaffen.

Nachdem alle Gliedkirchen des BEK dem Kirchengesetz vom 24. Februar 1991 zugestimmt haben und mit dem Rat der EKD das Einvernehmen über den Termin des Inkrafttretens des Gesetzes am 27. Juni 1991 hergestellt ist, kann es »der Präses« der Bundessynode in Kraft setzen. Rechtlich ist die Einheit der EKD damit wiederhergestellt. Symbolisch besiegeln das der Vorsitzende des Rates der EKD Dr. Martin Kruse und »der Präses« der Synode des BEK Rosemarie Cynkiewicz durch einen Händedruck in Coburg bei der Tagung der nun wieder gesamtdeutschen EKD-Synode. Der BEK existiert danach nicht mehr.

In den Gedanken und Gefühlen von Rosemarie Cynkiewicz steht der Freude und Dankbarkeit über die Wiedergewinnung der kirchlichen Einheit die Sorge um die Glaubwürdigkeit des christlichen Zeugnisses gegenüber. Werden die mahnenden Stimmen, die dem Staat in kritischer Solidarität begegnen, noch durchdringen können? Die Hoffnung auf eine einfache Kirche, die nahe bei den Menschen ist, scheint weiter in die Ferne gerückt. Dennoch wird Rosemarie Cynkiewicz als EKD-Synodale und Ratsmitglied ihre Kraft weiter für diese Hoffnung einsetzen.

Macht das Geschlecht einen Unterschied?

Als junge Pastorin hat Rosemarie Cynkiewicz einmal die Wahl für einen Platz in der Landessynode gegen ihren Mitbewerber verloren. Der Superintendent kommentiert: »Wären Sie ein Mann gewesen, wären Sie gewählt worden!« Überhaupt sind kirchliche Leitungsämter Frauen damals weitgehend verschlossen. Darauf ist Rosemarie Cynkiewicz schon im Zweiten Theologischen Examen hingewiesen worden. In der Kirchenrechtsprüfung gefragt, ob sie denn als Frau auch Superintendent werden könne, antwortet sie schlagfertig: »Über das Geschlecht des Superintendenten ist in der Grundordnung nichts ausgesagt!« Doch die Prüferin belehrt sie: »Falsch, darüber steht nichts in der Pastorinnenverordnung, und deshalb können Frauen nicht Superintendenten werden.«

Superintendentin ist sie zwar nie gewesen, doch am Ende ihrer Dienstzeit 1997 kann Rosemarie Cynkiewicz auf vielerlei Aufgaben zurückblicken, die sie als Frau kirchenleitend wahrgenommen hat. Sie sagt, dass es ihr Freude gemacht, sie aber auch viel Kraft gekostet habe, und es sei nicht immer leicht gewesen. Was dabei an ihrem Frausein lag, vermag sie nicht einzuschätzen; denn zu jeder Person gehöre doch so vieles mehr.

Nach einem Bibelwort gefragt, das ihr persönlich und im Dienst viel bedeutet hat, nennt Rosemarie Cynkiewicz Klagelieder Jeremia 3,22 und 23: »Die Güte des Herrn ist's, dass wir nicht gar aus sind, seine Barmherzigkeit hat noch kein Ende, sondern ist alle Morgen neu, und deine Treue ist groß.«

VI

Die 1940er Jahre – Zweiter Weltkrieg, Ordination und Restauration

Vorbemerkungen

In den 1940er Jahren war die Situation von Frauen in Deutschland stark von den politischen und gesellschaftlichen Umständen geprägt, insbesondere durch den Zweiten Weltkrieg und die NS-Diktatur. Die Rolle der Frauen war größtenteils auf die traditionellen Geschlechterrollen beschränkt, die von der nationalsozialistischen Ideologie propagiert wurden. Frauen sollten hauptsächlich als Mütter und Hausfrauen wirken, während ihre Beteiligung am Berufsleben und in öffentlichen Ämtern eingeschränkt war.

Während des Zweiten Weltkriegs änderte sich die Rolle der Frauen jedoch in gewissem Maße, da sie zunehmend in der Kriegswirtschaft eingesetzt wurden. Viele Männer waren an der Front, und Frauen mussten in Fabriken arbeiten, in der Landwirtschaft aushelfen oder in anderen Bereichen der Wirtschaft tätig werden. Dieser erzwungene Eintritt in den Arbeitsmarkt gab einigen Frauen eine neue Form von Selbstständigkeit, aber nach Kriegsende wurden sie oft wieder in die traditionellen Rollen zurückgedrängt.

Für Frauen in kirchlichen Berufen, insbesondere für evangelische Theologinnen, war die Situation besonders schwierig. Die evangelische Kirche war traditionell männlich dominiert, und Frauen hatten es schwer, in theologischen und pastoralen Ämtern Anerkennung zu finden. Obwohl einige Frauen Theologie studierten, blieb ihnen der Zugang zum Pfarramt in den meisten Fällen verwehrt. Trotz dieser Einschränkungen gab es einige bemerkenswerte Frauen, die es schafften, sich in der theologischen Landschaft Gehör zu verschaffen. Während des Krieges und in der unmittelbaren Nachkriegszeit traten einige Theologinnen in der Seelsorge und im kirchlichen Gemeindeleben in Erscheinung, insbesondere in Bereichen, die von den Kriegsgeschehnissen besonders betroffen waren. Da viele Männer im Krieg waren, mussten Frauen oft Aufgaben übernehmen, die ihnen vorher verschlossen waren, darunter auch die Leitung von Gottesdiensten und die Betreuung von Gemeinden.

In Berlin, Brandenburg und Breslau waren die Bedingungen für Frauen in den 1940er Jahren besonders hart. Berlin, als Hauptstadt des »Dritten Reiches«, erlebte massive Zerstörungen durch die alliierten Bombenangriffe und die Schlacht um Berlin im Jahr 1945. In dieser Zeit wurden viele Frauen als sogenannte »Trümmerfrauen« bekannt, die die zerstörte Stadt wiederaufbauten. Auch in Brandenburg und Breslau (heute Wrocław, Polen) litten die Menschen unter den Kriegsfolgen, wobei Breslau einer der letzten Orte war, der von der Roten Armee erobert wurde.

Die evangelischen Gemeinden in diesen Regionen waren schwer belastet, und Theologinnen, die in dieser Zeit tätig waren, standen vor enormen Herausforderungen. Die kirchliche Arbeit war von der Notwendigkeit geprägt, Trost zu spenden, Hilfe zu organisieren und den Menschen in einer extrem schwierigen Zeit beizustehen. In vielen Fällen übernahmen Frauen in diesen Gemeinden Führungsrollen, die ihnen vorher nicht zugestanden wurden, da es an Männern fehlte, die diese Aufgaben hätten übernehmen können.

Nicht wenige Theologinnen kamen um – wie zum Beispiel die Schwester des späteren Propstes der Ost-Berliner Kirche, Dr. Friedrich Winter. Seine Schwester Annemarie Winter trat 1942 in Sageritz ein Gemeindepfarramt an und wurde 1945 nach Sibirien verschleppt, wo sie mit 33 Jahren in einem Arbeitslager starb. Ihr Bruder hat ihre kurze Lebensgeschichte eindringlich und berührend nachgezeichnet.[1] Exemplarisch mag ihre Aussage für viele stehen: »Warum muss ich Unglücksmensch nur eine Frau sein? Ich könnte mir nichts Schöneres denken, als Seelsorger einer Gemeinde zu sein.«[2] Dies mag als Beispiel für viele gelten, dass die Erfahrungen der Vikarinnen im Krieg die folgenden Jahrzehnte lebendig und wirkmächtig waren.

6.1. Der Vikarinnenausschuss 1941/42

Der Vikarinnenausschuss von 1941/42 markiert einen bedeutenden Moment in der Geschichte der evangelischen Kirche in Deutschland, insbesondere in Bezug auf die Rolle von Frauen in theologischen Ämtern. Inmitten des Zweiten Weltkriegs, als die traditionellen Strukturen in vielerlei Hinsicht erschüttert wurden, standen evangelische Theologinnen vor der Herausforderung, ihre Position in einer von Männern dominierten Kirche zu behaupten.

Der Vikarinnenausschuss war ein Versuch der Bekennenden Kirche, auf die veränderten gesellschaftlichen und kirchlichen Bedingungen zu reagieren. Mit dem Ausbruch des Zweiten Weltkriegs und der Einberufung zahlreicher männlicher Theologen zum Kriegsdienst entstand ein akuter Mangel an Pfarrern. Dieser Notstand brachte die Bekennende Kirche dazu, über die Rolle von Frauen in der Seelsorge und im Gemeindedienst neu nachzudenken.

Der Großteil der Vikarinnen war in der Bekennenden Kirche aktiv und übernahm während des Zweiten Weltkriegs die Vertretung für freie Pfarrstellen. Neben der Arbeit, die oft am Rand der Legalität stattfand, stellten die sehr niedrigen Gehälter für die Vikarinnen, die nur als Vertretung angestellt waren, eine besonders schwierige Herausforderung dar. Viele von ihnen mussten zusätzliche Tätigkeiten ausüben, um finanziell über die Runden zu kommen. Zudem war die Frage ihrer Amtsbefugnisse weitgehend ungeklärt.

In einem Brief vom März 1941 bringt die Vikarin Lore Schlunk in scharfen Worten zum Ausdruck, dass vor allem diese Unklarheit von den Frauen als fehlende Unterstützung durch die Kirchenleitung empfunden wurde: »Inzwischen wachsen die Schwierigkeiten unserer Arbeit; sie lasten vor allem je länger je mehr. Finden wir uns eines Mor-

1 Vgl. Friedrich Winter, Weiß ich den Weg auch nicht… Das Leben der Vikarin Annemarie Winter (1912–1945), Leipzig 2005.
2 Ebd., S. 82.

gens in irgend einem Büro [der Geheimen Staatspolizei], so haben wir wenigstens den Trost, dass ja unsere Kirchenleitung sich nicht sicher war, ob wir eigentlich Diener des Wortes sind oder nicht, ihrer Hilfe und ihres Trostes bedürfen oder nicht.«

Die Gemeinden waren dringend auf die Frauen im Pfarrdienst angewiesen. Die Vikarinnen forderten eine kirchliche Beauftragung für Verkündigung und Sakramentsverwaltung, aber führende Theologen der Bekennenden Kirche äußerten theologische Bedenken gegen ein volles Pfarramt für Theologinnen. Vor diesem Hintergrund setzte die 10. Synode der Bekennenden Kirche der Altpreußischen Union im November 1941 den hochrangig besetzten »Vikarinnenausschuss« ein, der die Möglichkeit einer Ordination bis zur nächsten Synode klären sollte.

Der Ausschuss war mit der Aufgabe betraut, Richtlinien zu erarbeiten, die den Einsatz von Vikarinnen im kirchlichen Dienst regelten. Dabei ging es um Fragen der Ausbildung, der Ordination und des möglichen Einsatzes von Frauen in pastoralen Aufgaben. Der Ausschuss sollte auch klären, unter welchen Bedingungen Frauen in den Gemeindedienst eintreten konnten, insbesondere in Regionen, in denen ein akuter Mangel an Pfarrern herrschte.

Die Diskussionen im Vikarinnenausschuss waren von verschiedenen Positionen geprägt. Einerseits gab es Befürworter, die sich für eine stärkere Einbindung von Frauen in den kirchlichen Dienst aussprachen, andererseits gab es konservative Stimmen, die die traditionelle Geschlechterordnung aufrechterhalten wollten. Als einzige Theologin nahm Anna Paulsen an allen Sitzungen teil.

Letztlich führten die Beratungen des Ausschusses zu einer vorsichtigen Öffnung der Kirche für den Einsatz von Vikarinnen. Der Ausschuss entschied, dass Frauen unter bestimmten Bedingungen als Vikare eingesetzt werden konnten, jedoch blieb ihnen das Pfarramt weiterhin offiziell verwehrt. Stattdessen sollten sie in unterstützenden Rollen tätig sein, etwa in der Seelsorge, in der Diakonie oder in der kirchlichen Jugendarbeit. Diese Regelungen stellten einen Kompromiss dar, der zwar einerseits den akuten Bedarf an kirchlichem Personal decken sollte, andererseits aber die traditionelle Struktur der Kirche weitgehend bewahrte.

Viele der Frauen, die in dieser Zeit als Vikarinnen arbeiteten, leisteten wichtige Beiträge zur Gemeindearbeit und zur Seelsorge, insbesondere in den schwierigen Kriegsjahren.

6.2. Dr. h. c. Anna Paulsen

Anna Sophie Paulsen wurde 1893 in Hoirup in Nordschleswig als Tochter des Pastors in Hoyer geboren, der 1896 die Pfarrstelle in Ballum übernahm, wohin die Familie umzog. Er war der Inneren Mission und der Erweckungsbewegung verbunden. Nach dem Tod des Vaters, der nach langer Krankheit 1904 verstarb, zog Anna Paulsen im Frühjahr 1905 mit ihrer Mutter und drei jüngeren Schwestern nach Tondern, wo ihre Mutter ein Haus erwarb. 1912 verkaufte die Mutter das Haus und zog mit ihren Töchtern in eine Wohnung nach Flensburg. Anna Paulsen wuchs zweisprachig auf: In Ballum, wo Dänisch die Alltagssprache war, sprach sie auf der Straße, in der Kirche und im Religionsunterricht Dänisch, während in der Schule in Tondern und zu Hause Deutsch gesprochen wurde. Diese Zweisprachigkeit begleitete sie ihr Leben lang. Nach dem Abschluss der Mädchenschule plante Anna Paulsen zunächst eine Ausbildung zur Lehrerin und absolvierte ein Jahr Lehrerausbildung in Schleswig. Später entschied sie sich jedoch für ein Studium und bereitete sich auf das Abitur vor, das sie 1912 als Externe an einem Hamburger Gymnasium ablegte. Aufgrund von Mangelernährung und Überanstrengung erkrankte sie in dieser Zeit an Tuberkulose und verbrachte eine Kur in Davos. Anschließend arbeitete sie drei Jahre als Hauslehrerin in einer Pastorenfamilie.

Ab dem Sommersemester 1916 studierte Anna Paulsen Philosophie, Germanistik und Geschichte an der Universität Kiel, wechselte jedoch zur Theologie. Sie studierte Theologie in der Hoffnung, dass sich ihr »aller Ungewißheit zum Trotz ein Weg unter die Füße legen würde«.[3] Anna Paulsen besuchte Vorlesungen bei namhaften Theologen wie Erich Schaeder, Adolf Schlatter und Paul Volz. Nach Studienaufenthalten in Tübingen und Münster kehrte sie nach Kiel zurück. Im März 1921 legte sie das Fakultätsexamen für Theologiestudentinnen ab.

Nach ihrem Studium erhielt Anna Paulsen eine Stelle am »Haus der Morgenländischen Frauenmission« in Berlin, wo sie Katechetinnen ausbildete und Vorlesungen an der Berliner Universität besuchte. Ihre Dissertation, die sie 1924 an der Universität Kiel verteidigte, beschäftigte sich mit der Überwindung des protestantischen Schriftprinzips. Anna Paulsen war die erste Frau, die in Kiel in Theologie promoviert wurde, und eine der ersten deutschlandweit.

1925 gründete sie gemeinsam mit Pastor Wilhelm Thiele eine Bibelschule in Berlin-Dahlem, die sie bis kurz vor Ende des Zweiten Weltkriegs leitete. Paulsen war eine der Mitbegründerinnen der Berneuchener Bewegung und unterzeichnete 1926 als eine von zwei Frauen das Berneuchener Buch. Während der Zeit des Nationalsozialismus kritisierte sie die Rassenlehre. Gegen Ende des Zweiten Weltkriegs zog sie nach Schleswig zu ihrer Mutter und Schwester und blieb dort bis kurz vor ihrem Tod.

Nach dem Krieg engagierte sich Anna Paulsen weiterhin im Burckhardthaus, das nach Gelnhausen verlegt worden war, und wurde 1951 zur ersten Referentin für Frauenfragen bei der EKD berufen. In ihrer Funktion als Frauenreferentin der EKD stellte Anna Paulsen Arbeitsberichte von Frauen und wichtige Texte zum Amtsverständnis von Frauen in der Reihe »Der Dienst der Frauen in den Ämtern der Kirche« zusammen. Bei »Die Vikarin« von 1956 und »Amt und Auftrag der Theologin« von 1963 handelt es sich um den ersten Band dieser Reihe in der 1. und 2. Auflage. 1953 wurde sie von der Kieler Universität zur Ehrendoktorin der Theologie ernannt.

Anna Paulsen setzte sich ihr Leben lang für die theologische und praktische Ausbildung von Frauen ein, wobei sie die besonderen Gaben und Aufgaben von Frauen betonte. Sie forschte und lehrte auch über die Existenzialphilosophie von Søren Kierkegaard, und 1955 veröffentlichte sie eine wissenschaftliche Biografie über ihn, die als

3 Anna Paulsen, Mein Studienweg [ca. 1974, masch. Manuskript], S. 13.

Anna Paulsen am Schreibtisch 1939 in Berlin

ihre wichtigste Arbeit gilt. Weitere Bücher folgten, darunter Werke über Kierkegaards Schaffen. Anna Paulsen blieb unverheiratet und starb nach kurzer Krankheit in einem Pflegeheim.

Anna Paulsen gilt als eine der wichtigsten Theologinnen ihrer Zeit und als Pionierin für die Gleichberechtigung von Frauen in der evangelischen Kirche. Ihr Engagement und ihre intellektuellen Beiträge haben dazu beigetragen, die Stellung von Frauen in der Theologie und im kirchlichen Dienst nachhaltig zu stärken. Ihre Arbeit hat den Weg für nachfolgende Generationen von Theologinnen geebnet und die kirchliche Landschaft in Deutschland entscheidend mitgeprägt. Heute wird sie als Vorbild für Frauen in kirchlichen Berufen und als wichtige Stimme in der Theologiegeschichte gewürdigt.

6.3. Die erste Ordination 1943: Ilse Härter und Hannelotte Reiffen

Auf der 11. Bekenntnissynode im Oktober 1942 in Hamburg siegten die Befürworter des Frauenamtes als Amt »sui generis« (eigener Art). Die Synode beschloss ein überarbeitetes Vikarinnengesetz, so dass, wenn in einer Gemeinde ein Pfarrer fehlen würde, die Vertretung bei fehlendem Nachbarpfarrer auch begrenzt durch eine Vikarin möglich sei, wenn vorher von der Kirchenleitung der Notstand festgestellt worden sei. Der Antrag der Vikarinnen, sie (unter stetiger männlicher Beaufsichtigung) doch probeweise in das volle Pfarramt einzuweisen und nach fünf bis zwanzig Jahren aus den gesammelten Erfahrungen ein konstruktives Fazit zu ziehen, wurde abgelehnt. Ihr Gehalt wurde auf 80 Prozent eines Pfarrergehalts festgelegt. Wenn sie heirateten, schieden sie weiterhin aus dem Amt aus.

Als Reaktion wurde am 27. Oktober 1942 ein Ausschuss mit Otto Dibelius als Vorsitzendem berufen, der Fragen der Ordination klären und die Erstellung eines Formulars für Vikarinnen beraten sollte. Beschluss Nr. 11 verkündete jedoch, dass bis zum Vorliegen einer Einsetzungsordnung die bisherige Regelung gelte und Ordinationen von Vikarinnen nicht zu vollziehen seien. So waren die Vikarinnen ihrem Ziel der Ordination mit dem Synodenbeschluss keinen Schritt nähergekommen.[4]

Aus Protest gegen diesen Beschluss ordinierte der damalige Präses D. Kurt Scharf die Vikarinnen Hannelotte Reiffen und Ilse Härter am 12. Januar 1943 »illegal« in seiner Gemeinde in Sachsenhausen, wobei eine in Brandenburg für Theologen übliche Urkunde zugrunde gelegt wurde. Somit waren dies die ersten Ordinationen von Frauen überhaupt, die, ohne Einschränkung und in Amtskleidung stattfindend, denen der Männer vollkommen gleichgestellt waren.

Hannelotte Reiffen[5]

Hannelotte Reiffen war eine hochgebildete und streitbare Theologin. Reiffen wurde am 10. Oktober 1906 in Bonn geboren, studierte ab 1926 Evangelische Theologie in Marburg, Rostock und Bonn und absolvierte 1932 in Koblenz ihr Erstes Theologisches Examen. Als Vikarin schloss sie sich der Bekennenden Kirche an und legte im Frühjahr 1935 ihr Zweites Theologisches Examen vor dem Bruderrat der rheinischen Bekennenden Kirche ab. Anschließend übernahm sie in Worbis im Harz und einzelnen Gemeinden der Provinz Brandenburg Aushilfsdienste. Ab Ende 1940 konnte sie in Illmersdorf/Mark einen Gemeindepfarrer vertreten und arbeitete im brandenburgischen Bruderrat mit.

Aus Protest gegen einen Beschluss der Synode der Bekennenden Kirche in Hamburg von 1942, wie oben ausgeführt, die uneingeschränkte Ordination Männern vorzubehalten, ordinierte der Präses und spätere Bischof Kurt Scharf sie am 12. Januar 1943 gemeinsam mit Ilse Härter im Talar zum Dienst an Wort und Sakrament.

Als die Russen bei Kriegsende in ihrer Gemeinde einmarschierten, zog sie ihren Talar an und setzte ihr Barett auf, woraufhin die russischen Soldaten ehrfurchtsvoll ein Spalier gebildet hätten. Reiffen blieb bis 1947 in Illmersdorf und übernahm anschließend eine Pfarrstelle in Groß Neuendorf im Oderbruch. Ihr ehemaliger Kollege aus dem Oderbruch, Pfarrer i. R. Eberhard Iskraut, erinnert sich noch lebhaft an die Fischerkate, in der sie damals gelebt habe, ehe sie zwei Zimmer im Kirchengebäude habe beziehen können. Im Oderbruch geriet sie immer wieder in Konflikte mit den Behörden der DDR und erhielt nicht zuletzt wegen ihrer Predigtäußerungen Vorladungen.

Seit der Zeit ihres Studiums in Bonn war sie eine Schülerin Karl Barths gewesen und stets mit ihm in Kontakt geblieben. Pfarrer i. R. Eberhard Iskraut besitzt noch das Manuskript einer Vor-

4 Vgl. zur Debatte Dagmar Herbrecht u. a. (Hrsg.), Streit.

5 Peter Bukowski, Horst Leske, Eberhard Mechels (Hrsg.), Furcht ist nicht in der Liebe. Festschrift für Hannelotte Reiffen. Mit einem Geleitwort von Helmut Gollwitzer, Bonn 1974; Birgitt Jähnichen, Traugott Jähnichen, Gehorsam und Widerspruch. Der Lebensweg der Theologin Hannelotte Reiffen (= Schriften der Hans-Ehrenberg-Gesellschaft, Bd. 2), Waltrop 1996.

Hannelotte Reiffen

lesungsmitschrift Barths zum Thema »Taufe«, das Reiffen 1960 aus dem Westen erhalten hatte und ihm diktierte. Aufgrund ihrer Befassung mit Barths Theologie weigerte sie sich, Säuglinge zu taufen. Auf Kompromisse ließ sie sich nicht ein. Die Landessynode beschloss 1963, Pfarrer und Pastorinnen des Amtes zu entheben, die die Kindertaufe verweigerten. Doch nichts geschah. So bat Reiffen um die Eröffnung eines Disziplinarverfahrens gegen sich selbst. Doch nichts passierte – wie sie später erfuhr, hatten ihre 25 Amtsgeschwister im Kirchenkreis gedroht, keine Säuglinge mehr zu taufen, sollte gegen sie ein Disziplinarverfahren eröffnet werden.

Nach ihrer Pensionierung 1967 zog sie wieder nach Bonn, engagierte sich in der Friedensbewegung sowie im Kreis um Walter Kreck, arbeitete an der Edition der Werke Barths mit und leitete in ihrem Haus bis zuletzt wöchentlich eine große Arbeitsgruppe zur »Kirchlichen Dogmatik«. Sie starb am 30. Mai 1985 in Bonn.

Über ihre Position als Frau in der Kirche sagte sie: »Die Bekennende Kirche hat uns Frauen von Anfang an voll berechtigt aufgenommen. Man hört heute noch, die Gemeinden wollen nicht. Aber es sind die Kirchenleitungen, die Schwierigkeiten machen, die Frau müsse in der Gemeinde schweigen [...].«

Dr. h. c. Ilse Härter

»Ilse Härter zu begegnen, ist aufregend. Dabei ist sie selbst ein äußerst nüchterner, sehr unaufgeregter Mensch. Sachlichkeit ist ihre große Stärke, Übertreibungen schätzt sie nicht, und das reiche Lob, das mit einer Laudatio verbunden ist, hört sie – das weiß ich – zunächst einmal kritisch an. Lobhudeleien wehrt sie ab: was sie getan habe, sei doch das Selbstverständliche gewesen.«[6]

6 Christine Globig, Eine Laudatio auf Ilse Härter. »Ich habe nur das Selbstverständliche getan«, auf http://www.pfarrerverband.de/pfarrerblatt/index.php?a=showundid=3103 und abgedruckt in: Deutsches Pfarrerblatt 1/2012.

So beginnt die Laudatio, die Dr. Christine Globig am 31. Januar 2006 anlässlich der Verleihung der Ehrendoktorwürde der Kirchlichen Hochschule Wuppertal auf Ilse Härter hält. Globig lobte die praktisch veranlagte Wissenschaftlerin, zu deren großer Stärke ihre Sachlichkeit zählte, die kritisch auf Lobesreden reagierte und Übertreibungen ablehnte. Sie erinnert aber auch an eine warmherzige Pfarrerin, die tiefe Freundschaften pflegte, vielseitig interessiert war und deren feinsinniger Humor und große Klugheit, gekoppelt mit einer umfassenden theologischen Ausbildung, dazu führte, dass der Platz der Theologinnen in der Bekennenden Kirche neu definiert werden musste.

»Ilse Härter hat das verheerend konservative Frauenbild der Bekennenden Kirche nicht nur theologisch ausgeleuchtet – das hat sie in ihrer wissenschaftlichen Arbeit später auch getan – sondern sie hat es überwunden. Sie hat in einem Moment, an zwei maßgeblichen Tagen im März 1939 Widerstand geleistet und damit eine neue Wirklichkeit gesetzt.«[7]

Was passierte an diesen beiden Märztagen?

Ilse Härter hatte 1931 mit dem Studium der Theologie in Göttingen begonnen, welches sie später in Tübingen, Königsberg und Bonn fortsetzte und 1935 abschloss. Da sie sich schon 1934 der Bekennenden Kirche angeschlossen hatte, legte sie ihre Examina 1936 und 1939 vor dem Prüfungsausschuss der Bekennenden Kirche ab. Zwischen den beiden Examina leistete sie ihr Vikariat in Elberfeld. Als sie 1939 als Vikarin in Wuppertal-Elberfeld eingesegnet werden sollte, weil (auch in der Bekennenden Kirche) die Ordination Männern vorbehalten bleiben sollte, verweigerte sie dies mit dem berühmt gewordenen Satz: »Sagen Sie dem Presbyterium: Zu meiner Einsegnung werde ich nicht anwesend sein.«

Ilse Härter

Am nächsten Morgen suchte sie den Referenten beim Rheinischen Rat, Johannes Schlingensiepen,

7 Ebd.

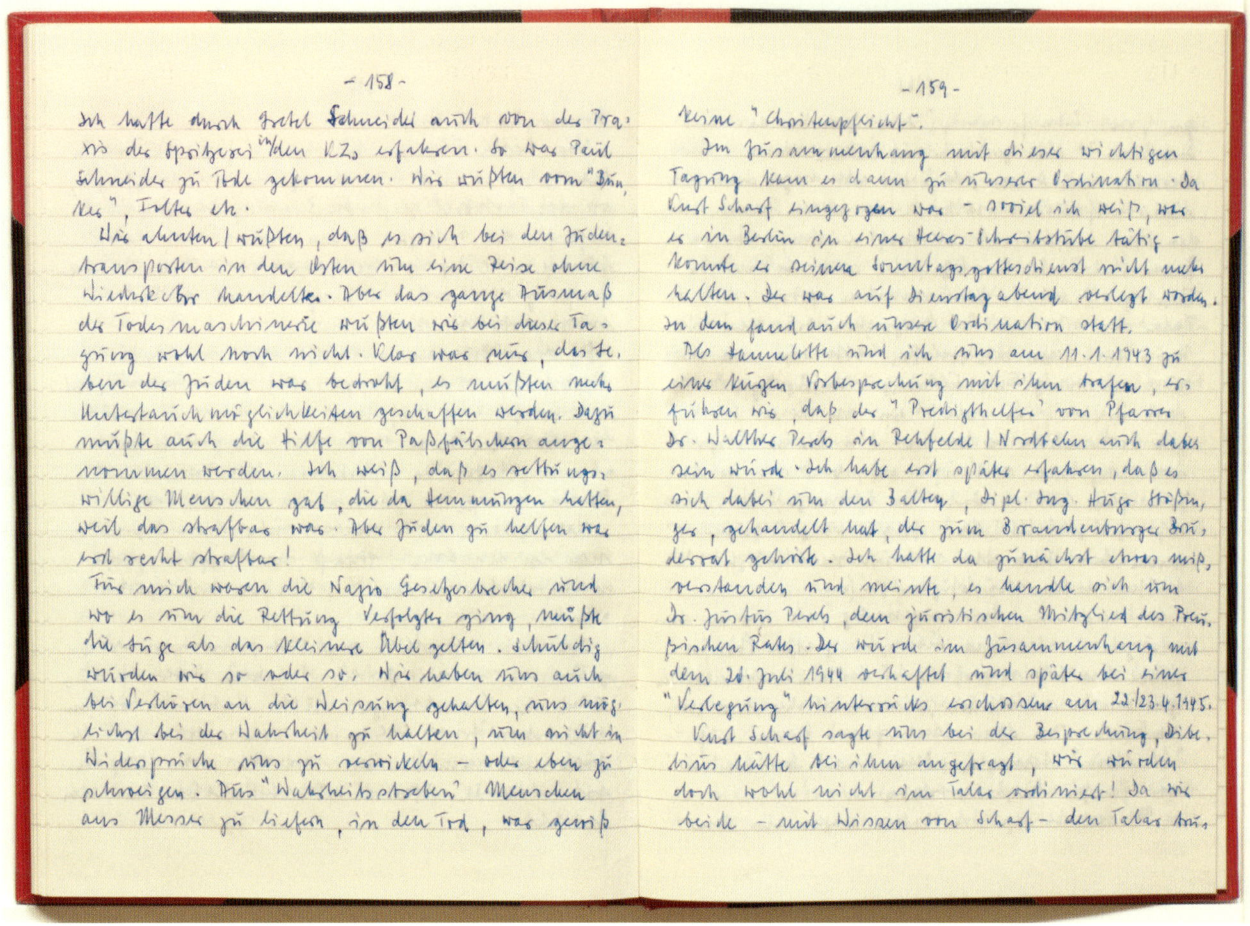

- 158 -
Ich hatte durch Gretel Schneider auch von der Pra-
xis der Spritzerei in den KZs erfahren. So war Paul
Schneider zu Tode gekommen. Wir wußten vom "Bun-
ker", Folter etc.
Wir ahnten / wußten, daß es sich bei den Juden-
transporten in den Osten um eine Reise ohne
Wiederkehr handelte. Aber das ganze Ausmaß
der Todesmaschinerie wußten wir bei dieser Ta-
gung wohl noch nicht. Klar war nur, das Le-
ben der Juden war bedroht, es mußten mehr
Untertauchmöglichkeiten geschaffen werden. Dazu
mußte auch die Hilfe von Paßfälschern ange-
nommen werden. Ich weiß, daß es rettungs-
willige Menschen gab, die da Hemmungen hatten,
weil das strafbar war. Aber Juden zu helfen war
doch recht strafbar!
Für mich waren die Nazis Gesetzesbrecher und
wo es um die Rettung Verfolgter ging, mußte
die Lüge als das kleinere Übel gelten. Schuldig
wurden wir so oder so. Wir haben uns auch
bei Verhören an die Weisung gehalten, uns mög-
lichst bei der Wahrheit zu halten, um nicht in
Widersprüche uns zu verwickeln – oder eben zu
schweigen. Aus "Wahrheitsstreben" Menschen
ans Messer zu liefern, in den Tod, war gewiß

- 159 -
keine "Christenpflicht".
Im Zusammenhang mit dieser wichtigen
Tagung kam es dann zu unserer Ordination. Da
Kurt Scharf eingezogen war – soviel ich weiß, war
er in Berlin in einer Heeres-Schreibstube tätig –
konnte er seinen Sonntagsgottesdienst nicht mehr
halten. Der war auf Dienstagabend verlegt worden.
In dem fand auch unsere Ordination statt.
Als Hannelotte und ich uns am 11.1.1943 zu
einer kurzen Vorbesprechung mit ihm trafen, er-
fuhren wir, daß der "Predigthelfer" von Pfarrer
Dr. Walther Perels in Rehfelde / Nordstern auch dabei
sein würde. Ich habe erst später erfahren, daß es
sich dabei um den [illegible], Dipl.-Ing. Hugo [illegible]-
ger, gehandelt hat, der zum Brandenburger Bru-
derrat gehörte. Ich hatte da zunächst etwas miß-
verstanden und meinte, es handle sich um
Dr. Justus Perels, dem juristischen Mitglied des Preu-
ßischen Rates. Der wurde im Zusammenhang mit
dem 20. Juli 1944 verhaftet und später bei einer
"Verlegung" hinterrücks erschossen am 22./23.4.1945.
Kurt Scharf sagte uns bei der Besprechung, Dibe-
lius hätte bei ihm angefragt, wir würden
doch wohl nicht im Talar ordiniert! Da wir
beide – mit Wissen von Scharf – den Talar tru-

Handschriftliche Notiz Ilse Härters über ihre Ordination

auf und bat um die Ordination. Als dieser die Entscheidung jedoch an der »Zölibatsfrage« festmachen wollte, konterte Härter, dies sei theologisch nicht belegbar, und ging. Das Gespräch trug sich folgendermaßen zu:

Johannes Schlingensiepen: »Sind Sie jetzt bereit, das Gelübde der Ehelosigkeit abzulegen?« Ilse Härter: »Wieso? Will die Bekennenden Kirche jetzt [...] den Zölibat einführen?«

Johannes Schlingensiepen: »Nein, aber Sie sind eine Frau.«

Ilse Härter: »Daran habe ich noch nie gezweifelt. Aber was soll das?«

Johannes Schlingensiepen: »Bekanntlich heiratet die Hälfte der Theologinnen.«

Ilse Härter: »[...] Das ist doch keine Begründung, uns nicht zu ordinieren. Wie begründen Sie das theologisch?«[8]

Ebenso verweigerte sie 1941 die Ablegung des Eides auf Adolf Hitler, was zur Entlassung aus dem Dienst der Gemeinde Berlin-Wannsee führte. Als Pfarramtsverwalterin für Günther Harder in Fehrbellin (1941) und für Hermann Diem in Ebersbach an der Fils (seit 1942) erreichte sie schließlich doch noch ihre Ordination: am 12. Januar 1943 zusammen mit Hannelotte Reiffen von Präses Kurt Scharf in dessen Gemeinde in Sachsenhausen, als erste vollgültige Ordinationen überhaupt.

Otto Dibelius, zu diesem Zeitpunkt Mitglied des Vikarinnen- und Ordinationsausschusses und späterer Bischof der Evangelischen Kirche Berlin-Brandenburg, hatte am Tag vor der Ordination noch Einspruch dagegen erhoben, dass die Frauen im Talar ordiniert würden. Daraufhin ließ ihm Ilse Härter mitteilen, Reiffen und sie müssten dann im roten und grünen Sommerkleid erscheinen, da sie kein schwarzes besäßen. Da in der kurzen Zeit keine Marken zum Kauf von schwarzem Stoff zu bekommen waren, musste Dibelius schließlich doch seine Zustimmung für die Ordination in Amtskleidung geben.

Nach dem Zweiten Weltkrieg arbeitete Härter bis zu ihrer Pensionierung 1972 als Schul- und Berufsschulpfarrerin in Leverkusen und Elberfeld, wobei sie »unbedingt überzeugend gewesen [sei], ermutigend für die Jüngeren und auch für die Kollegen eine in manchem unbequeme, anspruchsvolle, kritische, immer aber warmherzige Lehrerin, Kollegin und Freundin«.[9] Erst im Ruhestand begann sie, die Geschichte der Frauen in der Kirche wissenschaftlich aufzuarbeiten, wofür sie 2006 mit der Ehrendoktorwürde ausgezeichnet wurde.

Anlässlich ihres 100. Geburtstags schrieb Maria Jepsen in dem Grußwort der Festschrift über sie: »Ilse Härter ist eine der großen Mütter oder richtiger: der Schwestern der evangelischen Theologinnen in Deutschland und weltweit«.[10] Sie starb einhundertjährig im Dezember 2012. Am 12. Januar 2013 fand in der Kirche in Moyland am Niederrhein ein Trauergottesdienst zum 101. Geburtstag und 70. Jahrestag der Ordination der Pfarrerin statt.

6.4. Restauration nach dem Krieg: Zum Beispiel Helga Weckerling

Nach dem Ende des Zweiten Weltkriegs erlebte Deutschland tiefgreifende gesellschaftliche und politische Veränderungen, die auch die Rolle der Frauen maßgeblich beeinflussten. Die Frauen

8 Ilse Härter zitiert nach: Lexikon, S. 151.

9 Christine Globig, Eine Laudatio auf Ilse Härter. »Ich habe nur das Selbstverständliche getan«, auf http://www.pfarrerverband.de/pfarrerblatt/index.php?a=showundid=3103 und abgedruckt in: Deutsches Pfarrerblatt 1/2012

10 Vorwort Bischöfin i. R. Maria Jepsen in: Hartmut Ludwig (Hrsg.): Auf Gegenkurs. Eine Fest- und Dankesschrift zum 100. Geburtstag von Pfarrerin Dr. h. c. Ilse Härter. Logos-Verlag, Berlin 2011.

hatten im Krieg eine wichtige Rolle eingenommen, indem sie in Abwesenheit der Männer zahlreiche Aufgaben übernommen hatten, insbesondere in der Industrie, Landwirtschaft und in sozialen Diensten. Mit dem Kriegsende kehrten viele Männer zurück, was zu einem erneuten Druck führte, Frauen in traditionelle Rollen zurückzudrängen. Doch die Erfahrungen während des Krieges und die gesellschaftlichen Umwälzungen ließen sich nicht rückgängig machen.

Das Grundgesetz, das am 23. Mai 1949 in Kraft trat, bedeutete einen bedeutenden Schritt in der Entwicklung der Frauenrechte in Deutschland. Es übernahm und erweiterte einige der Bestimmungen der Weimarer Reichsverfassung (WRV) von 1919, die bereits fortschrittliche Ansätze zur Gleichberechtigung der Geschlechter enthielt. Besonders hervorzuheben ist Artikel 3 des Grundgesetzes, der festlegt: »Alle Menschen sind vor dem Gesetz gleich. Männer und Frauen sind gleichberechtigt. Der Staat fördert die tatsächliche Durchsetzung der Gleichberechtigung von Frauen und Männern und wirkt auf die Beseitigung bestehender Nachteile hin.«

Dieser Artikel war eine wesentliche Weiterentwicklung im Vergleich zur Weimarer Reichsverfassung von 1919 und stellte eine klare Verpflichtung des Staates dar, die Gleichstellung von Frauen und Männern zu fördern. Es war ein wichtiger Schritt zur Anerkennung und Stärkung der Rechte von Frauen, auch wenn die tatsächliche Umsetzung der Gleichberechtigung noch viele Jahre in Anspruch nahm.

Doch in der evangelischen Kirche kam es nach dem 2. Weltkrieg zu einer Restauration – Frauen sollten wieder ihre angestammte Rolle als Ehefrau und Hausfrau übernehmen. Man versuchte, die Theologinnen aus ihren Ämtern zu vertreiben.

»Auftrag ohne Amt« – so wird der Artikel über Helga Weckerling passenderweise in der Publikation »Frauen im Kirchenkampf« überschrieben.[11] Helga Weckerling wurde als Helga Zimmermann im Jahr 1910 in Berlin in eine deutsch-nationale Familie geboren. Pazifistisches Gedankengut ist der Familie fremd, antisemitische Einstellungen jedoch nicht unbekannt. Nach ihrem Theologiestudium in Berlin und Marburg übernahm sie die Leitung eines Kreises christlicher und jüdischer Mädchen an der Kaiser-Wilhelm-Gedächtniskirche. Mit der Machtergreifung der Nationalsozialisten wurde ihr die Notlage dieser Mädchen deutlich bewusst. Später bekannte sie: »Eigentlich lernte ich erst in meinem Kreis mit getauften jüdischen Mädchen, was es heißt, ein ›Christ‹ zu sein.«

Am 16. Dezember 1937 wurde die Vikarin Helga Zimmermann von Präses Jacobi im Auftrag des Bundesrates der Bekennenden Kirche in der Dahlemer Jesus-Christus Kirche mit 16 weiteren männlichen Theologen in einem großen Gottesdienst eingesegnet. Offiziell durfte sie jedoch nur Frauendienste übernehmen, da das sogenannte Vikarinnengesetz von 1927 den Dienst von Theologinnen stark einschränkte. In der »Reichsfrauenhilfe« widmete sich Helga Zimmermann während des Krieges ausgebombten Frauen und Kindern. Im Sommer 1940

11 »Auftrag ohne Amt: Helga Weckerling«, in: Wolfgang See, Rudolf Weckerling (Hrsg.), Frauen im Kirchenkampf. Beispiele aus der Bekennenden Kirche in Berlin-Brandenburg 1933–1945, 2. Auflage, Berlin 1984, 61–70.

lernte sie Rudolf Weckerling kennen, der ebenfalls der Bekennenden Kirche angehörte. Rudolf Weckerling hatte Predigtverbot wegen »Wehrkraftzersetzung«, erlebte mehrfache Ausweisung und Gestapohaft. Seit 1941 leistete er Kriegsdienst in der Wehrmacht. Sie heirateten 1943 während eines Fronturlaubs und konnten 50 Jahre später kurz vor ihrem Tode noch Goldene Hochzeit feiern.

Helga Weckerling kümmerte sich im Krieg weiterhin im Umfeld der Kaiser-Wilhelm-Gedächtniskirche um Christen und Christinnen jüdischer Herkunft. Als einer ihrer Brüder, ein Soldat mit leichter Kriegsverletzung, plötzlich eines Tages bei ihr unangemeldet vor der Tür stand, gab es einen Zusammenstoß: »Sie hielt gerade Bibelkreis. Im Flur hingen Mäntel mit dem gelben Stern. Der Bruder sah das, zitterte und wurde bleich. ›Ich lasse mir an der Ostfront die Knochen für's Vaterland kaputtschießen‹, rief er, ›und du hilfst den Juden!‹ Er drohte, seine Schwester bei der Gestapo anzuzeigen. Das tat er zwar nicht; doch zu dieser Zeit, erklärt sie, habe sich oft erfüllt, was im Neuen Testament geweissagt sei ›Ihr werdet aber überantwortet werden von den Eltern, Brüdern, Verwandten und Freunden.‹ (Lukas, Kapitel 21, 16).«[12]

Gegen Ende des Zweiten Weltkriegs übernahm Helga Weckerling in Dühringshof im Landkreis Landsberg (heute Polen) den Pfarrdienst für evakuierte Soldatenfrauen und ihre Kinder, da alle männlichen Pfarrer eingezogen waren. Entgegen den kirchlichen Bestimmungen musste sie in dieser Notsituation das volle Pfarramt ausfüllen: »1943 kam ich nach Dühringshof im Warthebruch, zwischen Küstrin und Landsberg – heute Polen. Dort gab es weit und breit keine Pfarrer mehr, weil alle eingezogen waren. Jetzt durfte ich nicht nur, sondern sollte auch ein volles Pfarramt ausfüllen, mit allen Aufgaben, die anfielen.«[13]

Helga Weckerling, ca. 1940

Helga Weckerling erinnerte sich: »Im Frühsommer ›45 war ich für ein paar Tage in Berlin und geriet dort in einen Pfarrkonvent, den der spätere Bischof Dibelius leitete. Ich schilderte, wie schwierig es für eine Frau sei, sich jenseits der Oder als Pfarrer auszuweisen. Wir hatten keinen Talar, kein

12 Ebd.

13 A. a. O., hier: 63.

Kreuz und die Russen kannten keine weiblichen Popen. Weil ich nicht wisse, ob ich dort überhaupt weiterhin Dienst tun könne, empfahl ich, an meiner Stelle doch besser einen Mann hinzuschicken. Darauf wurde mir geantwortet: ›Die wenigen Männer, die schon vom Krieg zurück wären, seien »zu schade« dafür. Am besten – ich gehe selbst wieder hin und setze meinen Gemeindedienst fort.‹ Immer entschieden Männer, ob und wie wir gebraucht wurden.« [14] Helga Weckerling kehrte zurück an die Oder nach Dühringshof, in einem langen schwarzen Kleid, mit einem getoasteten Brot und Zucker in der Tasche – und einem Holzkreuz: »Bei Küstrin aber hieß es plötzlich, die Neumark sei polnisch geworden. Schon begegneten ihr flüchtende Dorfbewohner. Ein russischer Offizier verbot ihr weiterzureisen. Sie hielt Russenautos an. Russische Soldaten versteckten sie in ihrem Wagen, unter langen Mänteln – ›vor den Polen‹. Tatsächlich gelang es ihr, an einem einzigen Tag von Berlin nach Dühringshof zu kommen. Ein kirchliches Amt gibt es inzwischen dort nicht mehr. Doch ihr christlicher Auftrag war zu erfüllen – bis alle Deutschen von den polnischen Behörden ausgewiesen waren.«[15]

Nach Kriegsende legalisierte die Kirche alle Amtshandlungen der Bekennenden Kirche, so auch ihre 1937 durchgeführte Einsegnung, welche der Ordination gleichgestellt wurde. Doch dann kam die große Enttäuschung. Zunächst erhielt sie nach Kriegsende zunächst einen pfarrdienstlichen Auftrag für die Melanchthon-Gemeinde in Berlin-Spandau. Doch nur wenige Jahre nach der Geburt ihrer Tochter Ruth im Jahr 1947 wurde ihr das Pfarramt erneut untersagt. Nach dem damals geltenden Kirchenrecht hieß es: »Das Amt der Vikarin ruht in der Ehe.« So berichtete sie: »Ich durfte nach dem Krieg noch eine Weile in der Berliner Gemeinde Dienst tun, in der mein Mann eine Pfarrstelle hatte. Im Mai 1948 erhielt ich ein Schreiben vom Konsistorium. »Auf Beschluss erlischt mit Wirkung vom 1. 6. 1948 der Auftrag …, da die Voraussetzungen vom Jahre 1946 nicht mehr in dem Maße gegeben sind. « Die Zahlungen an mich wurden eingestellt. Der Brief schloss: »… und würden uns freuen, wenn Sie auch weiterhin in den Grenzen Ihrer Möglichkeiten der Gemeinde vor allem in der Erteilung des Religionsunterrichts dienen würden, wobei wir auf die Möglichkeit hinweisen, dass bei einer besonderen Notlage die Erziehungskammer Sie je und dann durch eine Beihilfe unterstützt.«[16] So erlitt sie das gleiche Schicksal, wie viele Theologinnen ihrer Zeit: Es war ihr nach dem Krieg verwehrt, hauptamtlich als Theologin in der Gemeinde zu arbeiten.

Helga und Rudolf Weckerling waren mit der Kirche der Nachkriegszeit oft unzufrieden, setzten ihren Weg jedoch fort und engagierten sich bei den Aktionen Sühnezeichen und Friedensdienste. Eine Stiftung, die nach Helga Weckerling benannt worden ist, führt dieses Erbe fort. Im Dienst der deutschsprachigen evangelischen Gemeinde in

14 Helga Weckerling, »Immer entschieden die Männer«, in: Carola Wolf (Hrsg.), Wir sind die Hälfte. Frauen-Erfahrungen, München 1990, 112f., hier: 112.

15 »Auftrag ohne Amt: Helga Weckerling«, in: Wolfgang See, Rudolf Weckerling (Hrsg.), Frauen im Kirchenkampf. Beispiele aus der Bekennenden Kirche in Berlin-Brandenburg 1933–1945, 2. Auflage, Berlin 1984, 61–70, hier: S. 69.

16 Helga Weckerling, »Immer entschieden die Männer«, in: Carola Wolf (Hrsg.), Wir sind die Hälfte. Frauen-Erfahrungen, München 1990, 112f., hier: 112.

Beirut, Libanon, von 1964 bis 1970, arbeitete sie engagiert und eigenständig als Pfarrfrau, wiewohl sie gelegentlich auch im Talar im Gottesdienst mitwirkte, so erinnert es ihr Sohn Matthias Weckerling.

Nach der Rückkehr mit ihrer Familie nach Berlin arbeitete sie von 1972 bis 1977 ehrenamtlich in der Krankenhausseelsorge im Hospital des Deutschen Roten Kreuzes in Zehlendorf.

Außerdem unterstützte sie die Arbeit ihres Mannes in dessen letzter Pfarrstelle in Neukölln insbesondere durch ihre Arbeit mit alten und eingeschränkten Menschen.

1993 verstarb Helga Weckerling. Ihr ausdrücklicher Wunsch war es, auf dem Friedhof in Erbach im Rheingau neben ihren Schwiegereltern beerdigt zu werden.

Es bedeutete für sie zeitlebens eine Kränkung seitens ihrer Kirche, dass sie ihr Amt nach 1947 nicht weiter ausüben durfte. Sie selbst sagte später dazu: »Ich habe mein Leben verfehlt.«[17]

Helga Weckerling, geborene Zimmermann, war eine zentrale Figur in der Bewegung für die Gleichberechtigung von Frauen in der evangelischen Kirche in Deutschland. Ihr Leben und Wirken sind ein wichtiger Teil der Geschichte der Frauenbewegung in der evangelischen Kirche und ein inspirierendes Beispiel für den fortwährenden Kampf um Gleichstellung und Gerechtigkeit. Die US-amerikanische Historikerin Victoria J. Barnett interviewte 1982 und 1986 das Ehepaar Weckerling. Sie stiftete die beiden Kassetten mit den Aufnahmen dem »United States Holocaust Memorial Museum« in Washington D. C.[18] Teile benutzte sie für ihr Werk: »For the Soul of the People: Protestant Protest Against Hitler«. So bleiben Helga und Rudolf Weckerlings Stimmen der Nachwelt erhalten – sogar jenseits des Atlantiks.

Fazit

In den 1940er Jahren war die Situation von Frauen in Deutschland geprägt von den Einschränkungen, die durch die nationalsozialistische Ideologie und den Krieg auferlegt wurden. Evangelische Theologinnen hatten es besonders schwer, sich in einer männlich dominierten Kirche zu behaupten, übernahmen aber in Kriegs- und Krisenzeiten wichtige Aufgaben. Die spezifische Situation in Berlin, Brandenburg und Breslau zeigte, wie Frauen in den schwierigsten Zeiten Verantwortung übernahmen und dazu beitrugen, die Gesellschaft und die Kirche am Leben zu erhalten. Trotz der Herausforderungen, vor denen sie standen, legten diese Frauen den Grundstein für die spätere Anerkennung und Integration von Frauen in kirchliche Ämter.

In den Jahren von Kriegsende bis 1950 legte Deutschland wichtige Grundlagen für die Gleichberechtigung von Frauen, sowohl im politischen als auch im religiösen Bereich. Das Grundgesetz von 1949 war ein Meilenstein, der die Gleichstellung der Geschlechter verfassungsrechtlich verankerte, auch wenn die praktische Umsetzung noch viele Herausforderungen mit sich brachte.

17 So ihr Sohn Matthias Weckerling in einer E-Mail an die Verfasserin.

18 https://collections.ushmm.org/search/catalog/irn707928 (Zugriff 15.08.2024).

Die Rechte der Theologinnen und die Frage der Ordination von Frauen blieben, wie ausgeführt, bis in die 1950er Jahre hinein ein umkämpftes Thema, das jedoch den Weg für weitere Fortschritte in den kommenden Jahrzehnten ebnete.

Die Rolle der Frauen von Kriegsende bis 1950 in den Regionen Berlin, Brandenburg und Breslau war von den besonderen politischen und sozialen Bedingungen dieser Gebiete geprägt. Diese Regionen standen unter dem Einfluss von Besatzungsmächten und erlebten tiefgreifende Umwälzungen, die sich auch auf die Rechte und die Rolle von Frauen in der Gesellschaft und Kirche auswirkten. Berlin, als Hauptstadt Deutschlands und Zentrum politischer Macht, war nach dem Zweiten Weltkrieg in vier Besatzungszonen geteilt, was die gesellschaftlichen Entwicklungen in der Stadt maßgeblich beeinflusste. Frauen hatten in den Trümmerjahren unmittelbar nach dem Krieg eine zentrale Rolle beim Wiederaufbau der Stadt gespielt. Die sogenannten »Trümmerfrauen« wurden zum Symbol des Wiederaufbaus und der Widerstandskraft der Stadt.

Mit dem Grundgesetz 1949, das auch für den westlichen Teil Berlins galt, wurden die Weichen für eine neue Ära der Gleichberechtigung gestellt. In West-Berlin war die Entwicklung von Frauenrechten eng mit der westdeutschen Politik verbunden, wobei Artikel 3 des Grundgesetzes den Grundstein für die rechtliche Gleichstellung legte. Frauen begannen, sich in politischen Organisationen und Parteien stärker zu engagieren, um ihre Rechte aktiv zu vertreten.

In Ost-Berlin, unter sowjetischer Besatzung, wurde die Gleichstellung von Frauen im Rahmen des sozialistischen Staates propagiert. Frauen wurden ermutigt, in allen Bereichen der Arbeitswelt aktiv zu werden. Allerdings war diese formale Gleichstellung oft von staatlicher Kontrolle und ideologischen Zwängen begleitet. Brandenburg, das ebenfalls in der sowjetischen Besatzungszone lag, erlebte ähnliche Entwicklungen wie Ost-Berlin. Die staatlich geförderte Gleichstellung von Frauen in der DDR umfasste den Zugang zu Bildung und Beruf sowie die Förderung von Frauen in politischen und gesellschaftlichen Führungspositionen.

Die rechtliche Gleichstellung war ein zentraler Bestandteil der Ideologie, die in der DDR verfolgt wurde. Frauen in Brandenburg hatten, ähnlich wie in anderen Teilen der DDR, die Möglichkeit, in Bereichen zu arbeiten, die vor dem Krieg traditionell männlich dominiert waren. Der sozialistische Staat förderte diese Entwicklung, jedoch war die tatsächliche Gleichstellung oft durch die gesellschaftlichen Realitäten und die traditionellen Rollenvorstellungen eingeschränkt. Die Kirchen spielten in der DDR eine besondere Rolle, da sie oft als Orte des Widerstands gegen staatliche Eingriffe galten, aber auch hier blieb die Rolle der Theologinnen ein schwieriges Thema.

Breslau, das vor dem Krieg eine bedeutende deutsche Stadt war, wurde nach 1945 Teil Polens und in Wrocław umbenannt. Die deutsche Bevölkerung wurde größtenteils vertrieben, und die Stadt wurde von polnischen Bürgern neu besiedelt. Dies führte zu einem vollständigen gesellschaftlichen Umbruch. Die wenigen verbliebenen deutschen Frauen hatten kaum eine Rolle in der neuen Gesellschaft, die von den polnischen Besatzern aufgebaut wurde. Die polnische Verwaltung führte einen rigiden gesellschaftlichen Neuanfang durch, der auf den Trümmern der deutschen Vergangenheit aufbaute. Die Rechte von Frauen wurden nach den Prinzipien des neuen sozialistischen Staates organisiert, der auch in Polen etabliert wurde.

In den Regionen Berlin, Brandenburg und Breslau waren die Jahre von 1945 bis 1950 von tiefgreifenden Veränderungen geprägt, die sich auf die Rolle der Frauen auswirkten. Während in West-Berlin die Entwicklung von Frauenrechten im Kontext der westlichen Demokratie stattfand, wurden in Ost-Berlin und Brandenburg sozialistische Gleichstellungsprinzipien eingeführt, die allerdings oft von der Realität abwichen. Breslau, als Teil des neuen polnischen Staates, erlebte einen radikalen gesellschaftlichen Neuanfang, der wenig Kontinuität zur deutschen Vergangenheit zuließ.

In allen drei Regionen blieb die Frage der Gleichberechtigung von Frauen, insbesondere in religiösen Ämtern, eine zentrale Herausforderung, die erst in den folgenden Jahrzehnten allmählich angegangen wurde.

DIE BEFREIERIN

DR. ERIKA GODEL

Erste Theologin in der Kirchenleitung

Zum Einstieg

Es gibt genug männliche Theologen als ›geborene Mitglieder‹ in der Kirchenleitung – vielleicht wäre es mal an der Zeit, eine Theologin zu berufen.« So denken 1990 die Mehrheit der Synodalen der Landessynode der Evangelischen Kirche in Berlin-Brandenburg und wählen Dr. Erika Godel zur ersten weiblichen Theologin in der Kirchenleitung. Die Kirchenleitung erfüllt unter anderem die Aufgaben der Landessynode zwischen ihren halbjährlichen Tagungen. Sie leitet die Landeskirche im Rahmen der kirchlichen Ordnung, plant die kirchliche Arbeit, beschließt Entscheidungen und Verordnungen mit Gesetzeskraft, beruft Superintendent:innen, landeskirchliche Mitarbeiter:innen, Kirchenbeamt:innen sowie Mitglieder des Kollegiums und des Konsistoriums, entscheidet über die Zulassung zur Ordination, führt die Aufsicht über das Konsistorium, beschließt die Neubildung, Aufhebung oder Veränderung von Kirchenkreisen. Ihr gehören 19 Mitglieder an, heute sind das u. a. der Bischof, die drei Generalsuperintendent:innen, die Pröpstin, die Präsidentin des Konsistoriums als »geborene Mitglieder« und berufene Mitglieder. Erika Godel gehört der Kirchenleitung von 1990 bis 2002 an, ist bis 1996 das jüngste Kirchenleitungsmitglied und bis 2002 die einzige Theologin. Es ist auch die Zeit der ersten Kirchenleitung nach der Wende, also der wiedervereinigten Kirche in Berlin-Brandenburg. In ihren Erinnerungen schreibt Erika Godel: »Die Chance zur Lobbyarbeit (der Frauen, RS) haben wir nicht genutzt, dazu waren wir zu verschieden.«

Erika Godel ist damals in der feministisch-theologischen Szene West-Berlins so etwas wie ein Star – ihre Einführung als Superintendentin im Kirchenkreis Wedding wäre beinahe durch den Bischof verweigert worden, weil sie von der »Heiligen Geistin« spricht. Wenn man sich heute die Korrespondenz dazu durchliest, die im Landeskirchlichen Archiv am Bethaniendamm in Kreuzberg lagert, kann man – oder frau – nur den Kopf schütteln. Erika Godel wird damals vom Bischof aufgefordert zu erklären, dass sie an die Dreieinigkeit glaubt – und nicht nur an die »Heilige Geistin«. Andernfalls könne sie nicht in ihr Amt als Superintendentin eingeführt werden. Tatsächlich laufen damals die konservative Presse und konservative Menschen in der Kirche gegen sie Sturm. Doch sie wird Superintendentin: Am 11. November 1989 wird sie von Bischof Martin Kruse, zwischen zwei Veranstaltungen zum Dank für die Maueröffnung, unter Polizeischutz in der Nazarethkirche im Wedding in ihr Amt eingeführt. Zwischen den vielen Menschen, die über den Grenzübergang »Bornholmer Straße« aus Ost-Berlin zu einem ersten Besuch in den Westen kommen, verliert sich die kleine Schar der konservativen Demonstrant:innen, die gegen die Einführung einer »Ketzerin« in ein kirchliches Amt protestieren.

Später wird sie Studienleiterin an der Berliner Evangelischen Akademie und bleibt eine mutige Vorkämpferin für feministische Theologie für uns jüngere feministische Theolog:innen. Sie sagt: »In der Kirche geht es nicht primär um die Durchsetzung der Gleichberechtigung von Frauen, sondern vielmehr um die uneingeschränkte Anerkennung ihrer Gleichbegnadung.«

Von Eschwege in die weite Welt

Erika Wolthusen wird am 21. September 1948 in Eschwege geboren. Ihr Abitur legt sie 1968 am Gymnasium für Mädchen in Eschwege ab. Ursprünglich will sie Jura studieren, aber ihre erste große Liebe war ein Diakon und so entscheidet sie sich für die Theologie – das war »das entfernteste, was ich meiner Familie zumuten kann«, so erinnert sie sich. Sie beginnt das Studium der Theologie in Marburg und setzt es an der Kirchlichen Hochschule in Berlin (West) fort. Sie ist fasziniert von der Breite und Tiefe des Studiums. Damals habe es in Marburg 600 Theologiestudierende gegeben – darunter drei Frauen. Den legendären Theologieprofessor Rudolf Bultmann lernt sie persönlich kennen. In Berlin an der Kirchlichen Hochschule gibt es einige Studentinnen, u. a. zwei der vier Töchter von Propst Wilhelm Dittmann (1970–1980 Propst), der sich auf der Berliner Synode stets sehr für die Gleichbehandlung von ordinierten Theologinnen einsetzte. Einige der Professoren an der Kirchlichen Hochschule sind gegen die Gleichstellung von Theologinnen, wie z. B. Walter Schmithals (Professur 1968–1989), andere dafür, wie etwa Theodor Strohm (Professur 1970–1977).

1971 heiratet Erika Wolthusen den sechs Jahre älteren Dr. Rainer Godel, einen Kaufmann und promovierten Politologen.

Auf das Erste Theologische Examen, das sie bei der Evangelischen Kirche Berlin-Brandenburg (Berlin-West) ablegt, folgt das Vikariat mit den Stationen Taborkirchengemeinde, Berufsschularbeit, Ökumenischer Rat der Kirchen in Genf. Zwischendurch absolviert sie ein Industriepraktikum bei der Allgemeinen Elektricitäts-Gesellschaft AEG-Telefunken. Im Vikariat in Kreuzberg gibt es bereits andere feministisch engagierte Pfarrerinnen wie z. B. Erika Fechner (Martha-Gemeinde): Sie war die erste Pfarrerin in der Martha-Gemeinde. In den Räumen der Martha-Gemeinde trafen sich daraufhin in der Walpurgisnacht hunderte Frauen aus der autonomen Frauenbewegung. Die neue Pfarrerin war Teil dieser Bewegung und wollte auch neue Akzente setzen. Solche Kolleginnen inspirieren die junge Erika Godel. Beim Industriepraktikum muss sie kleine Quarze für Rundfunkgeräte sortieren und wird durch den Vorarbeiter ermahnt, nicht zu schnell zu arbeiten: »Sie verderben die Preise!« Sie versteht, dass es Situationen gibt, in denen man sich zurückhalten muss – auch wenn man alles kann. Die Vikariatsstation beim Ökumenischen Rat der Kirchen (ÖRK) in Genf ist für sie ein weiterer Augenöffner. Hier lernt sie bei Emilio Castro (1927–2013) die lateinamerikanische Befreiungstheologie kennen, erkennt, dass es möglich ist, fromm *und* revolutionär zu sein. Emilio Castro ist seit 1973 Direktor der Kommission für Evangelisation und Weltmission beim ÖRK in Genf und 1985 bis 1992 Generalsekretär des ÖRK. Mit wortgewaltigen Predigten und prononcierten sozialethischen Forderungen nach Erneuerung der internationalen Ökonomie und Politik macht er in den Kirchen auf die Theologie der Befreiung aufmerksam. Hier in Genf kommt Erika Godel hautnah mit den weltweiten, auch kirchenpolitischen Aufbrüchen in Berührung, auch den Aufbrüchen der Frauen, wie z. B. in Schweden oder Südafrika.

1976 besteht sie das Zweite Theologische Examen, dem die Ordination durch Bischof Kurt Scharf (Bischof 1966–1976) folgt. Bei ihrer Ordination trägt sie bereits ihren ersten Sohn unter dem Herzen, Jona Kaspar, der 1977 geboren wird. In ihrer ersten Pfarrstelle, als Pfarrerin im Entsendungsdienst, arbeitet sie in der Geschäftsstelle des Deutschen Evangelischen Kirchentages an der Vorbereitung des Kirchentages 1977 in Berlin (West) mit.

Gefängnispfarrerin

Von 1977 bis 1986 ist sie Gefängnispfarrerin in der Frauenhaftanstalt Lehrter Straße und in der Justiz- und Aufnahmeanstalt Berlin-Moabit im Strafvollzug für Männer tätig. Dort bekommt sie es mit verurteilten Menschen der 2. RAF-Generation und Drogenabhängigen zu tun: »Bürgerkinder, die plötzlich im Knast saßen«, wie sie rückblickend formuliert. Und an denen die Mitarbeitenden ihre Macht demonstrieren. Sie spricht mit den weiblichen Häftlingen über deren Zorn auf theologische Aussagen wie »Jesus, mein Bruder« – wo war er, als sie ihr Geld auf dem Strich verdienen musste? Oder »Gott, mein Vater« – wie sich das anfühlt, wenn man seit seinem fünften Lebensjahr durch den eigenen Vater missbraucht wird? Erika Godel ringt mit den Frauen um eine neue, richtige Sprache von Gott. Sie hört auf den Widerspruch gegen die traditionelle Rede von Gott – und erzählt den weiblichen Strafgefangenen neue Geschichten von Gott. Geschichten von Frauen in der Bibel, die misshandelt, vergewaltigt, prostituiert werden. Die Frauen hören ihr zu und verknüpfen ihre eigenen Gewalterfahrungen mit den Gewalterfahrungen der biblischen Frauen. Erika Godel erlebt eine »Klassenjustiz«, die sich gegen die von der Gesellschaft Benachteiligten, wie z. B. ausländische Menschen, wendet. Sie sieht Frauen, die nackt in Einzelhaft gesperrt werden, um sie zu demütigen und ihren Willen zu brechen. Sie schaltet den Konsistorialpräsidenten Horstdieter Wildner (Amtszeit 1983–1994) ein, um gegen den Voyeurismus der Wächter zu protestieren. Tatsächlich gibt es daraufhin weibliche Wachen für die weiblichen Häftlinge. In einer rbb-Reportage aus dem Jahr 2023 heißt es über dieses Gefängnis: »In den 1970ern pfercht die Justiz hier zeitweise bis zu 167 Frauen ein, erlaubt wären maximal 126. Untersuchungs- und Strafgefangene müssen in gemeinsamen Zellen leben, Nicht-Abhängige und Abhängige – im Durchschnitt sind es etwa 30 heroinsüchtige Frauen, die man nach einem ersten Entzug im Haftkrankenhaus nicht weiter behandelt. Es gibt Hungerstreiks und Übergriffe, die Häftlinge bewerfen JVA-Mitarbeiterinnen mit Gläsern, Aschenbechern und Eiern. Die Gefangenen leisten monotone Akkordarbeit. Sie kleben Tüten zusammen, knüpfen Gardinen. Andere arbeiten in der Wäscherei oder Küche. ›Können Sie Ihre Kinder ab und zu sehen?‹, fragt die Rias-Reporterin eine

Gefangene bei einem Besuch im Jahr 1971. ›Ja. Alle Vierteljahre dürfen wir hinfahren. Ins Heim‹, antwortet die Frau. Diebinnen, Betrügerinnen, Kindesmörderinnen treffen hier aufeinander, Ausländerinnen in Abschiebehaft, Frauen, die sich laut der Aufzeichnungen ›Fremdabtreibungen‹ schuldig gemacht haben. Mitte der Siebziger sind es auch zwölf Terroristinnen der RAF und der ›Bewegung 2. Juni‹.«

In ihren Elternzeiten, nach der Geburt ihres zweiten Sohnes, Moritz Immanuel (1978), und ihres dritten Sohnes, Benjamin Balthasar (1981), arbeitet sie mit der Unterstützung ihres Mannes Rainer an einer Dissertation zum Thema »Gegenreden. Bibelarbeiten von Frauen auf Deutschen Evangelischen Kirchentagen. Mosaiksteine zur verborgenen Kirchengeschichte der Frauen« bei dem Hamburger Theologieprofessor Peter Cornehl. Auf die ihr damals häufiger gestellte Frage, wie sie denn Mutter und schwanger und gleichzeitig promovierend sein könne, antwortet sie: »Die Kinder bekomme ich mit dem Bauch, nicht mit dem Kopf!« Bis 2006 lehrt sie als Lehrbeauftragte für Systematische Theologie an der Freien Universität Berlin.

Superintendentin, Synodale und Mitglied der Kirchenleitung

Am 1. November 1989 übernimmt sie als zweite Frau in der Landeskirche, nach Ingrid Laudien (1976 deutschlandweit die erste Superintendentin), das Amt einer Superintendentin, im Kirchenkreis Wedding, das sie bis Februar 2003 ausübt. Zu diesem Zeitpunkt ist die Landeskirche die »Evangelische Kirche in Berlin-Brandenburg (Berlin West)«, 1972 entstanden durch die Teilung der »Evangelischen Kirche in Berlin-Brandenburg« in die Bereiche West (West-Berlin) und Ost (Ost-Berlin und Brandenburg). 1991 kam es dann zur Wiedervereinigung zur EKiBB. Die erste Superintendentin in dem östlichen Teil der Landeskirche war Ingrid Laudien, in der EKiBB (West) war Martina Gern die erste Superintendentin.

Erika Godels Amtsführung im Wendeherbst 1989 ist von Turbulenzen geprägt – bereits vor der Einführung: die erwähnte Debatte mit dem damaligen Berliner Bischof Martin Kruse um die »Heilige Geistin«, in der Amtszeit eine Auseinandersetzung mit dem Konsistorium, ob sie mit ihrer Familie im Kirchenkreis wohnen müsse oder wohnen bleiben könne.

1990 wird sie Mitglied der Synode, ein Amt, das sie bis 2003 ausübt. Und bei der ersten Synode der wiedervereinigten Evangelischen Kirche Berlin-Brandenburg 1991 wird sie zur allgemeinen Überraschung in die Kirchenleitung gewählt, als erste Theologin. In diesem Zusammenhang wird sie Mitglied im Rundfunkrat des Sender Freies Berlin, vertritt die Kirchenleitung unter anderem in der Tarifkommission der EKiBB, leitet den Ausschuss »Arbeitsgemeinschaft Christen und Juden«. Wenn sie mit Bischof Kruse unterwegs ist, wird sie für seine Sekretärin gehalten, erinnert sie sich. Liest man die Protokolle der Sitzungen der Kirchenleitung, gewinne man den Eindruck, sie habe nie etwas gesagt – der Protokollant habe ihre Beiträge nicht für wertvoll und wichtig genug erachtet, um sie zu notieren, so Dr. Erika Godel rückblickend. Sie bemüht sich, ihre feministischen Ansichten in der Kirchenleitung einzubringen, etwa durch überraschende Andachten. Von einigen wenigen habe sie daraufhin ein positives Feedback erhalten. Gibt es landeskirchliche Veranstaltungen, bei denen keine einzige Frau für das Podium eingeladen worden ist, moniert sie dies, wie bei einer Veranstaltung zur »Zukunft der Kirche«, die gänzlich ohne Referentinnenbeteiligung stattfindet. 2003 gehört sie zur Vorbereitungsgruppe des ersten Ökumenischen Kirchentages in Berlin.

Studienleiterin und stellvertretende Direktorin an der Evangelischen Akademie Berlin

Ab 2003 bis zu ihrem Ruhestand im Jahr 2013 ist sie Studienleiterin für Theologie und interreligiösen Dialog sowie stellvertretende Direktorin in der Evangelischen Akademie zu Berlin. An ihrer feierlichen Verabschiedung wirken unter anderem der Präsident der Akademie, Professor Dr. Paul Nolte, der ehemalige EKD-Ratsvorsitzende, Bischof i. R. Prof. Dr. Dr. h. c. Wolfgang Huber, Prälat i. R. Dr. Stephan Reimers sowie der stellvertretende Generalsekretär der DITIB, Dr. Bekir Alboga, mit. Der damalige Akademiedirektor Dr. Rüdiger Sachau erinnert anlässlich ihrer Verabschiedung an die vielfach wütenden Reaktionen auf die im Jahr 1989 publizierte Überlegung Godels, dass der Heilige Geist »eigentlich eine Geistin sei und als das weibliche Moment in Gott zu verstehen« und dass die Versuche, die Einführung der damals frisch gewählten Superintendentin zu verhindern, fehlschlugen, ja, dass heute »die Rede von der Heiligen Geistin beinahe normal und etabliert« sei. Und der Präsident der Akademie ehrt sie mit den Worten: »Zwei Dinge stechen für mich besonders heraus, wenn ich über Erika Godel nachdenke.« Er hebt erstens das tief empfundene soziale Engagement der ehemaligen Studienleiterin hervor. Und sie sei zweitens immer zuallererst Theologin gewesen, so Nolte weiter, »angetrieben von der Frage nach dem Verhältnis Gottes zu den Menschen, und sich mit den herkömmlichen Antworten nicht zufrieden gebend«. In ihrer Predigt über Lukas 9,62 bei ihrer Verabschiedung ruft Dr. Erika Godel den Versammelten zu: »Habt das große Ziel vor Augen, das Reich Gottes genannt wird. Erkennt das Feld der Möglichkeiten, die vor euch liegen. Und haben Sie bloß keine Angst, eine Nachfolgerin zu werden oder zu sein. Ich weiß, dass auf mich über kurz oder lang der Gottesacker wartet, der Friedhof, auf dem es für mich nichts mehr zu pflügen gibt. Aber bis dahin kann mich die Hoffnung auf das Reich der Himmel noch zu vielem bewegen. Und Sie alle auch. Deshalb gehen sie! Und gehen Sie mit Gott! Aber gehen Sie!« So sei es.

VII

Die 1950er Jahre – Restauration, Pfarrvikarinnengesetz und Vikarinnenseminar

Vorbemerkungen

Die 1950er Jahre waren eine Zeit des Umbruchs und der Neuorientierung in Deutschland, die für Frauen in West- und Ostdeutschland unterschiedliche Entwicklungen zur Folge hatten. Die Rolle und Stellung von Frauen, einschließlich evangelischer Theologinnen, variierte je nach politischem System und geographischer Lage erheblich. In West-Berlin und Westdeutschland dominierten in den 1950er Jahren traditionelle Geschlechterrollen. Die Gesellschaft war stark patriarchalisch geprägt, und Frauen wurden hauptsächlich in der Rolle als Hausfrau und Mutter gesehen. Das sogenannte »Leitbild der Hausfrauenehe« war weit verbreitet, und viele Frauen kehrten nach dem Krieg, in dem sie oft notgedrungen berufstätig waren, in diese traditionelle Rolle zurück.

Die Möglichkeiten für Frauen, insbesondere für evangelische Theologinnen, waren stark eingeschränkt. Bis Mitte der 1950er Jahre war Frauen die Ordination zum Pfarramt in der Evangelischen Kirche weitgehend verwehrt. Zwar wurden in den Kriegsjahren vereinzelt Frauen als »Pastorinnen im Hilfsdienst« eingesetzt, doch die Rückkehr der Männer aus dem Krieg führte dazu, dass diese Frauen wieder in den Hintergrund gedrängt wurden.

In Ost-Berlin und der DDR war die Situation anders. Die sozialistische Regierung propagierte die Gleichberechtigung der Geschlechter und förderte aktiv die Berufstätigkeit von Frauen. Frauen hatten theoretisch die gleichen Rechte wie Männer, und die Teilnahme am Arbeitsleben wurde als Pflicht betrachtet. Es gab staatliche Maßnahmen zur Unterstützung berufstätiger Frauen, wie etwa Kindergärten und Kinderkrippen. Dennoch waren auch hier traditionelle Geschlechterbilder nicht völlig überwunden, und in der Praxis waren Frauen oft in weniger prestigeträchtigen Berufen tätig. Für evangelische Theologinnen war die Lage in der DDR ebenfalls schwierig. Die Kirche hatte in einem atheistisch geprägten Staat eine Randposition, und Frauen in kirchlichen Berufen mussten sich sowohl gegen die patriarchalen Strukturen innerhalb der Kirche als auch gegen die ideologischen Vorbehalte des Staates behaupten. Die Ordination von Frauen wurde auch in der DDR erst in den 1960er Jahren Realität.

In ländlichen Regionen wie Brandenburg und der Oberlausitz war das Leben oft noch traditioneller geprägt als in den Städten. Die Nachwirkungen des Krieges und der Verlust vieler Männer führten dazu, dass Frauen in der Landwirtschaft und im Handwerk oft wichtige Rollen übernahmen, aber diese Tätigkeiten wurden meist nicht als gleichwertig angesehen. Evangelische Theologinnen in diesen Regionen standen vor ähnlichen Herausforderungen wie in den städtischen Gebieten, jedoch mit zusätzlichen Schwierigkeiten durch die konservativen gesellschaftlichen Strukturen. In der DDR war die Kirche in den ländlichen Gebieten teilweise stärker verwurzelt, doch auch hier galt es, sich gegen gesellschaftliche Vorurteile durchzusetzen.

Nach Ende des Krieges setzte die Kirche auf Restauration, auch mit Blick auf die Frauenordinationsfrage. Die inzwischen ordinierten Frauen wurden, sofern sie verheiratet waren, aufgefordert, ihre selbständige Tätigkeit als Vikarinnen ruhen zu lassen und unentgeltlich in den Gemeinden tätig zu sein. Den unverheirateten oder verwitweten eingesegneten oder ordinierten Theologinnen wurde mitgeteilt, dass die Notzeit, in der Sonderregelungen gegolten hätten, nun vorüber sei. Die pfarramtliche Tätigkeit wurde ihnen, insbesondere im Westen, in der Regel entzogen. Man übertrug ihnen stattdessen Sonderaufgaben für Frauen, zum Beispiel in der Krankenhausseelsorge oder im Bildungsbereich. Dabei war der Pfarrermangel mit Ende des Krieges und der Rückkehr der Pfarrer aus dem Krieg keineswegs behoben, im Osten spitzte er sich sogar weiter zu.

Nach der Teilung Deutschlands 1949 blieb die Evangelische Kirche in Berlin-Brandenburg (EKiBB) als eine Kirche bestehen. Sie war Mitglied der Evangelischen Kirche der Union (EKU). Nach dem Bau der Berliner Mauer 1961 und der Verabschiedung der DDR-Verfassung von 1968 wurde eine gemeinsame Arbeit innerhalb der Kirche immer schwerer.

7.1. Das Pfarrvikarinnengesetz (1952)

Nach dem Krieg verloren viele Pfarrvikarinnen ihre Stellen, obwohl weiterhin ein Mangel an Pfarrern herrschte. In der sowjetischen Besatzungszone verschärfte sich das Problem, da viele Pfarrer in den Westen gingen. Aufgrund der veränderten Rolle der Frauen in der DDR, die nun verstärkt berufstätig waren, wurde ernsthaft erwogen, Frauen regulär Pfarrämter zu übertragen.

Im Mai 1952 verabschiedete der Rat der Evangelischen Kirche der Altpreußischen Union ein Gesetz zur Ausbildung und Anstellung von Pfarrvikarinnen, das ab April 1953 in Kraft trat.[1] Die Ausbildung sollte mindestens zwei Jahre dauern, wobei ein Jahr in der Begleitung eines erfahrenen Pfarrers oder einer Pfarrvikarin erfolgen sollte. Danach sollte sie nach Möglichkeit einer theologisch-pädagogischen Ausbildungsstätte zugewiesen werden. Bei Heirat schied die Pfarrvikarin weiterhin aus dem Amt aus. Jedoch durfte sie unter besonderen Umständen und auf Beschluss des Gemeindekirchenrates oder der leitenden Dienststelle »einen erweiterten Aufgabenkreis« übernehmen. Dieses Gesetz legte also erneut ein spezielles Amt für Frauen fest, das mit der »schöpfungsmäßigen Unterschiedenheit von Mann und Frau« begründet wurde.[2] Da ein eigenes Amt jedoch eine eigene Ausbildung erfordert, kamen die Predigerseminare,

1 Vgl. Zulassung zum Gemeindepfarramt mit Einschränkungen im Kirchengesetz betreffend Vorbildung und Anstellung von Pfarrvikarinnen in der EKU vom 15.5.1952 (ABl. EKD 1953 Nr. 101 sowie KABl. 1955 [Nr. 2a], S. 12).

2 Vgl. Amtsblatt der Evangelischen Kirche in Deutschland, Sonderheft im Jahrgang 1953, S. 289.

Eva Hoffmann-Aleith

an denen die zukünftigen Pfarrer ausgebildet wurden, nicht infrage. So wurden eigene Seminare für Vikarinnen eingerichtet, beginnend mit dem ersten Vikarinnenseminar in der Hannoverschen Kirche im Jahr 1951 und ab dem 1. November 1952 mit dem Vikarinnenseminar der Evangelischen Kirche der Altpreußischen Union (ab 1953 Evangelische Kirche der Union) in der Wohlfahrtsschule der Evangelischen Kirche Berlin-Brandenburg in Berlin-Spandau im Johannisstift.

Das Pfarrvikarinnengesetz der Evangelischen Kirche der Union von 1952 ermöglichte den Gliedkirchen, so auch der Evangelischen Kirche in Berlin-Brandenburg, ordinierte Pfarrvikarinnen einzusetzen. Von Kasualien und Sakramentsverwaltung sowie von Hauptgottesdiensten wurden die Pfarrvikarinnen offiziell ferngehalten, der Talar blieb ihnen verwehrt. Um Pfarrvikarinnen einzusetzen, mussten extra Stellen geschaffen werden, da ihnen keine »normalen« Pfarrstellen übertragen werden durften. Weiterhin galt für die Pfarrvikarinnen die »Zölibatsklausel«.

Im Jahr 1951 löste sich der Berliner Theologinnenverband auf, da die Theologinnen mit diesem Schritt eine Inkludierung in den »allgemeinen« Pfarrkonvent erreichen wollten.[3]

7.2. Zum Beispiel: Eva Hoffmann-Aleith

Eine der ersten nach diesen Rechten ordinierte Theologin, 1952 durch Generalsuperintendent Walter Braun, war die geschiedene Pfarrfrau Eva Hoffmann-Aleith, die bereits seit zehn Jahren ihren Mann in Stüdenitz vertreten hatte. Eva Hoffmann-Aleith war Schriftstellerin, Pastorin und eine der ersten promovierten Theologinnen Berlins. Sie stammte aus Westpreußen, wuchs jedoch in Berlin auf. Nach dem Abitur begann sie an der Friedrich-Wilhelms-Universität ein Studium der Philosophie, wechselte aber bald zur Theologie. Sie legte beide

3 Vgl. Senghaas-Knobloch, S. 80f.

theologische Examina ab und promovierte 1937 bei Hans Lietzmann in Kirchengeschichte zum Paulusverständnis im ersten und zweiten Jahrhundert.

Zugleich absolvierte sie ihr praktisches Lehrvikariat und heiratete 1938 den Pfarrer Wilhelm Hoffmann, dem die Gemeinde Hohenwerbig im Fläming zugeteilt war. Als ihr Mann zur Wehrmacht eingezogen wurde, vertrat sie ihn ab Juni 1940 als »geistliche Hilfskraft«. Kurz darauf wurde Hoffmann in Abwesenheit auf die Pfarrstelle Stüdenitz im Kirchenkreis Havelberg-Bad Wilsnack berufen.

Seine Ehefrau bezog mit ihren Eltern dort das Pfarrhaus, versah den Pfarrdienst und unterrichtete bis zum Kriegsende an der Volksschule im Dorf. 1942 erschien in der Zeitschrift »Die Theologin« ihr Erfahrungsbericht »Ich vertrete meinen Mann«. Ihr Mann kehrte 1947 zurück und wurde 1948 wegen Kriegsvergehen vom Dienst suspendiert. Er zog in den Westen, woraufhin die Ehe 1950 geschieden wurde. Eva Hoffmann-Aleith führte die Amtsgeschäfte in vollem Umfang fort. 1952 ordinierte Generalsuperintendent Walter Braun sie in das neue Amt einer Pfarrvikarin. Ihre Stelle wurde entsprechend umgewidmet.

1953 erschien ihre Streitschrift »Die Frau auf der Kanzel?« in der Evangelischen Verlagsanstalt Berlin. Das Fragezeichen hinter dem Titel hatte – zum Ärger der Autorin – im letzten Moment der Verlag gesetzt. Im Vorwort zu ihrer Streitschrift bescheinigte Braun für die Weite der Landeskirche, dass »die Gemeinde [...] zur ›Frau auf der Kanzel‹ längst ja gesagt hat«. Außerdem hätten sich die Theologinnen »im Predigtamt und auch in der Sakramentsverwaltung in schweren Not- und Krisenzeiten bewährt«. Hoffmann-Aleith selbst legte dar, dass anhaltender Widerstand gegen Theologinnen im geistlichen Amt auch nicht »dem Bibelwort entnommen« sei. Vielmehr wirke da »ein Gefühlsmoment«, »ein Aufbäumen des männlichen Selbstbewusstseins«.

1962 heiratete sie in Berlin den Theologen Dr. Dr. Fritz Hempel, von dem sie meist getrennt lebte. Zwischen 1940 und 1998 veröffentlichte sie rund ein Dutzend historischer Biografien, häufig zu Frauengestalten, wie zum Beispiel Amalie Sieveking oder Helene Charlotte von Friedland. Sie starb am 24. Februar 2002.

Als erste Pfarrerin in der Region ebnete sie den folgenden Pastorinnen den Weg. An ihrem alten Pfarrhaus hängt seit 2007, wo sie von 1940 bis 2002 gelebt hat, eine Gedenktafel. Der Förderverein der Stüdenitzer Kirche vergibt seit 2008 einen Eva Hoffmann-Aleith-Literaturpreis für Jugendliche. »Gerade der Zwang, sich persönlich durchsetzen zu müssen, war reizvoll«, schrieb Eva Hoffmann-Aleith 1942 über ihren wissenschaftlichen Werdegang.

7.3. Das Vikarinnenseminar (ab 1952)

Das Vikarinnenseminar, das von Dr. Christine Bourbeck geleitet wurde, legte besonderen Wert auf seelsorgliche und soziale Themen, die ihrer Zeit voraus waren. Während andere Seminare mehr Wert auf kirchliche Einbindung legten, fokussierte sich Christine Bourbeck darauf, die Vikarinnen auf die Begleitung der Menschen in ihren Lebenslagen vorzubereiten. Die Schwerpunkte der Ausbildung waren Homiletik, Katechetik, Seelsorge und soziale

Probleme. Der erste Kurs begann im November 1952 mit neun Lehrvikarinnen, davon drei aus der DDR. Sie leitete das Seminar bis zu ihrem Ruhestand 1961, danach wurde es wegen der geringen Anzahl an Vikarinnen 1965 geschlossen. Aufgrund der politischen Lage war es zunehmend schwieriger, die Vikarinnen aus Ost-Berlin und der damaligen Ost-Zone in Berlin-Spandau zu sammeln. Die Vikarinnen mussten teilweise in Zimmern des damaligen Sprachenkonvikts in Ost-Berlin einquartiert werden und weite Wegstrecken in Kauf nehmen.

In Potsdam wurde ab dem Jahrgang 1958/59, als Grenzübertritte fast unmöglich geworden waren, eine parallele Ausbildungsstätte im »Civil-Waisenhaus« eingerichtet, die später nach Gnadau umzog. Die Potsdamer Kurse dauerten jeweils zehn Monate und wurden durch den Brandenburger Predigerseminardirektor Albrecht Schönherr inhaltlich unterstützt. Die Leitung hatte Vikarin Erika Matern, später verheiratete Opitz, inne, die bei der Potsdamer Frauenhilfe beschäftigt war.

In Gnadau bei Magdeburg startete das Seminar im Oktober 1962 mit zwölf Vikarinnen. 1963 übernahm Heino Falcke die Leitung des Vikarinnenseminars und führte es in Richtung einer gemeinsamen Ausbildung von Frauen und Männern. Ihm, wie auch bereits seinem Vorgänger Walther Müksch, wurde Pastorin Renate Schröder als Studiensekretärin zur Seite gestellt, die erste Theologin im Bereich der östlichen Gliedkirchen, die diese Amtsbezeichnung tragen durfte. Ab 1971/72 öffnete Falcke das Seminar auch für Familien, womit das Konzept eines reinen Vikarinnenseminars in der Praxis endete. Trotzdem wurde noch 1968 darüber diskutiert, ob die Sonderausbildung für Vikarinnen beibehalten werden sollte, was zeigt, wie langsam Veränderungen manchmal umgesetzt werden.

7.4. Dr. Christine Bourbeck (1894–1974)[4]

Christine Bourbeck, eigentlich Frauke Christine Bourbeck, war eine herausragende Theologin, Lehrerin, Religionspädagogin und Schuldirektorin. Sie wird als eine der bedeutendsten Theologinnen des 20. Jahrhunderts in Deutschland angesehen und spielte eine Schlüsselrolle bei der Durchsetzung der Gleichstellung von Frauen im Pfarramt.

Christine Bourbeck wurde in Hage, Ostfriesland, als Tochter des Kaufmanns Hermann Bourbeck und seiner Frau Anna, geborene Gerdes, geboren. Schon früh zeigte sie eine ausgeprägte Neigung zur Bildung und Wissenschaft. Nach dem Besuch der Grundschule setzte sie ihre schulische Ausbildung an der Höheren Töchterschule in Norden fort und absolvierte anschließend das Oberlyzeum in Emden, wo sie 1913 ihr Abitur ablegte. Der frühe Tod ihrer Eltern zwang die junge Frau, Verantwortung für ihre jüngeren Geschwister zu übernehmen, was ihre akademischen Ambitionen zunächst zurückstellte. Statt unmittelbar ein Theologiestudium aufzunehmen, entschied sie sich, eine Lehrerinnenausbildung am Emder Lehrerseminar zu absolvieren, die sie 1914 erfolgreich abschloss.

4 Zu ihr vgl. Heike Lipski-Melchior, Christine Bourbeck – ein Porträt. Leben, Wirken und Denken einer Lehrerin und Theologin, Leipzig 2002.

Im Anschluss daran arbeitete Bourbeck als Lehrerin und Schulleiterin an verschiedenen Schulen in Ostfriesland, darunter eine höhere Privatschule in Westrhauderfehn und eine weitere in Dornum. Diese Berufstätigkeit sicherte nicht nur den Lebensunterhalt der Familie, sondern gab Bourbeck auch die Möglichkeit, sich nebenberuflich weiterzubilden. So legte sie die für ein Theologiestudium notwendigen Sprachprüfungen ab, darunter das Hebraicum, Latinum und Graecum, und begann ein berufsbegleitendes Studium in Theologie, Germanistik, Philosophie und Psychologie in Marburg und Münster.

Nachdem ihr jüngster Bruder sein Studium abgeschlossen hatte und Pastor geworden war, konnte Bourbeck ihren Traum eines Vollzeitstudiums verwirklichen. Sie setzte ihr Studium der Theologie in Münster und Jena fort und schloss es in beeindruckend kurzer Zeit ab. Obwohl sie das Erste Theologische Examen nicht ablegte, absolvierte sie erfolgreich das Staatsexamen in Religion, Deutsch und Philosophie und begann ihre Laufbahn als Direktorin der Dumasschen Schule in Leipzig, einer Mädchenschule, die von der Inneren Mission getragen wurde. Unter ihrer Leitung erlangte die Schule schnell einen ausgezeichneten Ruf.

Ihre Rolle in der religiösen Bildung wuchs stetig, als sie 1933 die Verantwortung für katechetische Übungen am Prediger-Collegium St. Pauli in Leipzig übernahm. In dieser Position bildete sie Diakonissen, Diakone, Kindergärtnerinnen und Kandidaten des Predigerseminars aus. Bourbeck entwickelte sich zu einer zentralen Figur in der religiösen Ausbildung und war maßgeblich an der Gestaltung der theologischen Bildung für Frauen beteiligt.

Christine Bourbeck, um 1961

Während des Zweiten Weltkriegs verlagerte sich Bourbecks Tätigkeit zunehmend in den theologischen Bereich. 1940 legte sie das Zweite Theologische Examen in Westfalen ab und wurde in Berlin-Zehlendorf zur Pfarrvikarin der dortigen Schwesternschaft eingesegnet. Gleichzeitig promovierte sie 1945 in Leipzig mit einer Arbeit

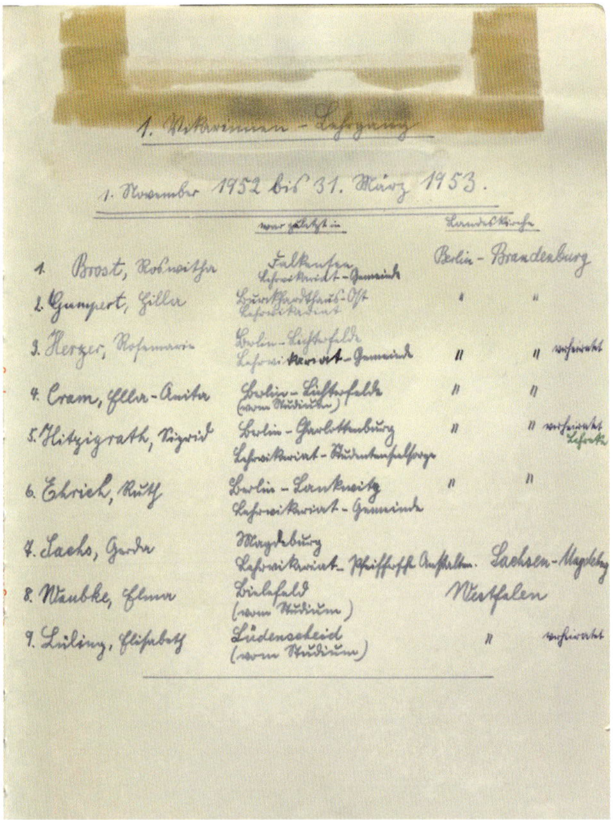

1. Vikarinnen-Lehrgang

1. November 1952 bis 31. März 1953.

		war [illegible] in	Landeskirche	
1.	Brost, [illegible]	[illegible] Lehrvikariat-Gemeinde	Berlin-Brandenburg	
2.	Gumpert, [illegible]	[illegible]	" "	
3.	Herzer, Rosemarie	Berlin-Lichterfelde Lehrvikariat-Gemeinde	" "	verheiratet
4.	Cram, [illegible]	Berlin-Lichterfelde (vom Studium)	" "	
5.	Hitzigrath, Sigrid	Berlin-Charlottenburg Lehrvikariat-Studentenseelsorge	" "	verheiratet [illegible]
6.	Ehrich, Ruth	Berlin-Lankwitz Lehrvikariat-Gemeinde	" "	
7.	Sachs, Gerda	Magdeburg Lehrvikariat-[illegible] Anstalten	Sachsen-Magdeburg	
8.	Naubke, [illegible]	Bielefeld (vom Studium)	Westfalen	
9.	Lüling, Elisabeth	Lüdenscheid (vom Studium)	"	verheiratet

1. Vikarinnen-Lehrgang 1952/53: aus dem Erinnerungsbuch für Dr. Christine Bourbeck von ihren Vikarinnen, März 1953

über »Schöpfung und Menschenbild in deutscher Dichtung um 1940«. Diese Promotion unter der Betreuung von Prof. Martin Doerne belegt ihre tiefe Auseinandersetzung mit der Verbindung von Theologie und Literatur.

Sie war von 1951 bis 1965 ehrenamtliche Vorsitzende des Konvents Evangelischer Theologinnen in Deutschland und setzte sich unermüdlich für die Belange von Theologinnen ein. Sie sorgte dafür, dass die von den Nationalsozialisten verbotene Zeitschrift »Die Theologin« ab 1954 wiedererscheinen konnte und förderte den theologischen Diskurs in vielfältiger Weise. Ihr Engagement und ihre Schriften beeinflussten die theologische Landschaft Deutschlands nachhaltig.

Doch ihr größter Beitrag zur theologischen Bildung sollte erst noch kommen: Sie wurde 1952 Studiendirektorin des ersten Vikarinnenseminars der Evangelischen Kirche der Altpreußischen Union (ab 1953 Evangelische Kirche der Union). Schon im Mai 1952 legte Christine Bourbeck der Kirchenkanzlei einen Plan für einen viermonatigen Kurs für Lehrvikarinnen im Berliner Johannesstift vor. Das Curriculum bezog sich einerseits auf die besonderen Aufgaben des Frauenamts, es wurde jedoch andererseits durch die starke Berücksichtigung der Humanwissenschaften beispielgebend für die zukünftigen Ausbildungskonzeptionen der Predigerseminare. Bourbecks Konzept einer Ausbildung, die sich intensiv mit seelsorglichen und sozialen Fragen der Gegenwart auseinandersetzte, war seiner Zeit voraus und betonte die Notwendigkeit, Theologie im Dialog mit den Humanwissenschaften und den zeitgenössischen sozialen und kulturellen Strömungen zu gestalten. In dieser Einrichtung, die unter ihrer Leitung bis 1961 zu einer der wichtigsten Ausbildungsstätten für Theologinnen in Deutschland wurde, prägte sie das Berufsbild einer ganzen Generation von Pfarrvikarinnen.

Christine Bourbeck war nicht nur eine Pionierin in der theologischen Ausbildung, sondern auch eine entschlossene Verfechterin der Gleichstellung von Frauen im Pfarramt. Ihr Engagement führte dazu, dass Frauen in fast allen Gliedkirchen der Evangelischen Kirche in Deutschland (EKD) und im damaligen Bund der Evangelischen Kirchen in der DDR die gleichen Rechte wie ihre männlichen Kollegen erhielten. Ihre Arbeit war maßgeblich an der Abfassung des Pastorinnengesetzes der Evangelischen Kirche der Union beteiligt, das 1962 verabschiedet wurde und Frauen die Ordination ermöglichte.

Nach ihrer Pensionierung im Jahr 1961 blieb Christine Bourbeck weiterhin in der theologischen Ausbildung aktiv. Sie leitete kurzzeitig das Kandidatinnenseminar der Hannoverschen Kirche und erhielt 1964 in Anerkennung ihrer Verdienste die Ehrendoktorwürde der Theologischen Fakultät der Universität Göttingen. Ihren Ruhestand verbrachte sie gemeinsam mit ihrer langjährigen Lebensgefährtin Hildegard Ellenbeck in Bad Pyrmont, wo sie am 20. Februar 1974 verstarb.

Christine Bourbeck hinterließ ein umfangreiches schriftstellerisches Werk, das vierzehn eigenständige Schriften und rund einhundert Aufsätze umfasst. Ihre Arbeiten beschäftigten sich mit Theologie und Dichtung, Anthropologie und Seelsorge, und besonders in den 1960er Jahren regte sie eine neue theologische Reflexion über das Alter an. Ihre Schriften und ihr pädagogisches Wirken beeinflussten nicht nur die Ausbildung von Theologinnen, sondern prägten auch den theologischen Diskurs ihrer Zeit.

Das Vermächtnis von Christine Bourbeck lebt in der theologischen Ausbildung fort. Im Jahr 2016 wurde das Gästehaus des Evangelischen Prediger:innenseminars in Wittenberg nach ihr benannt, eine Würdigung ihrer herausragenden Beiträge zur theologischen Bildung und zur Gleichstellung der Frauen im Pfarramt. Ihr Lebenswerk hat das Berufsbild einer ganzen Generation von Theologinnen geprägt und einen bleibenden Einfluss auf die Evangelische Kirche in Deutschland und darüber hinaus hinterlassen.

7.5. Die erste Theologin im Amt der Äbtissin: Ingeborg-Maria Freiin von Werthern[5]

Ingeborg-Maria Freiin von Werthern wurde am 27. Januar 1913 in Kassel als Tochter eines preußischen Offiziers geboren, ihre Mutter stammte aus Thüringen. Nach dem Ersten Weltkrieg zog ihre Familie nach Potsdam um, so dass sie in der Zivilgemeinde der Garnisonkirche zu Potsdam 1928 konfirmiert wurde. In dieser Kirchengemeinde fühlte sie sich heimisch. 1932 machte sie am Oberlyzeum der Kaiserin-Auguste-Stiftung in Potsdam ihr Abitur.

Im Jahr 1931 trat von Werthern der NSDAP und 1933 dem Nationalsozialistischen Studentenbund bei. Zwei Jahre später, 1933, begann sie ihr Theologiestudium, das sie in Berlin und Tübingen absolvierte. Mit Begeisterung hörte sie bei den Professoren Karl Heim und Adolf Schlatter. Ihr

5 Vgl. Wilhelm Hüffmeier: Ingeborg-Maria Freiin von Werthern (1913–1996). In: Antje Leschonski (Hrsg.): Anna, Lily und Regine. Frauenporträts aus Brandenburg-Preußen. Verlag für Berlin-Brandenburg 2010, S. 154–160.

Anders als ihre Vorgängerinnen ist Ingeborg-Maria Freiin von Werthern als Pfarrerin des Ortes im schwarzen Talar dargestellt, geschmückt lediglich mit dem Äbtissinenkreuz. Zum Zeichen der Äbtissinnenwürde hält sie in der Rechten den Äbtissinnenstab.

Lehrvikariat absolvierte sie in der Zivilgemeinde der Garnisonkirche bei Pfarrer Rudolf Damrath.

Nach dem erfolgreichen Abschluss ihres Studiums legte von Werthern 1938 das Erste Theologische Examen ab und begann ihr Vikariat an der Zivilgemeinde der Garnisonkirche in Potsdam. Im Jahr 1940 bestand sie vor dem Konsistorium in Berlin das Zweite Theologische Examen, wurde eingesegnet und nach Heiligengrabe entsandt, um dort im Damenstift die geistliche Betreuung der Schülerinnen der Stiftsschule zu übernehmen. Das Kloster Heiligengrabe hat eine lange Geschichte, die bis in das Jahr 1287 zurückreicht.[6] Mit der Einführung der Reformation in Kurbrandenburg im Jahr 1540 erlebte das Kloster eine tiefgreifende Veränderung. Die Nonnen, angeführt von Äbtissin Anna von Quitzow, wehrten sich vehement gegen die Umwandlung des Klosters und die geforderte Abkehr vom monastischen Leben. Der mehrjährige Widerstand endete schließlich mit der Umwandlung des Klosters in ein Stift für adlige Frauen, das in erster Linie als Versorgungsinstitut für unverheiratete Frauen aus adligen Familien diente, die wegen fehlender Mitgift oder gesundheitlicher Einschränkungen keine Eheperspektive hatten. Die Unterstellung unter den Oberkirchenrat im Jahr 1853 brachte dem Stift eine neue rechtliche Grundlage. In dieser Zeit erlebte das Stift auch eine Neuausrichtung unter der Äbtissin Luise von Schierstedt, die Mitte des 19. Jahrhunderts eine Schule, ein Krankenhaus und ein Altersheim gründete. Von diesen Einrichtungen hatte jedoch nur die Schule bis 1945 Bestand. Die Lehrerinnen dieser Schule, die aus den Reihen der Stiftsdamen stammten, hatten sich durch das Ablegen eines Lehrerinnenexamens qualifiziert.

6 Zur Geschichte vgl. Romeyke, Sarah, Vom Nonnenchor zum Damenplatz. 700 Jahre Kloster Stift zum Heiligengrabe, Berlin 2009.

Während des Zweiten Weltkriegs übernahm von Werthern zusätzlich die Vertretung des Dorfpfarrers, der zum Kriegsdienst eingezogen worden war, und war somit für sechs Dörfer geistlich zuständig. Die letzten Kriegsjahre brachten besondere Herausforderungen mit sich, als das Stift Bombengeschädigte aus den Großstädten und Flüchtlinge aus den Kriegsgebieten des Ostens aufnahm. Von Werthern entschied sich bewusst gegen die Flucht und blieb bei »ihren Pfarrkindern«. 1945 wurde das Stiftsgelände von der Roten Armee besetzt, die Flüchtlinge und Stiftsdamen vertrieb. Sie mussten im Dorf unterkommen und für die russischen Besatzer arbeiten. Plünderungen, Vergewaltigungen und Zerstörungen bestimmten den Alltag. Von Werthern lebte nunmehr im Pfarrhaus und setzte ihre Arbeit als Pfarrvikarin im Dorf unermüdlich fort. Es gelang ihr, sich vor der sexuellen Gewalt zu schützen, »z. B. indem sie sich mit einer Stiftsdame auf einem Heuboden bei hochgezogener Leiter verbarg«[7]. Diese Zeit stellte sie vor unzumutbare Belastungen. Nach dem Krieg durchlief sie auch ein Entnazifizierungsverfahren.[8]

Mit dem Ende des Zweiten Weltkriegs schloss die Stiftsschule, stattdessen zogen die aus dem schlesischen Miechowitz vertriebenen »Friedenshortdiakonissen« mit verwaisten Kindern ein. Bischof Otto Dibelius hatte im Frühjahr 1946 zu ihnen gesagt: »Heiligengrabe könnt ihr haben. Aber da sind die Russen drin. Betet sie raus.«[9] Tatsächlich zogen die Russen im September 1946 ab. Im Zuge der Bodenreform verlor das Stift den Großteil seiner Güter und Ländereien. Man suchte neue Betätigungsmöglichkeiten, so wurde 1948 eine Paramentik-Werkstatt gegründet, die zur Herstellung liturgischer Textilien diente.

1952 wurde von Werthern als erste Theologin zur Äbtissin von Heiligengrabe ernannt und durch den Bischof in ihr Amt eingeführt. Ihrer Berufung zur Äbtissin hatte sie nur unter der Bedingung zugestimmt, weiterhin ihr Pfarramt ausüben zu dürfen. Ihre Vorgängerin Armgard von Alvensleben hatte Ende April 1945 mit den letzten sieben Schülerinnen Heiligengrabe verlassen, war nach Hannover gezogen und trat im März 1952 von ihrem Amt zurück – unter der Bedingung, bei sich ändernden politischen Verhältnissen zurückkehren zu können. Der im Krieg stark beschädigte Äbtissinnenstab wurde anlässlich von Wertherns Einführung aus den erhaltenen Teilen neu zusammengesetzt. Von Werthern übernahm die Organisation der diakonischen Arbeit auf dem Klostergelände, wobei sie sich insbesondere der Betreuung von Kindern mit Herausforderungen widmete. Ab 1952 wurde in Heiligengrabe eine Ausbildung zur Kleinkinddiakonie angeboten. 1969 folgte die Einrichtung eines Gästehauses. Von Werthern blieb bis 1976

7 Wilhelm Hüffmeier: Ingeborg-Maria Freiin von Werthern (1913–1996). In: Antje Leschonski (Hrsg.): Anna, Lily und Regine. Frauenporträts aus Brandenburg-Preußen. Verlag für Berlin-Brandenburg 2010, S. 154–160, hier: S. 157.

8 Vgl. ELAB105/1672, Sammelordner Wei-Wey (Akten – Bescheidverfahren Entnazifizierung der Evangelischen Kirchenleitung Berlin-Brandenburg), enthält u. a.: Lebenslauf bzw. berufl. Werdegang, Stellungnahme, Zeugenaussagen, Beschluss, weitere Dokumente und Schriftverkehr bezügl. des Verfahrens, Ingeborg Maria Freiin von Werthern (333a).

9 Zitiert nach: Romeyke, Sarah, Vom Nonnenchor zum Damenplatz. 700 Jahre Kloster Stift zum Heiligengrabe, Berlin 2009, hier: S. 114.

Dorothea Dressel

Pastorin in Heiligengrabe. 1986 verstarb die letzte Stiftsdame. Das Stift erhielt Unterstützung durch die Evangelische Kirche der Union (EKU).

Ihre Verdienste um das Stift und die kirchliche Arbeit wurden 1993 mit dem Bundesverdienstkreuz 1. Klasse gewürdigt. Ingeborg-Maria von Werthern verstarb am 14. März 1996 in Heiligengrabe, wo sie bis zuletzt als Äbtissin gewirkt hatte. Zitiert wurde sie häufiger mit dem Satz: »Das Stift bin ich.«

7.6. Bischof Otto Dibelius als Gegner der Frauenordination und die Theologinnen

Dorothea Dressel wurde im April 1935 geboren und im Mai 1962 ordiniert – allerdings unter heute kurios anmutenden Umständen. Ihr Vater war Pfarrer in der Ostprignitz, ihre Mutter, eine geborene Furian, bis zur Heirat Lehrerin gewesen. Als der Vater aufgrund seiner Nähe zur Bekennenden Kirche zu drei Jahren Zuchthaus verurteilt wurde, musste die Familie aus dem Pfarrhaus ausziehen. Kurz zuvor war Dorotheas ältere Schwester Elisabeth im Alter von sieben Jahren verstorben. Der Bruder der Mutter, der Nauener Superintendent Hans-Georg Furian, konnte in dieser furchtbaren Situation ein Pfarrhaus in der Nähe von Göttingen für Mutter und Tochter besorgen. Nachdem Dorotheas Vater aus dem Gefängnis entlassen worden war, konnte die Familie zurückkehren, und 1950 wurde Dorothea durch ihren Vater konfirmiert.

1955 begann Dorothea Dressel mit dem Studium der Theologie im Sprachenkonvikt in Ost-Berlin und an der Kirchlichen Hochschule in West-Berlin – von 60 Studierenden war sie eine von fünf Frauen, in ihrem Semester sogar die einzige Frau. Einer ihrer Kommilitonen prägte den Ausspruch: »Männer studieren Theologie, Frauen studieren Theologen!«

Ihr Vikariat absolvierte sie nach dem ersten Theologischen Examen ab 1959 in Letschin bei einer der ersten Pfarrvikarinnen, Ilse Biedermann.

Im gleichen Kirchenkreis war auch Hannelotte Reiffen tätig – »die Menschen hatten also schon mal Pfarrerinnen gesehen«, wie Dorothea Dressel im Interview sagte. Vikarinnen durften damals nicht mit den Männern im Predigerseminar in Brandenburg unterrichtet werden, sondern kamen im »Civilwaisenhaus« in Potsdam beziehungsweise im »Vikarinnenseminar« im Johannisstift in Spandau bei Dr. Christine Bourbeck zur Ausbildung zusammen.

1961 legte Dorothea Dressel als einzige Frau mit rund einem Dutzend Männern das Zweite Theologische Examen ab. Bischof Otto Dibelius beglückwünschte alle Kandidaten zum Examen, teilte ihnen das Datum ihrer Ordinationsrüste mit und wann er sie in der Marienkirche ordinieren werde. Zu der frisch examinierten Schwester Dressel sagte er hingegen: »Sie suchen sich dann jemanden, der Sie ordiniert!« Folgerichtig war Dorothea Dressel bei der Ordination in der Marienkirche nicht dabei.

Ihre Ordination vollzog Generalsuperintendent Günter Jacob (Lübben) – damals der einzige Generalsuperintendent, der Frauen ordinierte. So wurde Dorothea Dressel ordiniert, allerdings mit der Einschränkung, die damals für alle ordinierten Theologinnen galt, dass sie im Falle einer Heirat aus dem Amt auszuscheiden habe.

38 Jahre tat sie ihren Dienst im Kirchenkreis Seelow, in selbstverständlicher Anerkennung durch ihre Gemeinde: »Die Gemeinden waren das kleinste Hindernis!«, wie sie sagt. Wiewohl es durchaus Gemeindeglieder gegeben habe, die nicht von einer Frau beigesetzt werden wollten oder sich »einen richtigen Pfarrer« gewünscht hätten.

Inzwischen leitet Dorothea Dressels Großnichte, Oberkonsistorialrätin Katharina Furian, im Konsistorium die Abteilung »Personalia der Ordinierten« – als erste Frau in diesem Amt. Konnte sich 1961 der Bischof noch weigern, Frauen zu ordinieren, ist heute eine Frau »Chefin« aller ordinierten Männer und Frauen dieser Landeskirche.

Fazit

Die 1950er Jahre waren für Frauen, insbesondere für evangelische Theologinnen, eine Zeit des Kampfes um Anerkennung und Gleichberechtigung. Während in Westdeutschland die traditionellen Rollenbilder lange vorherrschten und Frauen erst spät Zugang zu höheren kirchlichen Ämtern erhielten, war in der DDR die Gleichberechtigung zumindest auf dem Papier weiter fortgeschritten, jedoch blieben die realen Möglichkeiten für Frauen auch dort begrenzt. In beiden deutschen Staaten mussten sich Frauen in theologischen Berufen gegen starke Widerstände behaupten.

SUSANNE KAHL-PASSOTH

Erste Direktorin des Diakonischen Werkes der EKBO

Zum Einstieg

Ich lernte Susanne Kahl-Passoth vor über 20 Jahren kennen, als einige meiner Kolleginnen und ich die Idee hatten, ein Mentoring-Projekt in der EKBO zu starten. Susanne Kahl-Passoth war sofort begeistert und hatte große Lust, jüngere Frauen zu unterstützen. Und so habe ich sie seitdem in vielen Zusammenhängen erlebt: voller Tatendrang, Energie und mit einen Riesenherz für die, die Unterstützung und Empowerment brauchen. Was Pfarrerin i. R. Susanne Kahl-Passoth an Not vor die Füße fällt, dem verschafft sie Abhilfe, mit aller Kraft, allem Ideenreichtum und bewegt so das Menschenmögliche, was in einem Leben möglich ist.

Theologin mit feministischer und internationaler Perspektive

Geboren 1948 in Goslar als Älteste von fünf Kindern des Kaufmanns Wilhelm Kahl und Ursula Kahl, geb. Schulze, wächst Susanne Kahl nach dem Umzug der Familie in Berlin-Lichterfelde auf. Christiane Beisenherz, Pastorin der Gemeinde in

ERIN

Abgeordnetenhaus BERLIN

Cornelia Seibeld

Präsidentin
des Abgeordnetenhauses von Berlin

Frau
Susanne Kahl-Passoth
Finckensteinallee 130
12205 Berlin

Berlin, den 16. Juli 2024

Sehr geehrte Frau Kahl-Passoth,

es ist mir eine große Freude Ihnen mitteilen zu können, dass die zuständigen Gremien des Berliner Parlaments einvernehmlich entschieden haben, Ihnen in diesem Jahr die Louise-Schroeder-Medaille zu verleihen.

Diese Medaille wird seit 1998 an eine Persönlichkeit oder Institution verliehen, die dem politischen und persönlichen Vermächtnis Louise Schroeders in hervorragender Weise Rechnung trägt und sich in besonderer Weise Verdienste um Demokratie, Frieden, soziale Gerechtigkeit und die Gleichstellung von Frauen und Männern erworben hat.

Louise Schroeder war seit 1919 Parlamentarierin und von Mai 1947 bis Dezember 1948 Oberbürgermeisterin von Berlin. Als Parlamentarierin und Oberbürgermeisterin hat sie sich bleibende Verdienste um die Stadt erworben. Durch ihre couragierte Amtsführung trug sie erfolgreich zur Linderung der großen Not im Nachkriegs-Berlin bei und zeichnete sich zeitlebens durch unermüdliches soziales Engagement und durch das Eintreten für die Gleichstellung von Frauen und Männern aus. Ihr politisches Handeln war von überparteilicher Zusammenarbeit bestimmt.

Die bisherigen Preisträgerinnen der Medaille sind Frau Prof. Carola Stern, Frau Dr. Hanna-Renate Laurien, der Verein „südost Europa Kultur e.V.", Frau Daniela Dahn, Frau Dr. Ella Barowsky, die Redaktion der Hörfunkreihe „Zeitpunkte" des Rundfunks Berlin-Brandenburg, Frau Prof. Dr. Jutta Limbach, Frau Dr. med. Gisela Albrecht, Frau Barbara John, Frau Inge Deutschkron, Frau Prof. Dr. Birgit Rommelspacher, Frau Karoline Müller, Frau Prof. Dr. Barbara Schaeffer-Hegel, Frau Dr. Christine Bergmann, Frau Dr. Jenny De la Torre Castro, der Verein Wildwasser e. V., Frau Carola Freifrau von Braun, das Desert Flower Center des Krankenhauses Waldfriede, Frau Prof. Dr. Karin Hausen, das VERBORGENE MUSEUM, Frau Uta Denzin-von Broich-Oppert, Frau Rabbinerin Gesa Ederberg, MÄDEA, Dr. Gisela Notz und Housing First für Frauen des Sozialdienstes katholischer Frauen e. V. Berlin.

Abgeordnetenhaus von Berlin
Niederkirchnerstraße 5, 10117 Berlin - Mitte
(ehemaliger Preußischer Landtag)
Telefon (030) 2325 1000 Telefax (030) 2325 1008
E-Mail: praesidentin@parlament-berlin.de

Schreiben der Präsidentin des Berliner Abgeordnetenhauses zur Verleihung der Louise-Schroeder-Medaille

Berlin-Lankwitz, in der sie konfirmiert wird, wird für sie ein wichtiges Vorbild. Bereits als Schülerin engagiert sie sich ehrenamtlich. Während ihres Studiums an der West-Berliner Kirchlichen Hochschule gibt es damals noch keine Professorinnen. Wenn sie bei dem Sohn des ehemaligen Schöneberger Superintendenten Reinhold George zu Besuch ist, positioniert dieser Bücher gegen die Frauenordination in Sichtweite. Doch in Göttingen lehrt Professorin Hannelore Erhart, und Susanne Kahl fertigt bei ihr ihre Examensarbeit über die Lage der Erwerbsarbeit von Frauen an. Die Erwerbsarbeit von Frauen ist Susanne Kahl nicht nur theoretisch vertraut, sondern auch praktisch durch ihre Arbeit als Stationshilfe im Elisabeth-Diakonissenhaus, in der Friedhofsverwaltung in Berlin-Lankwitz und der Vertretung von Gemeindeschwestern, zuerst in Lankwitz, dann in Neukölln. Ihr Engagement für die Schwachen und Ausgegrenzten der Gesellschaft hat dort ihre Wurzeln. So beginnt sie zusätzlich noch ein Zweitstudium an der Pädagogischen Hochschule in Berlin für Erwachsenenbildung und Politik.

Von Anfang an hat sie dabei einen ökumenischen und internationalen Zugang. Unsicher, ob das Pfarramt mit ihren politischen Überzeugungen vereinbar sei, wirkt die Tagung des Zentralausschusses des Ökumenischen Rates der Kirchen (ÖRK) 1974, an der sie als »Steward« teilnimmt, überzeugend: Susanne Kahl entscheidet, dass ihre politische Überzeugung in der Kirche einen Platz hat. In den darauffolgenden Jahren wirkt sie als eine der »Head-Stewards« bei der V. Vollversammlung des ÖRK in Nairobi sowie beim Zentralausschuss des ÖRK in Genf. Sie versieht ihren ersten Dienst als Pastorin im Ökumenisch-Missionarischen-Institut und nimmt an der »1. Konsultation christlicher Frauen in Europa« in Brüssel teil. Als Pfarrerin in der Markusgemeinde Steglitz übernimmt sie die Geschäftsführung und setzt sich deutlich über die Gemeindegrenzen hinaus im Kirchenkreis als stellvertretende Superintendentin zu Strukturfragen und auch auf der Landesebene ein. Oftmals trifft sie dabei auf erbitterten Widerstand gegen sie als Frau im geistlichen Amt. Bis hin zu Aussagen, man wolle das Abendmahl nicht von einer menstruierenden Frau empfangen, denn diese sei durch die Menstruation unrein. Bereits Ende der 1970er Jahre bringt Susanne Kahl ihre ökumenischen und internationalen Erfahrungen in beiden Teilen Deutschlands ein, z. B. als Referentin bei den ersten Werkstätten »Feministische Theologie« in der Evangelischen Akademie Bad Boll und in Hirschluch (damals noch DDR) oder der Mitarbeit bei der Vorbereitung und Durchführung des ersten Frauenhearings, also eines Hörens und Wahrnehmens auf die Themen und Anliegen von Frauen.

Nach ihrer Heirat 1981 mit dem Pfarrer Jörg Passoth nehmen sie 1985 eine Tochter, Jacqueline, auf, die sie 1991 adoptieren. Beide sind bis heute beruflich und privat ein bewundernswertes Tandem. Das Ehepaar ist an einer der ersten West-Berliner Selbsthilfegruppen mit Trauernden beteiligt und führt diese wichtige Arbeit jahrzehntelang fort. Infolge einer Rundfunksendung im SFB, an der Susanne Kahl-Passoth eine der Studiogäste mit Verena Kast ist, beginnt sie auf Anregung dieser, die erste Selbsthilfegruppe für Trauernde in West-Berlin zu gründen. Ab der zweiten Gruppe kommen

2

Der Entscheidungsvorschlag wurde vom Kuratorium „Louise-Schroeder-Medaille" getroffen und von den Mitgliedern des Präsidiums des Abgeordnetenhauses von Berlin beschlossen.

Die diesjährige Verleihung der Louise-Schroeder-Medaille wird am

Montag, den 23. September 2024, um 18 Uhr

im Festsaal des Abgeordnetenhauses in Berlin-Mitte stattfinden. Ich würde mich sehr freuen, Ihnen diese Medaille persönlich überreichen zu können.

Gern möchten wir zu der Feierstunde auch Familie, Freundinnen und Freunde sowie berufliche Wegbegleiterinnen und Wegbegleiter von Ihnen einladen. Ich bitte Sie deshalb, sich mit Herrn Schwarz, Leiter des Referates Protokoll und Parlamentsbeziehungen, unter der Telefonnummer 2325-1080 oder per E-Mail: protokoll@parlament-berlin.de in Verbindung zu setzen, um weitere Einzelheiten abzusprechen.

Mit freundlichen Grüßen

zunächst Agnes von Walther, dann später Sabine Dille und schließlich auch ihr Mann dazu. Agnes, Sabine und sie schreiben dann ein Buch über die Arbeit: »Nimmt das denn nie ein Ende – mit Trauer leben lernen« (Gütersloh 1992).

Stets die erste Frau auf einer Position

Susanne Kahl-Passoth ist stets die erste Frau auf einer Position: Als erste stellvertretende Superintendentin, als erste Landesjugendpfarrerin, als erste Leiterin der Evangelischen Frauen- und Familienarbeit in Potsdam und schließlich von 2002 bis 2013 als Direktorin des Diakonischen Werkes Berlin-Brandenburg-schlesische Oberlausitz e. V. – damit ist sie deutschlandweit eine der ersten Frauen überhaupt an der Spitze eines landeskirchlichen evangelischen Wohlfahrtsverbandes. Von 2006 bis 2010 ist sie außerdem Vorsitzende der bundesweiten Evangelischen Obdachlosenhilfe.

Als erste weibliche Landesjugendpfarrerin in der Evangelischen Kirche in Berlin-Brandenburg (EKiBB), Region Berlin-West, leitet sie das Amt für Jugendarbeit, organisiert den Aufbau der Zusammenarbeit mit dem Stadtjugendpfarramt und betreibt im höchsten Maße engagiert Arbeit mit und für Mädchen. Auch hier liegt die Organisation, Vorbereitung und Durchführung eines Hearings, diesmal zur Jugendarbeit, in ihrer Hand. Nach der Wende ist sie Mitglied einer West-Ost-Frauengruppe und initiiert Politische Nachtgebete. Sie wird Vorsitzende der AG der Kirchenleitung zur Zusammenarbeit von Frauen und Männern in der Kirche und arbeitet bei der Vorbereitung und Durchführung der 1. Frauenversammlung in der Evangelischen Kirche in Berlin mit. Als geschäftsführende Pfarrerin der Frauen- und Familienarbeit in der EKiBB sind ihre Schwerpunkte u. a. Personalplanung, Verwaltung von Immobilien, Mitarbeiter:innentage im Krankenhaus und die Entwicklung von Konzepten.

Als Theologin leiten in der EKBO – Einsatz für die Benachteiligten

Das Ziel von Susanne Kahl-Passoth ist es, Berlin und Brandenburg zu einem gerechteren und besseren Ort für Mädchen und Frauen zu machen. Dafür legt sie ihre Finger in zahllose Wunden: Von Anfang an macht sie sich für die Frauenhausbewegung stark – auch gegen erheblichen Widerstand innerhalb der Kirche. Sie arbeitet mit im Begleitgremium des ersten Frauenhauses in Berlin, betreut betroffene Frauen seelsorgerlich und bestattet Opfer häuslicher Gewalt kirchlich, auch Kinder. 1993 gründet sie den Verein »LiSA e. V. Land in Sicht – Ausbildungsprojekt Mädchenschiff«, wird Mitglied des Vorstandes und übernimmt den Vorsitz. Dort werden junge Frauen zu Bootsbauerinnen ausgebildet und das Schiff wird mit Hilfe von über 80 Förderer:innen und Spender:innen zu einer schwimmenden Jugendbildungsstätte mit 28 Übernachtungsplätzen ausgebaut. Sie entwickelt auch das Projekt »Pro Fidele 55«, gefördert von der Robert-Bosch-Stiftung. Hier geht es um ostdeutsche Frauen in der Lebensmitte, die ihren Job verloren haben und durch Praktika wieder einen Anschluss an die Arbeitswelt sowie neues Selbstbewusstsein finden sollen.

Seit Mitte der 1990er Jahre befasst sie sich mit dem Thema »Gewalt gegen Frauen und Mädchen« und ist Mitglied einer AG der Evangelischen Frauenarbeit in Deutschland zu dem Thema »Theologische Aspekte der Gewalt gegen Frauen und Mädchen«. Dies ruft viel Widerstand hervor, da es sich hierbei zu diesem Zeitpunkt um ein tabuiertes Thema im Raum der Kirche und der Theologie handelt. Doch sie lässt sich nicht beirren und arbeitet außerdem mit in der Koordinierungsgruppe der EKD zur Bearbeitung des Studienvorhabens »Gewalt gegen Frauen«. Sie ist Gründerin eines »Beirates zur Hilfe für Opfer von Menschenhandel und Gewalt in der Prostitution« in Brandenburg und wird dort zur Sprecherin des Beirates gewählt. 2014 wird sie zur stellvertretenden Vorsitzenden des Deutschen Frauenrates (DF) gewählt und ist dort seit 2021 Sonderbeauftragte für das Thema Prostitution sowie Mitglied in der Initiative »Respekt und Schutz für Sexarbeiter*innen«. Oftmals muss sie sich die Frage gefallen lassen, wie sie als Pfarrerin nicht absolut gegen Prostitution und für das Verbot von Prostitution sein könne – sondern stattdessen sich mit Verve dafür einsetze, die Arbeitsbedingungen von Sexarbeiter:innen zu verbessern.

Direktorin des Diakonischen Werkes Berlin-Brandenburg-schlesische Oberlausitz e. V.

Ab Januar 2001 ist sie Geschäftsführerin des Evangelischen Krankenhauses Königin Elisabeth Herzberge, als ein Jahr später sie ein Anruf des damaligen Bischofs Prof. Dr. Wolfgang Huber erreicht – ob sie sich eine Kandidatur als Direktorin des Diakonischen Werkes Berlin-Brandenburg-schlesische Oberlausitz e. V. (DWBO) vorstellen könne? Tatsächlich wird sie gewählt, mit all ihren wichtigen Erfahrungen im Rücken und ihren starken Positionierungen. Ihre Positionen stoßen damals in der

Kirche nicht nur auf Zustimmung. Feministische Theologie gilt in weniger fortschrittlichen Kreisen zuweilen, bis heute, fast als Reizwort. Folglich ist dort eine solche Streiterin nicht unumstritten. Als ihre Ernennung zur Diakonie-Direktorin bekannt wird, meldet der konservative, evangelische Nachrichtendienst »Idea« prompt: »Künftige Diakoniechefin für eine freie Wahl bei der Abtreibung.« Denn der Paragraf 218 ist eines der vielen Felder, auf denen sie ihre Stimme erhebt.

Doch sie lässt sich nicht beirren, sondern greift zur Tat. In der Diakonie gründet sie das Projekt »Vitamin B«. Hier treffen Menschen aus verschiedenen gesellschaftlichen Schichten in den kalten Monaten des Jahres aufeinander und haben die Chance, sich bei der Zubereitung eines gesunden Obstsalates gegenseitig kennenzulernen. Bereits Anfang der 2000er Jahre setzt sie mit der Broschüre »Gewalt in der Pflege« Maßstäbe bei einem Thema, das erst Jahre später öffentliche Aufmerksamkeit erfahren sollte. Im Jahr 2005 startet sie vom DWBO aus vor dem Rathaus Lichtenberg die erste Aktion »Rad statt ratlos« – die Weitergabe gebrauchter und aufgearbeiteter Fahrräder an bedürftige Familien. So wollte das DWBO Menschen mit geringem Einkommen kostenlos mobil machen, denn viele Menschen in Berlin können das Geld für ein BVG-Sozialticket nicht bezahlen. 2006 bis 2010 ist sie Vorsitzende der Ev. Obdachlosenhilfe. 2007 gründet sie das Projekt »Känguru«, in dem Ehrenamtliche junge Familien nach der Geburt eines Kindes begleiten. 2008 wird sie stellvertretende Vorsitzende des Beirates für Familien in Berlin. Ab 2015 ist sie kooptiertes Mitglied im Präsidium der Ev. Frauen in Deutschland (EFiD) sowie Vorsitzende bis 2023 und seitdem stellvertretende Vorsitzende. In der EFiD macht sie sich u. a. stark für die Themen § 218, Transsexualität, Prostitution etc. – und zwar deutlich positionierter und radikaler, als es die offizielle Meinung der Evangelischen Kirche in Deutschland ist.

Widerstände und Fazit

Widerständen ist Pfarrerin i. R. Susanne Kahl-Passoth in ihrem Leben vielen begegnet: Männer, die Frauen nicht ernst nehmen, Frauen, die Gegenkandidaten aufstellen, weil sie sich die Leitung durch eine Frau nicht vorstellen können oder neidisch sind, und nicht zuletzt die stoische Anrede im Pfarrkonvent als »Liebe Brüder«. Woraufhin Susanne Kahl-Passoth immer ein fröhliches »Und liebe Schwestern« ergänzte. Sie begegnete Männern und Frauen, die einer Frau schlichtweg nicht die Leitung eines so großen Hauses wie des DWBO zutrauten. Den jüngeren Frauen wünscht sie mehr Lust auf Leitung, denn nach den vielen Kämpfen um die Parität von Männern und Frauen in Kirche und Gesellschaft sei es auch Aufgabe der Frauen, Macht und Einfluss zu wollen. Ihrer Erfahrung nach leiten Frauen häufig anders als Männer – so sei es ihr als Direktorin in ihrem Leitungshandeln darum gegangen, auf Augenhöhe eng mit den Mitarbeitenden zusammenzuarbeiten, bei der Weihnachtsfeier zum Beispiel zusammen zu kochen, und jederzeit ansprechbar zu sein. Ihr war es wichtig, dass alle Mitarbeitenden sich wahrgenommen fühlten. Das DWBO hat unter ihrer Leitung seit 2002 zahlreiche Initiativen und Projekte gestartet, die auf die Verbesserung der sozialen Bedingungen und die Unterstützung bedürftiger Menschen abzielen. Sie hat sich durch ihr Wirken und ihre Führung im DWBO einen Namen gemacht und trug auch somit maßgeblich zur Stärkung und Weiterentwicklung der diakonischen Arbeit in unserer Region bei. Ihre Lieblingsbibelstelle ist die Erzählung von Jesus und der gekrümmten Frau aus dem 13. Kapitel des Lukasevangeliums: Jesus heilt eine Frau, die seit 18 Jahren von ihrem gekrümmten Rücken geplagt wird. Und diese Frau wird eine Apostelin des Widerspruches gegen dämonische, krankmachende Zustände, Verkünderin des Zusammenlebens trotz und mit versehrtem Körper. Susanne Kahl-Passoth ist Zeit ihres Lebens mit aller Kraft gegen krankmachende Zustände vorgegangen und ist für mich eine Apostelin der alle Widerstände überwindenden Kraft des Glaubens. Durch sie sind unser Land und unsere Kirche besser und gerechter geworden.

Am 23. September 2024 bekommt Susanne Kahl-Passoth als erste Pfarrerin auf Vorschlag des Bischofs der EKBO, Dr. Christian Stäblein, nach dem Entscheidungsvorschlag des Kuratoriums »Louise-Schroeder-Medaille« und auf Beschluss der Mitglieder des Präsidiums des Berliner Abgeordnetenhauses durch die Präsidentin des Berliner Abgeordnetenhauses im Festsaal des Berliner Abgeordnetenhauses in Gegenwart zahlreicher Freund:innen, Wegbegleiter:innen, ihrer Familie und Mitgliedern der Kirchenleitung die Louise-Schroeder-Medaille verliehen – in Anerkennung ihrer hervorragenden Verdienste für Demokratie, Frieden, soziale Gerechtigkeit und die Gleichstellung von Männern und Frauen.

VIII

Die 1960er Jahre – Pastorinnengesetz, Beharrungskräfte und Aufbrüche

Vorbemerkungen

Die Internationale Erhebung des Ökumenischen Rates der Kirchen (ÖRK) zum Amt der Pastorin kommt 1963 zu einem negativen Ergebnis – für Deutschland wurde in dem Bericht festgehalten: »Women are now ordained as ministers (not »Vikarin«). They have not equal status (must resign if she marries). Cannot apply to all churches for pastorate.«[1]

Das Leben für Frauen in den 1960er Jahren in der Bundesrepublik Deutschland (Westdeutschland und West-Berlin) sowie in den Regionen Brandenburg und Oberlausitz (die damals Teil der DDR waren), war von traditionellen Geschlechterrollen geprägt, aber auch von einem beginnenden Wandel. Dieser Wandel beeinflusste auch evangelische Theologinnen, die sich in einem Umfeld befanden, das ihnen zunehmend mehr berufliche Möglichkeiten bot, jedoch immer noch durch erhebliche strukturelle und gesellschaftliche Hürden geprägt war.

In der Bundesrepublik Deutschland und West-Berlin waren die 1960er Jahre eine Zeit des wirtschaftlichen Aufschwungs, des sogenannten »Wirtschaftswunders«, das zu einem neuen Wohlstand führte. Trotzdem war die Gesellschaft in bürgerlichen Kreisen stark konservativ und patriarchalisch geprägt. Frauen waren weitgehend auf die Rolle der Hausfrau und Mutter beschränkt, und von ihnen wurde erwartet, dass sie nach der Heirat den Beruf aufgaben, um sich um Haushalt und Kinder zu kümmern. Das »Leitbild der Hausfrau« war im Grundgesetz verankert, und bis 1977 durften Frauen in Westdeutschland nur mit der Zustimmung ihres Ehemannes arbeiten.

Die Berufstätigkeit von Frauen war gesellschaftlich nicht sehr erwünscht, besonders in angesehenen Berufen wie der Theologie. Auch wenn es vereinzelt Frauen gab, die in akademischen Berufen arbeiteten, stießen sie oft auf institutionelle Barrieren und Vorurteile. Viele Theologinnen konnten zwar ein Studium absolvieren und sich akademisch weiterbilden, aber sie hatten es schwer, eine Anstellung in einer Pfarrstelle zu finden, da diese überwiegend an Männer vergeben wurden.

In der DDR, zu der Brandenburg und die Oberlausitz gehörten, war die gesellschaftliche Lage anders. Die sozialistische Ideologie betonte die Gleichberechtigung der Geschlechter stärker als

1 Mit negativem Ergebnis, für Deutschland wurde in dem Bericht festgehalten: »Women are now ordained as ministers (not ›Vikarin‹). They have not equal status (must resign if she marries). Cannot apply to all churches for pastorate«, vgl. EZA: Bestand 8, Nr. 2084, Mai 1963.

im Westen. Frauen wurden ermutigt, am Arbeitsleben teilzunehmen, und Kinderbetreuungseinrichtungen waren weit verbreitet. Frauen hatten theoretisch den gleichen Zugang zu Bildung und Arbeit, auch in akademischen Berufen. Trotz dieser offiziellen Gleichstellung war die Realität oft anders. Frauen wurden zwar in den Arbeitsmarkt integriert, aber sie waren häufig in weniger prestigeträchtigen Berufen vertreten und mussten die Doppelbelastung von Beruf und Familie tragen. In der evangelischen Kirche der DDR, die eine kleinere Rolle im atheistisch geprägten Staat spielte, hatten Frauen ebenfalls begrenzte Möglichkeiten, Führungspositionen zu erreichen, auch wenn sie als Theologinnen ausgebildet waren.

Für evangelische Theologinnen in beiden deutschen Staaten war die Berufsausübung in den 1960er Jahren eine besondere Herausforderung. In Westdeutschland war die Situation durch die konservative Haltung der Kirche erschwert. Obwohl Frauen seit 1908 Theologie studieren konnten, wurden ihnen leitende Positionen in der Kirche oft verwehrt. Das Pastorinnengesetz von 1962, das Frauen in der Evangelischen Kirche der Union (EKU) ermöglichte, ordiniert zu werden, stellte einen wichtigen Schritt in Richtung Gleichberechtigung dar, doch die tatsächliche Umsetzung blieb langsam. Viele Frauen arbeiteten weiterhin in untergeordneten Positionen, oft als Vikarin oder in der Gemeindearbeit, aber ohne eine eigene Pfarrstelle.

In der DDR war die evangelische Kirche eine wichtige Oppositionskraft gegenüber dem sozialistischen Staat, und innerhalb der Kirche gab es Bemühungen, Frauen stärker zu integrieren. Theologinnen in der DDR konnten theoretisch dieselben Aufgaben wie ihre männlichen Kollegen übernehmen, doch in der Praxis blieben sie oft in weniger sichtbaren Rollen. Die sozialistische Gleichstellungspolitik und der Mangel an männlichen Pfarrern aufgrund der Kriegsauswirkungen führten dazu, dass Frauen häufiger als im Westen in Pfarrämtern tätig waren, aber die gesellschaftliche Anerkennung blieb begrenzt.

Der Frauenanteil im Gemeindepfarramt in West-Berlin war von jeher deutlich höher als in sämtlichen evangelischen Kirchen insgesamt: So gab es 1964 unter 333 Pfarrpersonen 21 Frauen (6,3 %), während es in der gesamten EKD 0,8 % waren.[2]

8.1. Gesetzliche Regelungen in der EKiBB

Die gemeinsame Arbeit innerhalb einer Kirche wurde in den 1960er Jahren immer schwieriger, so dass eine Trennung in die Bereiche Ost und West sich abzuzeichnen begann.

Im Rahmen der Evangelischen Kirche der Union (EKU) brachte die »Verordnung über das Amt der

2 Vgl. Annegret Böhmer, ›Das Weib schweige in der Gemeinde‹ (1. Kor. 14,34). Gemeindepfarrerinnen in Kampf und Würden. Eine empirische Untersuchung, unveröffentl. Diplomarbeit TU Berlin 1985, S. 46. Auch die Frankfurter Allgemeine Zeitung berichtete am 29.7.70, dass von den mehr als 330 Pastorinnen in der EKD der höchste Anteil der im Gemeindedienst tätigen Frauen in West-Berlin liege, nämlich bei 24 Frauen; in Hannover, Bayern, Hamburg, Braunschweig, Schaumburg-Lippe, Eutin, Oldenburg und Lippe gebe es hingegen keine Pastorinnen im Gemeindedienst und in drei Landeskirchen sogar überhaupt keine Pastorinnen, nämlich in Schaumburg-Lippe, Eutin, Oldenburg (vgl. Tagesspiegel 7.8.70): ELAB Bestand 55.5/1407.

Pastorin« vom 3. Juli 1962 die Wende. Es wurde, zehn Jahre nach dem Pfarrvikarinnengesetz, auf der Ebene der Evangelischen Kirche der Union verabschiedet und nach und nach von den Gliedkirchen in ihre Gesetzgebung übernommen, wobei sie teilweise Einschränkungen formulierten.[3]

Unter anderem Christine Bourbecks Engagement führte dazu, dass Frauen in fast allen Gliedkirchen der Evangelischen Kirche in Deutschland (EKD) und im damaligen Bund der Evangelischen Kirchen in der DDR die gleichen Rechte wie ihre männlichen Kollegen erhielten. Ihre Arbeit war maßgeblich an der Abfassung des Pastorinnengesetzes der Evangelischen Kirche der Union beteiligt, das 1962 verabschiedet wurde und Frauen die Ordination ermöglichte.

Mit der Pastorinnenverordnung gab die Evangelische Kirche der Union Verkündigung und Sakramentsverwaltung für Frauen in gleicher Weise frei. In der Evangelischen Kirche in Berlin-Brandenburg mussten die Ost-Berliner und West-Berliner Regionalsynode zustimmen, um ein Inkrafttreten der Pastorinnenverordnung der EKU zu bewirken. Für die EKiBB wurde die Pastorinnenverordnung der EKU von 1962 nach Zustimmung der beiden Regionalsynoden 1962 – Berlin-Brandenburg – und 1963 – West-Berlin – am 1.1.1964 in Kraft gesetzt.[4]

In der östlichen Regionalsynode der Berlin-Brandenburgischen Kirche wurde der Regelung der EKU voll zugestimmt, so dass eine Theologin sich hier in gleicher Weise wie ein Theologe auf Pfarrstellen bewerben und berufen werden konnte. Damit übernahm sie alle Rechte des Pfarrers einschließlich der Geschäftsführung und des Vorsitzes im Gemeindekirchenrat. Mit dieser Verordnung stand den ordinierten Theologinnen nun neben Predigt und Sakramentsverwaltung auch die Gemeindeleitung zu. Dieses Gesetz bedeutete eine Abkehr von der vorherigen Herausstellung eines besonderen kirchlichen Amtes für Theologinnen und war somit der erste Schritt in Richtung einer generellen Gleichstellung der Befugnisse in den wichtigsten Amtsbereichen – Predigt, Sakramentsverwaltung und Amtshandlungen. In der Präambel heißt es: »Auch Frauen sind berufen, die Botschaft von der Versöhnung auszurichten.« Der Titel lautet nun »Pastorin«.

Allerdings war das Amt der Pastorin noch immer ein Amt sui generis, wie die Zölibatsforderung zeigt. In Paragraf 7, Absatz 3 heißt es: »Ist das Dienstverhältnis der Pastorin durch Heirat beendet, so ruhen das Recht und die Pflicht zur öffentlichen Wortverkündigung und Sakramentsverwaltung.« Grundsätzlich werden der Pastorin mit der Ordination Wortverkündigung und Sakramentsverwaltung zur Aufgabe gemacht, sie wird auf Lebenszeit berufen, ihr kann eine Pfarrstelle übertragen werden und sie wird wie ein Pfarrer besoldet.

In der West-Berliner Regionalsynode zeigten sich in intensiven Diskussionen große Vorbehalte eines Teils der Synodalen. Nach Annahme des Gesetzes kam es zur Amtsniederlegung einiger Synodaler, unter ihnen der Vizepräses. Die westliche Regionalsynode sah im Amt der Pastorin weiterhin

3 Amtsblatt der Evangelischen Kirche in Deutschland 7–9 (1962), S. 115.
4 Vgl. Kirchliches Amtsblatt der EKBB, Sonderausgabe/1964: Verordnung über das Amt der Pastorin in der EKU vom 3.7.1962.

ein Amt besonderer Prägung mit eingeschränkten Befugnissen. Dies bedeutete: Gemeindliche Stellen mussten zunächst in Pastorinnenstellen umgewandelt werden, Frauen durften nicht ohne männliche Kollegen in einer Gemeinde sein, von der Gemeindeleitung wurden sie weiterhin ausgeschlossen, nach der Heirat wurden sie nur in Ausnahmefällen in Sonderdiensten weiterbeschäftigt. Die Gemeindeleitung und der Vorsitz im Gemeindekirchenrat wurden ihnen verwehrt.

Verheiratete Pastorinnen durften nur ausnahmsweise, und zwar ausschließlich in übergemeindlichen Ämtern, weiterbeschäftigt werden. Damit blieb in West-Berlin ein besonderes Amt bestehen.

Im Dezember 1965 wurde in West-Berlin durch ein Gesetz die gleiche Besoldung für Männer und Frauen festgelegt, außerdem wurden Frauen auf Lebenszeit berufen. Unterschiede blieben in der Ruhegehaltsregelung und der Zölibatsklausel bestehen. Demzufolge konnten verheiratete Pastorinnen weiterhin nur ausnahmsweise weiterbeschäftigt werden, und zwar ausschließlich in übergemeindlichen Ämtern. Gemeindliche Stellen mussten immer noch vor der Besetzung mit einer Pastorin zu besonderen Pastorinnenstellen umgewandelt werden und dies war nur in Gemeinden mit mehreren Stellen möglich, da eine Pastorin nicht die Gemeindeleitung und den Vorsitz im Gemeindekirchenrat übernehmen durfte. Pastorinnen erhielten keine Dienstwohnungen, weder Pfarrwohnungen noch Pfarrhäuser.

Infolge dieses Unterschiedes waren in der DDR Frauen häufiger als in der Bundesrepublik im vollen Gemeindepfarramt, auch wenn sie verheiratet waren – ein Umstand, der nicht zuletzt dem unterschiedlichen frauenpolitischen Kontext geschuldet sein dürfte.

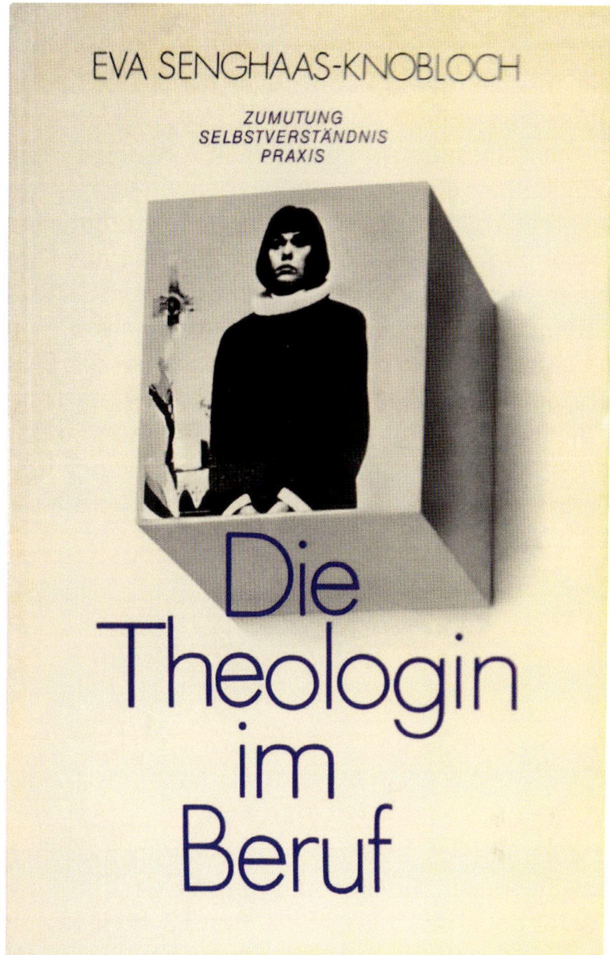

1969 erschien die bis heute sehr lesenswerte, auf Umfragen unter Theologinnen in Berlin basierende Studie »Die Theologin im Beruf. Zumutung. Selbstverständnis. Praxis« von Eva Senghaas-Knobloch, in der die Dringlichkeit der Entwicklung eines gleichberechtigten Berufsbildes für Theologinnen aufgezeigt wurde.

Die Zulassung zum geistlichen Amt schloss die Möglichkeit ein, Frauen in kirchenleitende Ämter zu berufen. Ab Mitte der 1960er Jahre erfolgten die ersten Berufungen von Theologinnen in das Amt einer Oberkirchenrätin. Ein Jahr bevor Gertrud Grimme – die erste Frau als Oberkirchenrätin – in das Kirchenamt (damals Kirchenkanzlei) der EKD einzog, wurde Sieghild Jungklaus 1964 als erste Theologin im Amt eines Konsistorialrates in das Konsistorium in Berlin-Brandenburg Region Ost berufen und 1970 Dr. Gerta Scharffenorth als erste Frau in den Rat der EKD gewählt.

8.2. Zur Situation in West-Berlin – ein Zeitzeuge berichtet

Pfarrer Dr. theol. Hans-Ulrich Perels,
Zürich/Schweiz

Erinnerung aus der Perspektive eines Jugendlichen an die Auseinandersetzung um die Stellung der Pastorinnen in der (West-) Berliner Synode in den frühen 60er Jahren des 20. Jahrhunderts.

Ein Reflex auf Rajah Scheepers Beitrag in »Die Kirche« Nr. 15 vom 7. April 2024, Angelika Fischer geb. Dombrowski eine »Pionierin der Kirche«.

»Der Nachruf von Rajah Scheepers auf Angelika Fischer geb. Dombrowski in Die Kirche, 15, 2024 und die Auseinandersetzung um Pfarrvikarinnen und Pastorinnen hat bei mir Erinnerungen aus meiner Zeit als Jugendlicher wachgerufen, als ich in West-Berlin das Evangelische Gymnasium zum Grauen Kloster besuchte.

Es war nämlich so: Mein Vater, Otto Perels (1908–2003), Dr. theol., war Pfarrer in (West) Berlin-Friedenau, erst in Nathanael (1946 bis 1961) und dann in Philippus (bis 1966). Später war er sechs Jahre lang der erste Leiter des Westberliner Pastoralkollegs. Er war von Generalsuperintendent Hans-Martin Helbich in dieses Amt berufen worden.

Mein Vater war zusammen mit Reinhold George, Wulf Thiel u. a. ein sehr konservativer, orthodoxer Lutheraner.

Er kämpfte in der West-Berliner Synode mit allen demokratischen Mitteln gegen das Pastorinnen-Gesetz. Vielleicht hat er sogar mitgeholfen, das Berufsverbot für verheiratete Pfarrvikarinnen durchzusetzen. Jedenfalls wollte er jedem Mann einen »Orden« verleihen, der eine Pfarrvikarin »aufheiratet«, sodass sie dann nicht weiter im Pfarrdienst arbeiten durfte. Als das Gesetz gegen seinen Willen beschlossen wurde, verließ er die Synode und legte sein Mandat nieder.

Und nun: Sein Gegenspieler in der Synode war der damalige Neuköllner Superintendent, später Propst, Wilhelm Dittmann, Dr. theol. (1915–1988). Superintendent Dittmann hatte vier Töchter, zwei davon haben Theologie studiert und wurden Pfarrerinnen. Mein Vater hatte sechs Söhne (und drei Töchter) und hätte am liebsten alle Söhne als Pfarrer gesehen. Es wurden dann »nur« vier davon Pfarrer – keiner in Berlin!

Heute bin ich überzeugt davon, dass beide, Propst Dittmann und mein Vater bei diesem Problem allein theologische und gesellschafts-

1965: Klassenfoto der besagten Abitur-Klasse, Ruth Maria Dittmann (verh. Oettinger) ist in der vorderen Reihe die 4. von links und Hans-Ulrich Perels in der hinteren Reihe der 4. von links. In diesem Raum fand die beschriebene interessante Debatte statt. Hinten steht der Klassenlehrer Paul Jürgen Tusch (Jahrgang 1899).

politische Argumente dafür und dawider hatten. Für meinen Vater wurde mit diesem Entscheid der ›status confessionis‹ berührt. Deshalb war die Auseinandersetzung so schwerwiegend für ihn.

Das Kuriose war nun: Die älteste Tochter von Wilhelm Dittmann, Ruth Maria, ging mit mir zusammen ins Graue Kloster in dieselbe Schulklasse. Wir saßen nebeneinander. Ich ›hatte nichts‹ mit Ruth Maria, denn sie hatte schon immer einen Freund in Stuttgart, Friedemann Öttinger (Dr. theol.). Er wurde ebenfalls Pfarrer. Ruth Maria hat mir in der Schule als Banknachbarin viel, dezent und effizient geholfen. Und nun: Einmal, also das war wirklich ein bisschen daneben, hat unser Schulpfarrer, bei dem wir Christenlehre hatten, Pfarrer Dieter Vetter, Dr. theol., uns zwei aufgefordert vor der Klasse das Problem der Pastorinnen zu diskutieren. Ich war völlig biblizistisch und damals im Schlagschatten meines Vaters mit Luthers ›sola scriptura‹ und 1. Kor. 14,34. Ruth Maria war vernünftig und aufgeschlossen mit der Gesellschafts- und Gleichstellungsposition. So haben wir also kontrovers diskutiert. Die unterschiedlichen ›Meinungen‹ jedoch spielten in der Folge für unsere kameradschaftliche Beziehung überhaupt keine Rolle. Ich kannte die Familie Dittmann ein bisschen, ich war immer wieder bei Ruth Marias Geburtstagen eingeladen. Zusammen waren wir 1964 mit dem Grauen Kloster vier Wochen auf Abiturreise in Israel. Es war insgesamt eine sehr positive, schöne Klassengemeinschaft. Sieben der 14 Jugendlichen kamen aus Pfarrhäusern! – Leider ist Ruth Maria schon 2014 gestorben.

Ich selbst bin dann Pfarrer geworden und habe die Pfarrerin Doris Perels, geb. Riemensperger, geheiratet. Sie blieb selbstverständlich im Pfarramt. Mein Vater hat meine Frau natürlich akzeptiert und alle anderen Kolleginnen dann auch. Er sprach später immer von ›den wackeren Mädchen‹ im Pfarramt. Wir sind möglichst weit von Berlin weg, hierher nach Zürich gegangen in eine reformierte Landeskirche. Die reformierte Theologie Ulrich Zwinglis mit seiner rationalen Theologie kommt unserem theologischen Denken entgegen. Mit Ruth Maria Oettinger habe ich bis zum Ende ihres Lebens einen losen, sehr schönen, freundschaftlichen, kollegialen Kontakt gehalten.

Die älteste uns bekannte Pfarrerin hier in Zürich war Leni Altwegg. Sie ist 2019 95-jährig gestorben. Sie war eine wunderbare Frau und Kollegin! Immer war sie auf der Seite der Unterprivilegierten und selbstverständlich bei der Religiös-Sozialen Bewegung von Pfarrer Professor Leonard Ragaz (1868–1945) engagiert.

Insgesamt war die Zürcher Kirche immer fortschrittlicher und schneller in solchen Belangen (siehe den Link unten)! Leni Altwegg (sie blieb ledig!) hat aber in der Zürcher Kirche ganz ähnliche Sachen erfahren wie Angelika Fischer.

Dazu hier noch ein Link zu Leni Altwegg und 100 Jahre Frauenordination in Zürich: https://reformiert.info/de/recherche/lein-pfarrer-haette-das-nicht-besser-gemachtr_0-17806.html

Freundliche Grüße von Zürich nach Berlin, Hans-Ulrich Perels«

8.3. Ein West-Berliner Beispiel: Christiane Beisenherz, geb. Brandenburg

Christiane Beisenherz, geboren am 29. April 1919 in Magdeburg, war eine herausragende Theologin und Pastorin in Deutschland, deren Lebensweg und Wirken maßgeblich die Rolle von Frauen in der Kirche beeinflussten. Ihr Lebensweg, geprägt von Herausforderungen, Verlusten und persönlichen Opfern, illustriert auf eindrucksvolle Weise die Entwicklung der Rolle von Frauen in der Kirche und ihren Beitrag zur theologischen und kirchlichen Arbeit in der zweiten Hälfte des 20. Jahrhunderts.

Christiane Brandenburg wurde 1934 von Pastor Martin Niemöller konfirmiert, einem bedeutenden Vertreter der Bekennenden Kirche, die sich gegen die nationalsozialistische Gleichschaltung der Kirche stellte. Nach dem Abitur 1939 in Berlin begann Beisenherz 1940 ihr Theologiestudium bei der Bekennenden Kirche in Berlin, Jena und Marburg.

Ihre Studienzeit in Marburg war entscheidend, da sie dort den Pfarramtskandidaten Hans Beisenherz kennenlernte, mit dem sie sich 1941 verlobte. Aufgrund der damaligen Regelungen, die verheirateten Frauen den Zugang zu geistlichen Ämtern verwehrten, musste sie ihr Studium unterbrechen.

Stattdessen begann sie eine Krankenpflegeausbildung am Elisabethstift in Berlin, die sie 1943 erfolgreich abschloss. Am 27. November 1942 heiratete sie Hans Beisenherz, und am 6. März 1944 wurde ihr Sohn Albrecht geboren. Der Verlust ihres Mannes, der am 21. Oktober 1944 im Zweiten Weltkrieg fiel, stellte sie vor große Herausforderungen.

Trotz dieser schweren Zeit nahm sie mit Unterstützung von Professor Otto Weber in Göttingen, bei dem sie wohnen konnte, 1946 wieder ihr Studium auf und schloss 1949 in Göttingen mit dem Fakultätsexamen ab. Ihr Sohn Albrecht wurde in dieser Zeit von Verwandten betreut.

Im Anschluss absolvierte sie ein Lehrvikariat in Bad Hersfeld und besuchte das Predigerseminar in Hofgeismar. 1952 bestand sie das landeskirchliche Examen in Kurhessen und wurde im selben Jahr in Bad Hersfeld ordiniert. Von 1952 bis 1954 arbeitete Beisenherz als Hilfsvikarin in Hersfeld mit dem Schwerpunkt auf Religionsunterricht. 1953 trat sie dem Konvent Evangelischer Theologinnen bei, einem Verband, der sich für die Belange von Frauen in der Kirche einsetzt. Von 1954 bis 1963 war sie als Sprengelvikarin in Hersfeld tätig.

Ab 1. Oktober 1963 übernahm sie die Position der Pastorin in der Dreifaltigkeitsgemeinde in Berlin-Lankwitz, als ihr Sohn in Berlin mit dem Studium begann. Hier war sie die erste Frau in der Landeskirche, der alle Rechte eines Pfarramtes, einschließlich der Geschäftsführung, vollständig zugestanden wurden.

Christiane Beisenherz

Während ihrer Zeit in Berlin engagierte sie sich auch in der »Aktion Sühnezeichen« und reiste mehrere Male nach Israel.

Der frühe Tod ihres Sohnes Albrecht war ein großer persönlicher Verlust für sie. Ihre letzten Berufsjahre verbrachte Beisenherz von 1973 bis 1980 als Krankenhausseelsorgerin am Universitätsklinikum Berlin-Steglitz, wo sie Menschen in Not mit Zuwendung und geistlichem Trost unterstützte. Nach ihrem Ruhestand 1980 zog sie zurück nach Kassel in ihre frühere Kurhessische Landeskirche und engagierte sich weiterhin aktiv. 1982 verbrachte sie ein halbes Jahr in Israel mit der Aktion Sühnezeichen.

Christiane Beisenherz verstarb am 25. Juli 1991 in Kassel. Ihr Lebensweg zeigt nicht nur die Herausforderungen und Hürden, denen Frauen in der Kirche gegenüberstanden, sondern auch den unermüdlichen Einsatz und die Hingabe, die sie an den Tag legte, um ihre beruflichen Ziele zu erreichen und den Menschen zu dienen. Ihre Karriere ist ein bedeutendes Beispiel für den Fortschritt, den Frauen in der Kirche erzielt haben, und für die wichtige Rolle, die sie in der Gestaltung des kirchlichen Lebens des 20. Jahrhunderts gespielt haben.

8.4. Ein Ost-Berliner Beispiel: Dr. h. c. Ingeborg Becker

Ingeborg Becker, geboren am 13. Mai 1910 in Biebrich am Rhein, zählt zu den herausragenden Persönlichkeiten der Evangelischen Kirche in Deutschland, insbesondere in der Zeit des Nationalsozialismus und der DDR. Ihr Leben und Wirken sind geprägt von einem tiefen theologischen Verständnis, einer starken ethischen Haltung und einem unermüdlichen Engagement für die Rechte und Ausbildung von Frauen in der Kirche.

Bereits in jungen Jahren zeigte sich Beckers außergewöhnlicher intellektueller und geistlicher Eifer. Sie legte 1929 das Abitur an einer Oberrealschule für Jungen in Quedlinburg ab, was für eine Frau ihrer Zeit höchst ungewöhnlich war. Anschließend studierte sie Theologie in Berlin, Bonn, Marburg und Halle, wo sie von einigen der bedeutendsten Theologen ihrer Zeit unterrichtet wurde, darunter Karl Barth, Rudolf Bultmann und Günther Dehn. Diese prägenden Jahre legten den Grundstein für ihre spätere theologische Arbeit und ihr Engagement in der Bekennenden Kirche.

1933, im Jahr ihres Ersten Theologischen Examens, trat Becker dem Pfarrernotbund der Bekennenden Kirche bei. Im gleichen Jahr wurde sie Mitglied im Verband Evangelischer Theologinnen Deutschlands.

Von 1933 bis 1936 war sie im Vikariat an der Domgemeinde Quedlinburg, einer Anstalt der Inneren Mission. 1936 absolvierte sie ihr Zweites Theologischen Examen vor dem Bruderrat der Bekennenden Kirche Magdeburg und wurde von Präses D. Jacobi in der Jesus-Christus-Kirche in Berlin-Dahlem eingesegnet. Sie arbeitete anschließend im Burckardthaus in Berlin-Dahlem, das eine zentrale Rolle in der kirchlichen Jugendarbeit spielte. Das Burckardthaus war nicht nur ein Ort der Ausbildung für Frauen in kirchlichen Diensten, sondern auch ein Zentrum für den Austausch und die Vernetzung von Frauen, die in kirchlichen und sozialen Berufen tätig waren. Becker war hier nicht nur als Ausbilderin tätig, sondern auch als Mentorin und Unterstützerin zahlreicher Frauen, die sich in einer von Männern dominierten kirchlichen Landschaft behaupten mussten. Ihr Engagement im Burckardthaus war wegweisend für die Etablierung und Stärkung von Frauen in kirchlichen Leitungspositionen.

1951 entschied sie sich, nach Ost-Berlin umzuziehen, um dort das »Seminar für kirchlichen Frauendienst« (kurz: Bibelschule) aufzubauen. Sie baute auf dem Grundstück der Versöhnungskirchengemeinde in der Bernauer Str. 4 das Burckhardthaus in der DDR auf.

Eine ihrer bedeutendsten Tätigkeiten war jedoch ihre Arbeit im Sprachenkonvikt in Ost-Berlin, wo sie von 1964 bis 1973 als erste Ephora tätig war. Das Sprachenkonvikt, ursprünglich gegründet, um Studierenden in der DDR den Zugang zu theologischer Ausbildung zu ermöglichen, entwickelte sich unter Beckers Leitung zu einem Zentrum der freien theologischen Lehre, das weitgehend vom Einfluss der staatlichen Behörden verschont blieb. Becker erkannte die Notwendigkeit, einen Ort zu schaffen, an dem eine unzensierte und freie theologische Ausbildung möglich war, insbesondere in einem Staat, der versuchte, die Kirche unter seine Kontrolle zu bringen. Trotz der schwierigen Bedingungen in der DDR, wo staatliche Repressionen und ideologische Einschränkungen an der Tagesordnung waren, gelang es Becker, eine lebendige Gemeinschaft von Studierenden und Dozierenden zu formen. Sie förderte den interdisziplinären Austausch, organisierte Gastvorträge westlicher Theologen und setzte sich für die illegale Beschaffung von Literatur aus dem Westen ein, um den Studierenden Zugang zu unzensierten theologischen und philosophischen Texten zu ermöglichen. Ihre Arbeit im Sprachenkonvikt machte sie zu einer wichtigen Figur in der theologischen Ausbildung der DDR, und ihr Wirken trug wesentlich dazu bei,

Ingeborg Becker

dass das Sprachenkonvikt zu einem geachteten Ort theologischen Lernens und Lebens wurde.

Ingeborg Becker war auch politisch und kirchlich aktiv. 1955 wurde sie als erste Frau in die Kirchenleitung der Evangelischen Kirche Berlin-Brandenburg gewählt, ein historischer Schritt, der die Rolle von Frauen in der Kirche nachhaltig veränderte. 1965 übernahm sie den Vorsitz des Verbandes Evangelischer Theologinnen Deutschlands, wo sie sich intensiv für die Belange und Rechte von Theologinnen einsetzte und deren Position innerhalb der Kirche stärkte.

Nach ihrem Rückzug aus dem aktiven Dienst 1973 hinterließ Becker ein tiefgreifendes Erbe. Sie hatte nicht nur als Theologin und Pastorin Maßstäbe gesetzt, sondern auch als Pionierin der Frauenarbeit in der Kirche. Ihre Arbeit im Burckardthaus und im Sprachenkonvikt beeinflusste Generationen von Frauen und Theologen, die ihre Vision von einer inklusiven, gerechten und freien Kirche weitertrugen.

Ingeborg Becker starb am 5. Oktober 1983 in Berlin. Ihr Leben bleibt ein leuchtendes Beispiel für den Mut, die Entschlossenheit und die tief empfundene Berufung, die notwendig sind, um in schwierigen Zeiten für das einzustehen, was richtig und gerecht ist. Ihr Vermächtnis lebt in den Institutionen, die sie prägte, und in den Herzen der Menschen, die sie inspirierte, weiter.

»Wäre sie ein Mann gewesen, wäre sie hier Bischof geworden!«[5]

8.5. Theologinnen in kirchenleitenden Ämtern: Oberkonsistorialrätin Sieghild Jungklaus

Sieghild Jungklaus wurde am 27. März 1915 in ein Pfarrhaus in Pankow bei Berlin hineingeboren. Die Hoffnungskirche, deren Gemeindegebiet ihr Vater betreute, war neu gebaut und noch umgeben von Brachland. Mit viel Engagement wurde der Gemeindeaufbau zur Aufgabe für die ganze Familie: Bereits Sieghild Jungklaus' Mutter war Pfarrerstochter und insofern mit dem Leben als Familie im Pfarrhaus vertraut.

Die Armut damals war erdrückend: Sieghild Jungklaus schrieb in der Rückschau über die Armut Anfang der 1920er Jahre und wie die Gemeinde zu helfen versuchte: »Kinder und werdende Mütter litten besonders unter der wirtschaftlichen Not, den die Quäker zu steuern suchten – als sie in Pankow für die Austeilung der Quäkerspeisen jemanden suchten und dabei ins Pfarrhaus kamen, wurde einer der Säle mittags für diesen Zweck freigegeben und meine Mutter hat dort jeden Tag von 12 bis 2 Uhr das Essen ausgeteilt und später oft erzählt, wie viele seelsorgerische Kontakte sie damals zu den Familien unserer Gemeinde geschlossen hat. Die Gemeinde selbst mühte sich redlich, den Familien, die durch Inflation, Arbeitslosigkeit und Fehlen der Väter in besondere Nöte geraten waren, aus eigener Kraft zu helfen. Unser Kindergottesdienst hatte Weihnachten 1922 ganz besonders viel an Spenden zusammengebracht. Meine Mutter machte eine Fotoaufnahme von dem Saal, in dem die Gaben aufgestapelt waren, und von den Kindern, die sich zum Austragen der Gaben versammelt hatten. Mein Vater brachte dieses Bild in das damalige kirchliche Sonntagsblatt »Andacht und Arbeit«. Über diesen Weg war das Bild bis in eine Kirchenzeitung nach Dänemark gekommen.

5 Bischof Schönherr anlässlich der Verabschiedung Beckers in den Ruhestand, 1973.

Ein Pfarrerehepaar in Dänemark war von dem Anblick dieser elenden Kinder, die selbst noch so viel Spenden für andere aufgebracht hatten, so erschüttert, dass sie sich an meinen Vater wendeten und ihre Hilfe für die Gemeinde anboten. Durch die Jahre der Notzeit hat dieser Pfarrer Suöhmi Thomsen mit seiner Frau immer wieder Familien unserer Gemeinden versorgt.«[6]

Das Leben im Pfarrhaus war prägend für Sieghild Jungklaus' gesamtes Leben, genau wie ihr Vater Rudolf Jungklaus, der sie auf dem Weg als Theologin unterstützte. Rudolf Jungklaus gehörte der Pankower Bekennenden Kirche an, nach Dahlem die zweitgrößte. Er war außerdem eines der zehn führenden Komiteemitglieder der Gesellschaft zur Beförderung des Christentums unter den Juden. Rudolf Jungklaus taufte heimlich Juden sowie Jüdinnen und rettete so ihr Leben. Von 35 Taufen jüdischer Menschen in Pankow zwischen 1933 und 1943, von denen 32 in der Hoffnungskirche und drei in der Alten Pfarrkirche erfolgten, vollzog allein Pfarrer Jungklaus 23.[7] Er arbeitete dort bis zum 1. April 1960.

So begann Sieghild Jungklaus 1934 nach dem Abitur und der zusätzlichen Erlangung der Hochschulreife ein Theologiestudium in Berlin in der Zeit des Kirchenkampfes. Ihre Pankower Gemeinde war mit über 2000 Mitgliedern die zweitgrößte Bekenntnisgemeinde in Berlin-Brandenburg. Sieghild Jungklaus selbst trat 1937 aus dem Bund Deutscher Mädel aus, da der dort verordnete Glaube kein christlicher sei. So war es für Sieghild Jungklaus selbstverständlich, dass sie auch die verbotenen Veranstaltungen der Kirchlichen Hochschule der Bekennenden Kirche in Berlin besuchte.

Sieghild Jungklaus als Pfarrvikarin in den 1940er Jahren

6 Zitiert nach: https://aneinemtagwiediesem.wordpress.com/category/allgemein/(Zugriff: 24.08.2024).
7 Angaben nach: https://de.wikipedia.org/wiki/Rudolf_Jungklaus (Zugriff: 24.08.2024).

Ebenso wie ihr Verlobter Siegfried Anz, der mit zwei weiteren Kommilitonen gegen das Verbot öffentlich protestierte und daraufhin deutschlandweit ein Studienverbot erhielt. Die Theologische Fakultät in Marburg immatrikulierte ihn trotzdem, ebenso wie die anderen inzwischen 27 zwangsexmatrikulierten Berliner Theologiestudierenden, zu denen auch Sieghild Jungklaus gehörte. Die Marburger Theologische Fakultät hatte damals gegen den Arierparagraphen protestiert und als einzige Fakultät ein Gutachten vorgelegt, wonach jeder getaufte Mensch als Christ zu gelten habe – unabhängig von seiner Abstammung.

Ihr Erstes Theologisches Examen absolvierte sie 1939, 14 Tage nach Beginn des Zweiten Weltkrieges, bei der Bekennenden Kirche unter der Leitung des damaligen Spandauer Superintendenten Martin Albertz unter abenteuerlichen Bedingungen: »Manch eine Examensklausur musste abgebrochen werden. Man schrieb im Keller einer privaten Mädchenschule in Spandau. Plötzlich hieß es: ›Spazierengehen‹ – bis einer kam, der durch Augenzwinkern signalisierte, dass man zurückgehen solle. Dann wurde die Klausur weitergeschrieben.«[8]

Anschließend arbeitete sie als illegale Lehrvikarin, als Krankenhausseelsorgerin am Robert-Koch-Krankenhaus. »Zu dieser Zeit konnte sich gar keiner vorstellen, dass eine Frau auch in der Kirche predigen kann!«, erinnerte sie sich.[9]

Als großen Schicksalsschlag erlebte Sieghild Jungklaus 1940 den Tod ihres Verlobten Siegfried Anz, der als »vaterlandstreuer« Soldat in Frankreich fiel. Sie selbst sagt: »Ich konnte mir nie vorstellen, dass Krieg eine positive Lösung bringen werde.«[10]

1941 entsandte der Bruderrat sie in die Pankower Gemeinde, wo viele Pfarrer zum Militärdienst eingezogen worden waren. Hier erteilte sie Konfirmandenunterricht, hielt Bibelstunden und erste Gottesdienste.

Nach ihrem Zweiten Examen, das sie auf Vermittlung von Otto Dibelius in Stuttgart ablegte, da die gesamte Prüfungskommission der Berliner Bekennenden Kirche inhaftiert war, wurde Sieghild Jungklaus 1943 als eine der ersten Frauen für das theologische Pfarramt in der Bekennenden Kirche gemeinsam mit Annemarie Grosch, Margarete Saar, Ruth Wendland und Gisela von Witzleben ordiniert. Allerdings ohne Talar und mit der Einschränkung: »Euer Dienst [...] richtet sich zunächst auf Frauen, Jugendliche und Kinder, in der Notzeit der Kirche auch auf alle Gemeindeglieder.« In dieser »Notzeit« übernahm Sieghild Jungklaus Aufgaben, die sonst Männern vorbehalten waren: Sie predigte, nahm Trauungen vor und konfirmierte 1944 als erste Frau in Berlin Jugendliche. Ihr Vater besorgte ihr einen Talar.

Nach Kriegsende setzte sie sich dafür ein, dass nicht nur die durch die Bekennende Kirche illegal ordinierten männlichen Pfarrer legalisiert wurden, sondern auch die Vikarinnen. Selbst Otto Dibelius gab aus Respekt vor einer vollzogenen Ordination zu: »Dies können wir nicht rückgängig machen! Die Vikarinnen sind schließlich ordiniert.« Als

8 »Oberschwester Sieghild: Sieghild Jungklaus«, in: Wolfgang See, Rudolf Weckerling (Hrsg.), Frauen im Kirchenkampf. Beispiele aus der Bekennenden Kirche in Berlin-Brandenburg 1933–1945, 2. Auflage, Berlin 1984, 23–40, hier: S. 28.

9 Ebd.

10 Ebd.

solche wurde Sieghild Jungklaus im Oktober 1945 legalisiert, laut Dienstauftrag zunächst nur »zur kommissarischen Hilfeleistung in der pfarramtlichen Arbeit Ihres Herrn Vaters«.

Später erhielt sie in der Pankower Gemeinde ihren eigenen Pfarrbezirk, leitete die Jugendarbeit im Kirchenkreis, gab Religionsunterricht am Pankower Oberlyzeum und half, Katechetinnen für den Religionsunterricht auszubilden. Im Wesentlichen hatte sie den Rückhalt ihrer Gemeinde, nur vereinzelt gab es Widerstand. Noch Anfang der 1950er Jahre wetterte eine Frau gegen das »Weib auf der Kanzel«, schrieb an den Bischof und protestierte vor der Kirchentür gegen sie.

Der größere Bedarf an Theologinnen, aufgrund des Fachkräftemangels in der DDR, stärkte die Position der Theologinnen im Osten und sorgte dafür, dass sich ihr selbständiges Arbeiten durchsetzte. 1962 wurde Sieghild Jungklaus als erste Theologin in das Konsistorium Berlin-Brandenburg, Region Ost, berufen, zur theologischen Hilfsarbeiterin, ab dem 1.10.1964 dann zum Konsistorialrat. Es fiel ihr nicht leicht, dafür ihre Pfarrstelle aufzugeben, aber sie sagte: »Wenn sie das erste Mal eine Theologin ins Konsistorium berufen wollen, dann kann man nicht Nein sagen und sich zieren, dann muss man seine geistlichen Zacken zusammenreißen und sagen: Ich komme.« Im Konsistorium war sie zuständig für das Sachgebiet Kinder- und Jugendarbeit. Ein Kirchenkreis musste zunächst aus ihrem Zuständigkeitsbereich ausgeklammert werden, da einer der dortigen Pfarrer sich gegen die Leitungsbefugnisse einer Frau zur Wehr setzte. Ehrenamtlich arbeitete sie in ihrer Pankower Gemeinde weiterhin engagiert mit. 1969 wurde sie als erste Theologin Oberkonsistorialrätin, 1965 war die Juristin Christel Biesenthal zur Oberkonsistorialrätin ernannt worden. In ihrem Amt setzte sie sich besonders für die Besserstellung von Gemeindehelferinnen und Theologinnen ein.[11] Dazu gehörte auch die Frage nach der verheirateten Theologin im Amt: »Bei uns im Osten aber ist manches, ganz ähnlich wie zur BK-Zeit, durch den Mangel an Mitarbeitern praktisch geregelt worden – schon lange vor der entsprechenden Gesetzgebung.«

Als Pfarrerin in der DDR war sie auch mit den Widerständen gegen die kirchliche Arbeit konfrontiert. Trotzdem versuchte sie mit ihrem Kampf gegen den Nationalsozialismus auch gemeinsame Wurzeln aufzuzeigen und wollte bewusst nach neuen Wegen für die Kirche im Sozialismus suchen. Zum sechzigsten Geburtstag gratulierte Bischof Albrecht Schönherr versehentlich seinem »lieben Bruder, Oberkonsistorialrat Siegfried Jungklaus« zum Geburtstag.[12] Ende 1976 wurde Sieghild Jungklaus in den Ruhestand versetzt, arbeitete aber weiter in ihrer Pankower Gemeinde, bis sie 1982 wegen gesundheitlicher Probleme und der dort besseren Versorgung nach West-Berlin übersiedelte. Ihre Nachfolgerin im Konsistorium war Rosemarie Cynkiewicz. Ein großer Einschnitt in ihrem Leben war ihre Erblindung im Jahr 1989, seit

11 Zu ihrer Amtsführung vgl. Ingemar Pettelkau, Das Kollegium der Region Ost des Konsistoriums Berlin-Brandenburg (1961–1990), in: Jahrbuch für Berlin-Brandenburgische Kirchengeschichte 74/2023, 216–265.

12 »Oberschwester Sieghild: Sieghild Jungklaus«, in: Wolfgang See, Rudolf Weckerling (Hrsg.), Frauen im Kirchenkampf. Beispiele aus der Bekennenden Kirche in Berlin-Brandenburg 1933–1945, 2. Auflage, Berlin 1984, 23–40, hier: S. 25.

der sie im Blindenheim lebte. Dort hielt sie noch viele Jahre Bibelstunden und starb schließlich im Jahr 2010.

Die US-amerikanische Historikerin Victoria J. Barnett interviewte neben Ehepaar Weckerling auch Sieghild Jungklaus im Jahr 1986 und stiftete die beiden Kassetten mit den Aufnahmen dem »United States Holocaust Memorial Museum« in Washington D. C.[13] Teile benutzte sie für ihr Werk: »For the Soul of the People: Protestant Protest Against Hitler«. Durch Barnetts Arbeit kann Sieghild Jungklaus sogar in Amerika erinnert werden.

8.6. Frauen ziehen ins Predigerseminar ein: Das Prediger:innenseminar Wittenberg[14]

Die ersten Frauen im Evangelischen Predigerseminar Wittenberg waren Mitarbeiterinnen des Hauses – sie arbeiteten in der Küche, als Hausdame oder als Angestellte in der Bibliothek. Zu den frühen Frauen im Seminar gehörten auch die Ehefrauen und Verlobten der männlichen Seminarteilnehmer. Diese wurden erstmals 1953 auf Initiative des Direktors Paul Wätzel zu einem »Frauen- und Bräutetag« eingeladen und besuchten dabei ihre Männer im Predigerseminar.

Die erste Frau, die selbst als Vikarin im Predigerseminar Wittenberg ausgebildet wurde, gehörte zum Jahrgang 1968/69. Sie war die einzige Frau unter siebzehn Männern. Ihr Name war Renate Gericke, verheiratete Moderow. Erst zwei Jahre später, im nächsten Jahrgang, trat eine weitere Frau in das Seminar ein, diesmal in einen Kurs mit vierzehn Männern. Bis zum Jahrgang 1976/77, in dem vierzehn Männer und sieben Frauen aufgenommen wurden, stieg der Anteil der Vikarinnen nur allmählich an. Dies ist bemerkenswert, da in anderen Predigerseminaren in Deutschland bereits seit Beginn der 1960er Jahre gemischte Kurse mit Frauen und Männern üblich waren.

In den Dokumenten des Wittenberger Seminars findet sich nur ein einziger Vermerk zur ersten Frau, die dort ausgebildet wurde. Im Jahresbericht von 1969 notierte Direktor Paul-Gerhard Keyser: »In der mehr als 150-jährigen Geschichte des Wittenberger Predigerseminars war in diesem Semester erstmalig neben 17 Kandidaten auch eine Kandidatin ins Seminar eingezogen. Die Gründe, die dazu führten, sind bekannt und brauchen hier nicht erörtert zu werden.« Dies bleibt die einzige Bemerkung; es gibt keine weitere Erklärung dazu, ob dieser Schritt als positiv betrachtet wurde oder ob es eine Ausnahme bleiben sollte. Auch gibt es keine Angaben darüber, wie die erste Frau sich in der Gemeinschaft der Männer zurechtfand. Eine Aktennotiz vom 28. April 1970, die ein Gespräch von Direktor Keyser mit dem ehemaligen Direktor Wätzel dokumentiert, liefert jedoch einen Hinweis. Darin wird erwähnt, dass die Aufnahme von mehr als zwei Frauen im Seminar zu baulichen Ver-

13 https://collections.ushmm.org/search/catalog/irn707928 (Zugriff: 24.08.2024).

14 Dazu ausführlich: Gabriele Metzner, Die ersten Frauen im Predigerseminar Wittenberg. Beobachtungen auf dem Weg zur Gleichstellung von Frauen und Männern, in: Hanna Kasparick, Hartmut Kühne, Birgit Weyel (Hrsg.), Gehrock, T-Shirt und Talar: 200 Jahre Evangelisches Predigerseminar Wittenberg, Berlin 2016, 117–132.

Vikare und eine Vikarin (1969)

änderungen führen und »auch die Struktur unserer Arbeit ändern würde«. Daraus lässt sich ableiten, dass unter der Leitung von Direktor Keyser, bis 1975, Frauen nur in Ausnahmefällen Zugang zum Seminar erhielten.

Der Eintritt der ersten Frauen in das Predigerseminar Wittenberg erfolgte nicht aufgrund neuer gesetzlicher Regelungen oder einer konkreten Auseinandersetzung über die Gleichstellung von Frauen und Männern. Er wurde auch nicht von einer intensiven Diskussion über die Auflösung der »Männerdomäne« begleitet, die das Predigerseminar Wittenberg seit seiner Gründung im Jahr 1816 darstellte. Offiziell existierte 1968 noch das Vikarinnenseminar in Gnadau, das jedoch bereits ab 1963 auch Männer aufnahm.

Der offenbar wenig beachtete Eintritt der ersten Vikarin Renate Moderow, geborene Gericke, im Herbst 1968 zeigt, dass das Vikarinnenseminar seine ursprüngliche Funktion verloren hatte.

8.7. Situation in der schlesischen Oberlausitz: Erste Ordinationen 1960

Die Evangelische Kirche Berlin-Brandenburg-schlesische Oberlausitz (EKBO) ist aus zwei Kirchen hervorgegangen: Die Kirchenprovinz Mark Brandenburg erhielt 1948 eine neue Verfassung und hieß danach »Evangelische Kirche in Berlin-Brandenburg (EKiBB)«.

In Schlesien wurde noch 1945 unter Präses beziehungsweise Bischof Ernst Hornig die kirchliche Tradition der Schlesischen Provinzialkirche weitergeführt. Doch schon am 4. Dezember 1946 musste Hornig Breslau verlassen und zog – ebenso wie 1947 das zunächst in Breslau verbliebene Konsistorium – nach Görlitz. Die »Evangelische Kirche von Schlesien« erhielt 1951 eine Verfassung.

In der schlesischen Oberlausitz gab es also in Nachfolge der schlesischen Provinzialkirche bis 2004 eine eigene Landeskirche mit Sitz in Görlitz. Zum 1. Januar 2004 vereinigte sie sich mit der Landeskirche Evangelische Kirche Berlin-Brandenburg zur Evangelischen Kirche Berlin-Brandenburg-schlesische Oberlausitz. Görlitz ist Sitz einer Generalsuperintendentur.

Bis 1946 waren etwa zwanzig eingesegnete Vikarinnen in der schlesischen Provinzialkirche in den Dienst getreten, unter anderem Elisabeth Grauer, die ab 1942 die »nach der Abreise des Herrn Pfarrer die verwaisten Angelegenheiten der Breslauer Stadtmission und ihre Belange innerhalb des Festungsbereichs zu wahren« hatte.

Die ersten Ordinationen von Frauen erfolgten 1960: Ursula Radke und Helga Bast wurden gemeinsam durch Bischof Hornig in der Kreuzkirche in Görlitz als »provinzialkirchliche Pfarrvikarinnen« ordiniert. Dazu hieß es damals ganz ergriffen in der Kirchenzeitung: »Als sichtbaren Erweis für das Amt einer Dienerin der Gemeinde teilten die beiden neu ordinierten Pfarrvikarinnen der ganzen großen Festgemeinde das Heilige Abendmahl aus. Um Jesu willen!«

Ursula Radke

Am 27. Januar 2010 verstarb Ursula Radke in Berlin, nur wenige Tage nach ihrem Geburtstag am 18. Januar. Viele Menschen versammelten sich zur Trauerfeier auf dem Parkfriedhof in Berlin-Marzahn, um Ursula Radke zu gedenken und sich dankbar von ihr zu verabschieden. Diese Menschen hatten sie während ihrer umfangreichen kirchlichen Arbeit begleitet und wollten ihr nun die letzte Ehre erweisen.

Ursula Radke wurde 1933 in Görlitz, Schlesien, geboren. Sie studierte von 1952 bis 1957 Theologie in Leipzig, einer Zeit intensiver ideologischer Auseinandersetzungen um den christlichen Glauben und die Kirche, geprägt von Anfeindungen gegen die »Junge Gemeinde«. Besonders prägend für sie waren ihr Lehrvikariat bei Ingeborg Becker im Burckardthaus Berlin/Ost sowie die Ausbildung im Vikarinnenseminar der Evangelischen Kirche der Union (EKU) in Potsdam/Spandau unter Christine Bourbeck.

Nach ihrer Ordination im Jahr 1960 wurde Ursula Radke die Leitung des Jungmädchenwerks der Evangelischen Kirche von Schlesien übertragen. Von Görlitz aus unternahm sie umfangreiche Reisen und organisierte die Planung und Durchführung von Rüstzeiten. »Sie half vielen jungen

Mädchen und Frauen, ihren eigenen christlichen Lebensweg zu finden und zu gestalten«, erinnerte Regionalbischof Dr. Hans-Wilhelm Pietz. Aufgrund dieser wertvollen Erfahrungen wurde sie 1970 zur Dozentin und Kursleiterin in der Abteilung Fernunterricht im Burckardthaus berufen. Zudem war sie Mitglied der Synode des Bundes der Evangelischen Kirchen (BEK) in der DDR und gehörte der Konferenz der Kirchenleitungen als synodales Mitglied an. Ihre umfangreiche Erfahrung in der Ausbildung und Jugendarbeit führte dazu, dass sie zur Referentin im Sekretariat der BEK und zur Sekretärin der Kommission für Zeugnis und Gestalt der Gemeinde berufen wurde.

Aus dieser leitenden Position heraus wechselte Ursula Radke 1985 in den Gemeindedienst als Ortspfarrerin in Berlin-Marzahn, wo sie im Neubaugebiet eine neue Gemeinde aufbaute und bis 1992 betreute. Nach ihrem Ruhestand im Jahr 1993 widmete sie sich der Erforschung und Dokumentation der Lebensläufe früher evangelischer Theologinnen, insbesondere der Theologinnen aus Berlin, und verfasste unter anderem die Biographie von Ingeborg Becker. Hervorzuheben ist das »Lexikon früher evangelischer Theologinnen. Biographische Skizzen« (Neukirchen-Vluyn 2005), das eine Fundgrube für jeden an der Geschichte der Theologinnen interessierten Menschen darstellt. Sechzehn Skizzen in diesem Buch stammen von ihr.

Helga Bast

Helga Bast, geboren 1932, war eine bemerkenswerte Pastorin, die sich durch ihren unermüdlichen Einsatz für ihre Gemeinde und ihr unerschütterliches Engagement in der DDR einen Namen machte. In einer Zeit, in der die Kirche unter dem Druck des sozialistischen Staates stand, bewahrte sie ihren Glauben und trat mutig für die christlichen Werte ein. Ihre Tätigkeit als Pastorin zeichnete sich durch ihre tiefe Menschlichkeit und ihre Fähigkeit aus, Menschen zusammenzubringen und zu ermutigen, selbst in schwierigen Zeiten den Glauben nicht zu verlieren.

Helga Bast wurde in eine Generation hineingeboren, die durch Krieg, Zerstörung und politische Umwälzungen geprägt war. Helga Bast verbrachte ihre früheste Kindheit in Stettin und Lübeck und absolvierte schließlich die Oberschule für Mädchen bis 1950 in Görlitz. Sie entschied sich, Theologie zu studieren, die theologische Studienzeit verbrachte sie in Berlin und Heidelberg, bevor sie als Pfarrvikarin und Pastorin in verschiedenen Gemeinden Dienst tat: Jeweils über zehn Jahre hatte sie die Pfarrstelle in Deutsch Ossig und eine in der Kreuzkirchengemeinde in Görlitz inne. Ihr Wirken fiel in eine Epoche, in der die Kirche in der DDR einerseits als moralische Instanz respektiert, andererseits aber auch von den staatlichen Behörden überwacht und eingeschränkt wurde. Trotz dieser Herausforderungen verstand es Bast, ihre Gemeinde zu stärken und als Ort der Zuflucht und des Trostes zu gestalten.

Ihrer Vorliebe zu ihrer Geburtsstadt ist sie treu geblieben: Taufe und Konfirmation in der Lutherkirche, Ordination 1960 durch Bischof D. Hornig in der Kreuzkirche und dort auch – zuletzt aus gesundheitlichen Gründen nur noch mit Beschäftigungsauftrag – bis Ende 1993 im aktiven Einsatz.

Sie starb am 18. Mai 1996 auf dem Rückflug aus Budapest. Bischof Klaus Wollenweber schrieb in seinem Nachruf, dem er den Konfirmationsspruch von Helga Bast voranstellte: »Gott ist Geist, und die ihn anbeten, müssen ihn im Geist und in der Wahrheit anbeten« (Joh. 4,24): »Wir sind betroffen von ihrem plötzlichen Tod im Flugzeug und trösten uns mit dem Konfirmationsspruch der Verstorbenen, dieses Wort bedeutete ihr sehr viel, und sie hat es in ihrem Leben zu praktizieren versucht. Dabei ist sie auf Akzeptanz und auf Widerstände gestoßen. Nur ungern hat sie wegen ihres Stimmverlustes die Inhabe ihrer Pfarrstelle vorzeitig aufgeben müssen; ihr treues Engagement für die Kreuzkirchengemeinde ist bis zuletzt geblieben. Wir beugen uns dem Ratschluß Gottes und geben die verstorbene Schwester in seine gnädige Hand.«

Helga Bast blieb auch nach der Wende in ihrer Gemeinde aktiv und begleitete den Übergang in die neuen gesellschaftlichen Verhältnisse mit kluger Weitsicht. Ihr Leben und Wirken sind ein Beispiel dafür, wie Glaube und Tatkraft selbst in schwierigen Zeiten einen tiefen positiven Einfluss auf das Leben vieler Menschen haben können.

Und andere ...

Sylvia Herche schreibt über andere Theologinnen in der schlesischen Oberlausitz: »Nach ihnen wurden weitere Theologinnen in der schlesischen Oberlausitz ordiniert, die dann auch entsprechende Stellen erhielten: Waltraud Kern (1965), Renate Böttner (1968), Katrin Müller, geb. Kohli und Sabine Beck, geb. Schröter (1973), Sabine Fuhrmann (1976) Jutta König (1977), Renate Haemmerlein, geb. Kluge und Edith Knospe (1981), Brigitte Lampe (1985), Ingrid Hassenstein (1986), Carola Kircher, geb. Anders (1989), Christa Schröder, geb. Kohli (1989), Antje Freye, geb. Grothmann (1992), Christina Duft, geb. Schwedusch und Ulrike Menzel, geb. Büscher (1993), Antje Kruse-Michel, geb. Kruse (1994).[15]

Interessant ist ein Blick in die Ordinationsakte für die Zeit von 1949 bis 1972 im Görlitzer kirchlichen Archiv.[16] Die Dokumente spiegeln die unterschiedlichen Positionen zur Frauenordination und die aus heutiger Sicht mühsame Annäherung an eine geschlechtergerechte Haltung, Denkweise und Sprache. Es ist zum Beispiel in der schlesischen Oberlausitz in den sechziger Jahren für die meisten Kirchenleitungsmitglieder und die entsprechenden Synodenausschüssen noch unvorstellbar, dass einer verheirateten Frau die in der Ordination erhaltene ›Ermächtigung‹ zum Dienst belassen bleibt. Doch dann melden sich die Pragmatiker zu Wort. So plädiert Superintendent Walter Klose in Weißwasser (sic!) 1967 dafür, dass auch die verheirateten Pfarrvikarinnen/Pastorinnen ihre Ordinationsrechte behalten. Sie werden angesichts des Pfarrermangels einfach für den Dienst gebraucht: ›Ich halte die Bestimmung, dass die erteilte Ermächtigung im Falle der Verheiratung einer Pastorin ruht, für bedenklich. Die Kirche dürfte in Zukunft auch auf den Dienst einer verheirateten Pastorin angewiesen sein. Ich hielte es für besser, wenn auf die verheiratete Pastorin die Bestimmungen ... angewendet würden, so dass

15 Angaben von Pastor em. Dietmar Neß, Groß Särchen am 20.2.2019.

16 EKSOL, Konsistorium, Akte »Die Ordination 1949 bis 1972«, Band 1.

sie zwar nicht mehr im ständigen Dienst der Wortverkündigung ist, aber doch die Ermächtigung im Dienst der öffentlichen Wortverkündigung und Sakramentsverwaltung in Kraft bleibt.‹[17]

Die Ordinationsformulare und Ordinationsurkunden jener Zeit kennen weiterhin nur Brüder, Ordinanden oder Pfarrvikare, obwohl doch inzwischen auch Theologinnen ordiniert werden. Zum ersten Mal finden sich 1972 im Entwurf eines Ordinationsformulars der Evangelischen Kirche der Union Formulierungen sowohl für Männer als auch für Frauen. Allerdings sind die weiblichen Bezeichnungen in Klammern gesetzt. Doch in einem Votum des Liturgischen Ausschusses der Evangelischen Kirche in Schlesien, ebenso wie in den Stellungnahmen des Görlitzer Bischofs Joachim Fränkel ist 1972 und 1973 trotz der inzwischen praktizierten Frauenordination immer noch nur vom Pfarrer, Ordinanden und Pfarrerbruder die Rede.

All das muss uns heute wie aus einer längst vergangenen Welt anmuten. Und doch wurde erst 1999 mit Dagmar Althausen die erste Frau Superintendentin in der schlesischen Oberlausitz, natürlich in – Weißwasser. Im Görlitzer Konsistorium wurde 1995 die Juristin Margrit Kempgen erste Oberkonsistorialrätin. Eine Theologin hat es in Görlitz nie dahin schaffen können. Dafür wächst die Zahl der Theologinnen im Gemeindepfarramt. Und seit 2018 nimmt mit Generalsuperintendentin Theresa Rinecker erstmals eine Frau das leitende geistliche Amt im Sprengel Görlitz wahr.«[18]

Fazit

Insgesamt waren die 1960er Jahre für Frauen, insbesondere für evangelische Theologinnen, eine Zeit des Übergangs. In Westdeutschland und West-Berlin kämpften Frauen noch stark mit den traditionellen Geschlechterrollen und den konservativen Strukturen der Kirche, die ihnen den Zugang zu Führungspositionen erschwerten. In der DDR waren die gesellschaftlichen Rahmenbedingungen formal fortschrittlicher, doch auch hier gab es erhebliche Hindernisse, die von den politischen und kirchlichen Machtstrukturen geprägt waren. Für evangelische Theologinnen in beiden deutschen Staaten war die Ausübung ihres Berufs mit erheblichen Herausforderungen verbunden, obwohl sich die Lage langsam zu verbessern begann.

17 Stellungnahme zu den »Leitsätze(n) zum theologischen und kirchenrechtlichen Verständnis der Ordination der Evangelischen Kirche der Union vom 26.1.1966« von Walter Klose an das Evangelische Konsistorium Görlitz vom 9.8.1967.
18 Sylvia Herche, Theologinnen und Frauenordination. Streiflichter aus der schlesischen Oberlausitz, in: Rajah Scheepers, Vorgängerinnen, S. 76f.

FRIEDERIKE VON KIRCHBACH

Die erste Pröpstin

Zum Einstieg

Eine der Schönheiten der Evangelischen Kirche ist die Vielfalt der Amtsbezeichnungen – so meint das Wort »Propst« je nach Kontext völlig verschiedene Dinge. Wenn ich in Dänemark bin, ist eine Pröpstin das, wozu wir in der EKBO Superintendentin sagen, und der nächste Propst ist der 50 Meter von meiner Kirche entfernt amtierende Dompropst. In den lutherischen Kirchen Dänemarks und Norwegens ist ein provst bzw. prost nämlich der leitende Geistliche innerhalb eines regionalen Aufsichtsbezirks (provsti bzw. prosti), der einem Kirchenkreis entspricht. Als ich im Juli bei der Auslandspfarrkonferenz in Hofgeismar war, wo sich alle deutschen evangelischen Auslandspfarrer:innen treffen, saß ich auch mit einem Propst am Tisch, dies war allerdings der Propst von Jerusalem, der als einziger Auslandspfarrer den Titel »Propst« trägt, weil er als Vertreter der Evangelischen Kirche in Deutschland diesen Titel führt. Die Bezeichnung »Propst« leitet sich von lateinisch praepositus, »Vorsteher«, wörtlich »Vorgesetzter«, her und kann je nach evangelischem Kontext also ziemlich viele verschiedene Dinge bedeuten.

In unserer EKBO ist die Aufgabe der Pröpstin die theologische Leitung des Konsistoriums in Berlin. Sie ist die theologische Stellvertreterin des

Ordination, Kirche in Kreischa, September 1992

Bischofs. Dies ist eine alte Berlin-brandenburgische Tradition, die in die vereinte Landeskirche übernommen wurde. Der Propst ist geborenes Mitglied der Kirchenleitung, der Landessynode und leitender Geistlicher des Konsistoriums. So lange ich denken konnte, hatte dieses Amt Dr. Karl-Heinrich Lütcke inne (ab 1990 Propst der Evangelischen Kirche in Berlin-Brandenburg, ab 2004 dann der EKBO). Aktuell ist unsere Pröpstin Dr. Christina-Maria Bammel, die nach Ordination 2009 in Cottbus, nach der Übernahme eines Pfarramtes in einer Berliner Gemeinde sowie nach der Übernahme einer Referatsleitung im Konsistorium, 2019 von der Synode für einen Zeitraum von 10 Jahren in das Amt der Pröpstin gewählt wurde.

Meine Schwester und ich treffen Friederike von Kirchbach in ihrem wunderschönen begrünten Innenhof in Berlin-Mitte, in der Linienstraße. Nebenan wohnt ihre Tochter mit ihrer Familie, sie kommt und fragt nach Parmesankäse, die Enkelin Nelly möchte wissen, wer die zwei fremden Frauen sind, die sich so für ihre Großmutter interessieren. »Deine Großmutter ist eine ganz besondere Frau. Sie hat Großartiges für unsere Kirche geleistet, war oft die erste Frau und deswegen kommt sie in einem Buch vor, das ich schreibe, und für das meine Schwester Fotos macht«, erkläre ich der konzentriert zuhörenden sechsjährigen Nelly.

Kindheit und Jugend in Sachsen

Friederike von Kirchbach wird 1955 als zweites von vier Kindern des Pfarrers Sieger von Kirchbach und der Kantorin Dorothea von Kirchbach, geb. Helm, in Gersdorf bei Leipzig geboren. Friederike von Kirchbachs Großvater ist der aus Dresden stammende Theologe und Superintendent Arndt von Kirchbach, der Mitglied der Bekennenden Kirche war. Ihr Vater war vor ihrer Geburt von Westdeutschland in die DDR gegangen. Er folgte dem Ruf der Kirche dort, die unter Pfarrermangel litt. Ihre Mutter arbeitet nach der Hochzeit für »Gotteslohn«, als Pfarrersfrau darf sie nicht mehr als 80 Mark pro Monat verdienen. Für ihre Tochter Friederike wird dies eine »Quelle des Zorns«. Friederike von Kirchbach wird durch ihren Vater getauft und konfirmiert. Als Kind erlebt sie als »Kirchenkind« und vermeintliche Angehörige der »Aristokratie« eine doppelte Ausgrenzung, Mobbing und Diskriminierung. Weder darf sie bei den »Pionieren« noch der FDJ mitmachen, die staatlich geförderten Kinder- und Jugendorganisationen der DDR bleiben ihr verwehrt. Sie hasst es, nicht dabei sein zu dürfen, obwohl sie Klassenbeste ist, und spürt Angst. Während alle zur Jugendweihe gehen, wird sie konfirmiert. Gleichzeitig genießt sie die heile Welt ihres Zuhauses, das fröhliche und zugewandte Leben im Pfarrhaus, den relativen Wohlstand. Sie erlebt das Leben in zwei Welten – vor und hinter dem Gartenzaun. Ihr Vater wird Pfarrer in Meißen und erreicht, dass sie und ihr Bruder an der »Erweiterten Oberschule Meißen« Abitur machen dürfen. Ihre Sicht auf die Dinge wandelt sich. Plötzlich ist es unter den Jugendlichen »in«, oppositionell zu sein. Mit ihren – getragenen – West-Klamotten ist sie plötzlich interessant und beliebt. Die Anderen vertrauen ihr. Ihr Außenseiterdasein wird so zum Vorteil und sie versöhnt sich mit ihrer Herkunft.

Studium, Heirat, Kinder – mehr darf nicht sein

Friederike von Kirchbach möchte Journalismus studieren oder Lehrerin werden, doch beides wird ihr aufgrund ihrer Herkunft verwehrt. 1973 lernt sie spannende Theologiestudent:innen kennen und bewirbt sich für das Theologiestudium. Sie beginnt in Leipzig mit dem Studium und lernt die drei alten Sprachen Latein, Griechisch und Hebräisch. Anschließend wechselt sie nach Jena und lernt dort den Theologieprofessor Klaus-Peter Hertzsch kennen, der sie prägen wird. Eine Frau als Pfarrerin oder in einem kirchlichen Amt kennt sie nicht, obwohl die Hälfte der Studierenden in Leipzig Frauen sind. 1978 wechselt sie für zwei Semester an das Katechetische Oberseminar Naumburg. In der konservativen Sächsischen Landeskirche dürfen Frauen zu diesem Zeitpunkt weder die Leitung einer Gemeinde inne haben noch einen normalen Talar tragen.

1979 heiratet Friederike von Kirchbach ihren Kollegen Johannes Woldt und bekommt drei Kinder: Charlotte, 1979, Richard, 1982, und Luise, 1983. Den Zugang zum Zweiten Theologischen Examen muss sie sich erkämpfen, eine Frau, die Mutter und schwanger ist, darf nicht ins Predigerseminar, so wird ihr mitgeteilt: »Ich bin nicht der

Meinung, dass eine Frau wie Sie ins Pfarramt gehört – Sie gehören nach Hause zu Ihrem Mann und Ihren Kindern!«, erfährt sie von dem zuständigen Oberlandeskirchenrat. Doch Friederike Woldt will um jeden Preis ins Predigerseminar, da sonst das Zweite Theologische Examen seine Gültigkeit verliert.

Ihr Mann ist unterdessen Pfarrer in Karl-Marx-Stadt (heute Chemnitz), die Familie wohnt im Pfarrhaus und sie arbeitet für »Gotteslohn« mit. Diese Zeit hat sie eindrücklich in ihrem Beitrag für die Publikation »Kinder, Kirche, Karriere. Von der berufstätigen Mutter im Dienst des Herrn. Erfahrungsberichte«, im Jahr 2000 im Wichern-Verlag erschienen, unter der Überschrift »Kinder statt Surfbretter« geschildert. Bedrückend berichtet sie, wie es ihr durch die Kirche verunmöglicht wurde, in der DDR als Mutter von drei Kindern zu arbeiten – denn ohne 2. Examen keine Ordination und ohne Ordination kein Pfarramt. So schreibt sie im Jahr 2000: »Sosehr ich mich auch bemühte, mit drei Kindern schien – aus Sicht der kirchenleitenden Männer – mein Leben ausreichend gesegnet zu sein. Zu diesem Zeitpunkt habe ich angefangen, mich als Frau in einer Männerkirche zu verstehen. Dieses Gefühl zwischen Ohnmacht und Wut ist noch heute in mir wach.«

Aus Wut und Ohnmacht erwachsen Frauensolidarität und Engagement. Sie tut sich mit anderen feministisch inspirierten Frauen zusammen. In der Frauengruppe lesen sie feministische Literatur und gründen das »Lila Band«. Die Frauen schreiben mit der Schreibmaschine auf Wachsmatrizen und vervielfältigen diese mühsam – unter dem Dach der Kirche. Der von Friederike Woldt als Materialsammlung »von und für Frauen an der berühmten Basis« gedachte Rundbrief »Lila Band« erscheint von 1987 bis 1989, natürlich unter aktiver Beobachtung der Staatssicherheit. In dieser Zeit knüpft sie erste Berlin-Kontakte zu feministischen Theologinnen, wie z. B. zu der damaligen theologischen Referentin in der evangelischen Frauen- und Familienarbeit Berlin-Brandenburg (Ost) Gudrun Althausen oder zu Annemarie Schönherr, ehemals Vorsitzende der Evangelischen Frauenarbeit in der DDR.

Vom Pfarramt zum Kirchentag

Endlich wird sie ordiniert und darf als Pfarrerin arbeiten. Von 1986 bis 1992 ist sie Landesjugendwartin in der sächsischen Landesstelle für die Junge Gemeinde. Die Unterstützung von jungen Mädchen ist ihr in dieser Arbeit ein großes Anliegen. 1992 wird sie endlich ordiniert – mit 37 Jahren – und wird Gemeindepfarrerin in Kreischa bei Dresden, als Nachfolgerin ihres Mannes nach dessen Wechsel in das Dresdener Landeskirchenamt. Der Mauerfall und der damit verbundene Aufbruch wirken euphorisierend auf Friederike Woldt. Schließlich kommt es zur Trennung und dann zur Scheidung der Eheleute, sie nimmt wieder ihren Geburtsnamen an.

Von 1994 bis 1997 ist sie an der redaktionellen Vorbereitung des »Gemeinsamen Wortes der Kirchen zur wirtschaftlichen und sozialen Lage« beteiligt. »Es war eine Zeit für eine wie mich«, sagt sie strahlend im Interview zu mir. So kandidiert sie 1999 als Generalsekretärin des Deutschen Evan-

gelischen Kirchentages – nachdem sie überzeugt worden ist, dass, wenn sie möchte, dass Frauen mit einer Ost-Biographie leiten, auch sie ihren Beitrag dazu leisten solle. So agiert sie in der Nachfolge von Dr. Margot Käßmann, mit der sie bis heute befreundet ist, von 2000 bis 2005 als Generalsekretärin des Deutschen Evangelischen Kirchentages. In dieser Funktion ist sie leitend am Deutschen Evangelischen Kirchentag 2001, am Ökumenischen Kirchentag 2003 und am Deutschen Evangelischen Kirchentag 2005 beteiligt. Ihr ist sehr bewusst, dass im Gegensatz zur Arbeitssituation vieler Frauen in der ehemaligen DDR sich ihre persönliche berufliche Lage nach der Wende enorm verbessert hat: »Die Gründe dafür mögen sehr differenziert sein – am wichtigsten scheint mir, dass immer andere Frauen da waren, die mich ermutigt und gefördert und die sich gefreut haben, wenn es mal wieder eine von uns geschafft hat.« (2000). Auch in Berlin wird man auf sie aufmerksam und fordert sie zur Kandidatur für das pröpstliche Amt in der EKBO auf.

Erste Pröpstin – als Frau in der EKBO leiten

So wird sie die erste Frau in diesem Amt und leitet von 2005 bis 2015 geistlich das Konsistorium zu Berlin und ist zugleich Stellvertreterin des Bischofs, bis 2009 von Bischof Dr. Wolfgang Huber, danach von Bischof Dr. Markus Dröge. In diesem Amt leitet sie außerdem die Abteilung 2 des Konsistoriums, zuständig für: Theologische Leitung, Theologie und Gemeindeaufbau, Kirchliches Leben, gemeindliche Arbeit mit Kindern und Jugendlichen. Sie übt das Amt gerne aus. Oft denkt sie heute darüber nach, was sie hätte anders machen können. In ihrer Amtszeit versucht sie, den Beweis zu erbringen, dass Frauen genauso gut wie Männer leiten können. Vorbilder in ihrem Leitungshandeln sind die Leiterin der Frauen- und Familienarbeit der EKBO, Dr. Christiane Markert-Wizisla, und Annemarie Schönherr. Friederike von Kirchbach setzt sich dafür ein, dass eine gute, gesunde Balance zwischen Arbeit und Privatleben im Konsistorium herrscht. Ihr Anliegen sind gute Gremien- und Gruppenergebnisse, die von allen mitgetragen werden können. Die Waage zwischen Leiten und Moderieren ist ihr in ihrem Leitungshandeln wichtig. Sie nutzt auch die Bedeutung von Emotionen und Intuition, um die Diskurse tiefgründiger und nachhaltiger zu führen. Und sie kennt Selbstzweifel sowie die Infragestellung ihrer Kompetenzen. Anders als ihre männlichen Vorgänger wird sie am Ende ihrer 10-jährigen Amtszeit nicht wiedergewählt, im August 2015 wird Dr. Christian Stäblein ihr Amtsnachfolger.

Was bleibt?

Friederike von Kirchbach muss sich neu erfinden – und tut dies: Sie unterstützt nach ihrem Ausscheiden aus dem Propstamt im Auftrag der Kirchenleitung der EKBO das House of One in Berlin. Von 2016 an bis zu ihrem Eintritt in den Ruhestand im Jahr 2021 arbeitet sie als Pfarrerin in der Kirchengemeinde St. Thomas in Berlin-Kreuzberg. Sie war und ist ferner in zahlreichen Gremien von Staat und Kirche tätig: von 2009 bis 2015 Vorsitzende des Ökumenischen Rats Berlin-Brandenburg, von 2010 bis 2016 Mitglied des Vorstandes des Sozialwissenschaftlichen Instituts der EKD, von 2011 bis 2015 Vorsitzende des Missionsrates des Berliner Missionswerks. Seit 2012 ist sie Mitglied des Beirates der Forensischen Ambulanz an der Charité, von 2014 bis 2017 Mitglied des Kuratoriums der Senatsbaudirektorin zum Dialogprozess Berliner Mitte und seit 2018 Mitglied des Verwaltungsrates der Kindernothilfe. In die Schlagzeilen gerät sie noch einmal mit ihrer Tätigkeit im rbb-Rundfunkrat: Seit 2007 gehörte Friederike von Kirchbach dem Rundfunkrat des Rundfunks Berlin-Brandenburg (rbb) an, seit 2013 als Vorsitzende des Rundfunkrates. Entsandt wurde sie in den Rundfunkrat durch die EKBO. Am 20. August 2022 tritt Friederike von Kirchbach vor dem Hintergrund der rbb-Affäre mit sofortiger Wirkung von ihrem Amt zurück und aus dem Rundfunkrat aus. Sie wolle damit nach zehn Jahren als Vorsitzende des Rundfunkrates einen Beitrag zum Neuanfang leisten und sei nicht bereit, ihre berufliche Integrität als Pfarrerin und Seelsorgerin in Frage stellen zu lassen.

In Krisen tragen sie die Lieder aus dem evangelischen Gesangbuch. Das Singen mit der Gemeinde verleiht ihr immer wieder Kraft und Mut. So war es auch in dem Jahr, in dem ihr Vater starb und sie als Pröpstin nicht wiedergewählt wurde.

Friederike von Kirchbach hat als erste Pröpstin der EKBO Maßstäbe gesetzt und die Kirche nachhaltig geprägt. Ihr Engagement für Ökumene, soziale Gerechtigkeit, die Rolle der Frau und die Jugendarbeit hat die EKBO modernisiert und zukunftsfähig gemacht. Ihre Leistungen und ihr Wirken sind ein eindrucksvolles Beispiel für die positive Veränderung, die starke und visionäre Führungspersönlichkeiten in kirchlichen Strukturen bewirken können. Ihr Lebenswerk zeigt, wie wichtig es ist, in Zeiten des Wandels und der Herausforderungen Mut zur Veränderung zu haben und gleichzeitig die Wurzeln und Traditionen zu bewahren. Friederike von Kirchbach bleibt eine inspirierende Figur, deren Einfluss weit über ihre Amtszeit hinausreicht und deren Vermächtnis die EKBO weiterhin prägt.

Im Jahr schrieb 2000 schrieb sie am Schluss ihres Beitrages: »Meine Kinder sind inzwischen erwachsen. Den Satz: ›Mama, du bist ja nie da!‹ habe ich oft zu hören bekommen. Doch wenn ich da bin, kann ich mich an ihnen freuen und bin mit ihrem und meinem Leben einigermaßen zufrieden. Ich gehe davon aus, dass sie mit einer solchen Mutter mehr anfangen können als mit einer, die nichts ärger fürchtet, als dass die Kinder eines Tages aus dem Haus sind und kaum noch etwas bleibt.«

Als meine Schwester und ich uns am späteren Sonntagabend von meiner Amtsschwester Friederike von Kirchbach verabschieden, sagen wir auch ihrer Tochter und ihrer Enkelin Adieu. Diese sind zur Terrasse gekommen, um Bescheid zu sagen, dass das Essen, das köstlich duftet, fertig ist. Ich gehe mit der Gewissheit, dass meine Amtsschwester reich gesegnet ist: ein erfülltes Berufsleben, eine tragende Familie, eine glückliche Partnerschaft, Gesundheit, Attraktivität, Humor und vieles andere mehr. Die gemeinsamen Stunden auf ihrer Terrasse in der Abendsonne sind für mich »Regenbogenzeit« – wenn Himmel und Erde sich berühren.

IX

1970er Jahre – Gleichberechtigung im Amt

Vorbemerkungen

Im Jahre 1974 erfolgte die volle Gleichstellung beider Geschlechter im Pfarrdienstgesetz der Evangelischen Kirche der Union (EKU). Frauen waren damit zum Pfarramt mit allen Funktionen uneingeschränkt zugelassen.

In der Evangelischen Kirche Berlin-Brandenburg, Berlin-West, wurden Pfarrerinnen im Jahr 1974 kirchenrechtlich ihren männlichen Kollegen gleichgestellt. Das »Kirchengesetz zur Aufhebung gegenstandslos gewordener Bestimmungen über das Amt der Pastorin vom 12. Juni 1976« wandelte die Pastorinnenstellen in Pfarrstellen um.[1] Damit war in der Region Berlin-West die rechtliche Gleichstellung ohne Einschränkungen erreicht. Für die Region Ost wurde dies erst 1978 auf der Synode beschlossen. Faktisch war es allerdings schon lange davor der Fall.

Nur wenig später kam es in der Ostregion der Berlin-Brandenburgischen Landeskirche zu Berufungen von Frauen in Leitungsämter. Die erste Superintendentin gab es hier bereits 1976 und damit Jahrzehnte früher, als dies in westdeutschen Landeskirchen der Fall war.

Wann der entsprechende Beschluss in der schlesischen Kirche gefasst wurde, ist unklar. Möglicherweise erst 1982: In allen Kirchen des Bundes der Evangelischen Kirchen in der DDR galt ab 1982 das Pfarrerdienstgesetz, das Männer und Frauen gleichbehandelte. Allerdings wurden auch hier spätestens ab Mitte der 1970er Jahre Pfarrerinnen de facto den Pfarrern gleichgestellt.

Die 1970er Jahre waren eine Zeit des gesellschaftlichen Wandels und der Frauenbewegung, die sowohl in West- als auch in Ostdeutschland erhebliche Auswirkungen auf die Lebenssituation von Frauen hatte. Die Situation von Frauen variierte stark zwischen West- und Ostdeutschland, auch innerhalb spezifischer Regionen wie West-Berlin, Ost-Berlin, Brandenburg und der Oberlausitz. Besonders relevant ist dabei die Position von evangelischen Theologinnen in der Kirche, die durch unterschiedliche gesellschaftliche und politische Rahmenbedingungen geprägt war.

In West-Berlin waren die 1970er Jahre geprägt von einer wachsenden Frauenbewegung, die sich für Gleichberechtigung, das Recht auf Abtreibung und die Bekämpfung patriarchaler Strukturen einsetzte. Frauen kämpften um mehr berufliche Möglichkeiten, rechtliche Gleichstellung und Anerkennung. Allerdings waren diese Errungenschaften noch lange nicht vollständig umgesetzt.

Für evangelische Theologinnen war der Zugang zu leitenden kirchlichen Positionen weiterhin eingeschränkt. Obwohl die Ordination von Frauen

1 Vgl. Kirchliches Amtsblatt der EKBB 1976, S. 50f.

möglich war, stießen sie im kirchlichen Alltag oft auf Widerstand. Theologinnen konnten zwar Pfarrerinnen werden, aber sie mussten sich immer wieder gegen Vorurteile und eine männlich dominierte Hierarchie durchsetzen. In West-Berlin, das eine Inselposition im geteilten Deutschland hatte, bedeutete dies für viele Theologinnen, dass sie sich auf Tätigkeiten wie die Arbeit in der Seelsorge, der Diakonie oder der Jugendarbeit konzentrierten.

In Ost-Berlin und der DDR, zu der Brandenburg und die Oberlausitz gehörten, war die Situation für Frauen durch das sozialistische System geprägt, das offiziell die Gleichberechtigung der Geschlechter propagierte. Frauen hatten einen relativ guten Zugang zu Bildung und Beruf, auch in Bereichen, die traditionell als männlich galten. In der Praxis bedeutete dies, dass viele Frauen berufstätig waren und auch in Führungspositionen arbeiten konnten, allerdings oft unter der Doppelbelastung von Beruf und Familie.

Für evangelische Theologinnen in der DDR war die Lage jedoch komplizierter. Die Kirche stand im Spannungsfeld zwischen dem atheistischen Staat und der eigenen kirchlichen Tradition. Theologinnen hatten zwar die Möglichkeit, Pfarrerinnen zu werden, aber sie mussten sich in einer zunehmend säkularisierten Gesellschaft behaupten. Der Staat übte Druck auf die Kirche aus, die sich einerseits in die sozialistische Gesellschaft integrieren sollte, andererseits aber auch Raum für christliche Überzeugungen und Praxis bieten musste.

Im kirchlichen Dienst hatten Frauen in der DDR die Möglichkeit, Führungspositionen zu übernehmen, allerdings war dies oft mit politischen und gesellschaftlichen Herausforderungen verbunden. Die evangelische Kirche bot Frauen teils mehr Möglichkeiten zur Partizipation als andere Bereiche der Gesellschaft, aber diese Möglichkeiten waren oft an strikte staatliche Auflagen und Überwachung geknüpft.

In den ländlicheren Regionen wie Brandenburg und der Oberlausitz war das Leben stark von traditionellen Geschlechterrollen geprägt. Frauen übernahmen häufig eine Doppelrolle als Berufstätige und Familienmanagerinnen. Trotz der offiziell proklamierten Gleichberechtigung hatten Frauen in diesen Regionen oft mit den konservativen Erwartungen ihrer Umgebung zu kämpfen, während sie zugleich die Anforderungen des sozialistischen Staates erfüllen mussten.

Für evangelische Theologinnen bedeutete dies eine besondere Herausforderung. Die Kirche bot zwar einen gewissen Schutzraum und eine Möglichkeit zur beruflichen Entfaltung, aber der Druck des Staates auf die Kirche und die gesellschaftliche Skepsis gegenüber religiösen Institutionen machten das Leben und Arbeiten als Theologin schwierig. Dennoch engagierten sich viele Frauen in der Seelsorge und Gemeindearbeit und prägten die kirchliche Landschaft in diesen Regionen entscheidend mit.

9.1. Der Beschluss der Synode: 17. November 1974

Inzwischen war auf der Ebene des Kirchenbundes, der EKU (Evangelische Kirche der Union), dem auch die EKiBB angehörte, 1973 die Gleichstellung

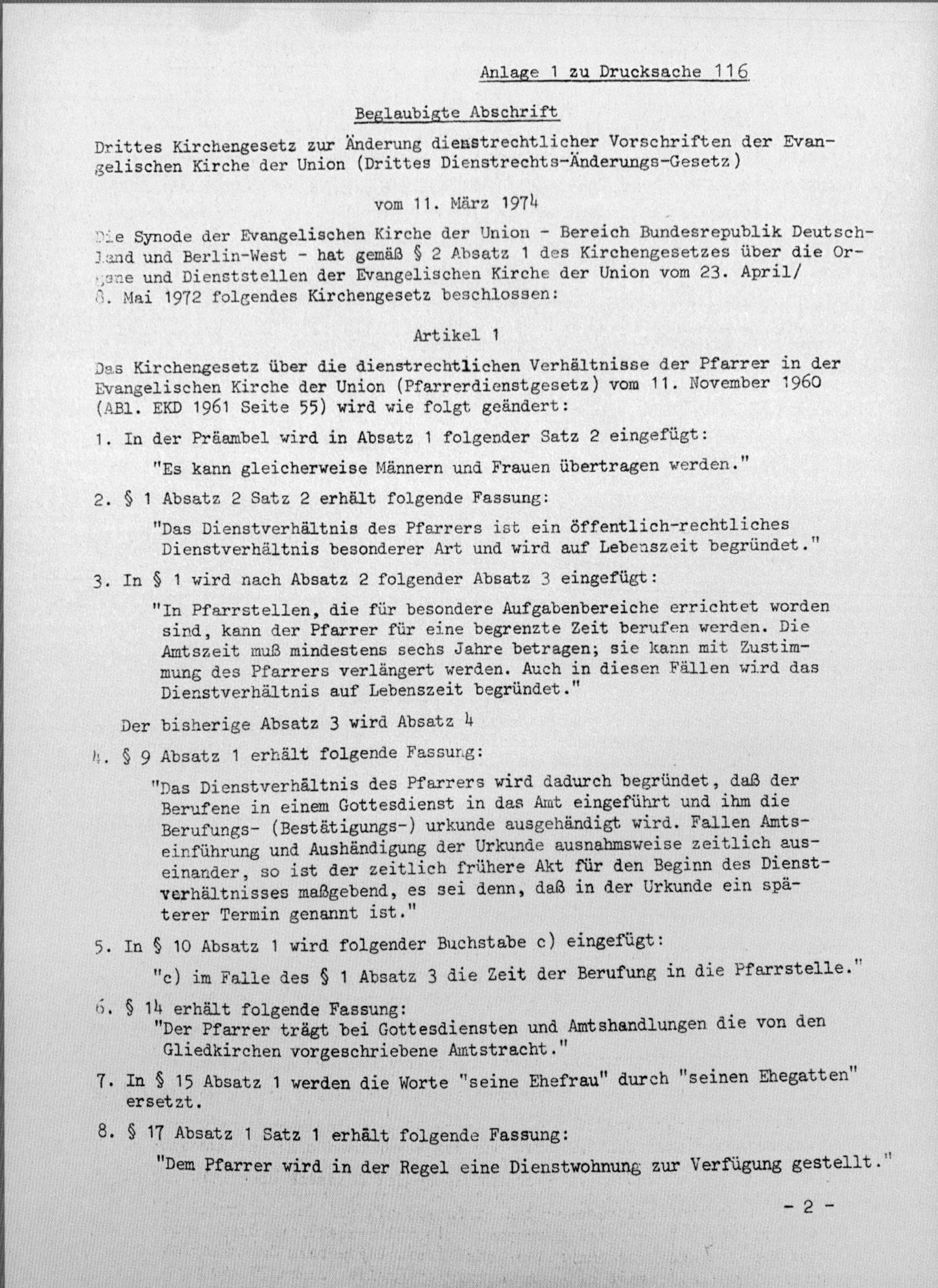

Anlage 1 zu Drucksache 116

Beglaubigte Abschrift

Drittes Kirchengesetz zur Änderung dienstrechtlicher Vorschriften der Evangelischen Kirche der Union (Drittes Dienstrechts-Änderungs-Gesetz)

vom 11. März 1974

Die Synode der Evangelischen Kirche der Union - Bereich Bundesrepublik Deutschland und Berlin-West - hat gemäß § 2 Absatz 1 des Kirchengesetzes über die Organe und Dienststellen der Evangelischen Kirche der Union vom 23. April/ 8. Mai 1972 folgendes Kirchengesetz beschlossen:

Artikel 1

Das Kirchengesetz über die dienstrechtlichen Verhältnisse der Pfarrer in der Evangelischen Kirche der Union (Pfarrerdienstgesetz) vom 11. November 1960 (ABl. EKD 1961 Seite 55) wird wie folgt geändert:

1. In der Präambel wird in Absatz 1 folgender Satz 2 eingefügt:

   "Es kann gleicherweise Männern und Frauen übertragen werden."

2. § 1 Absatz 2 Satz 2 erhält folgende Fassung:

   "Das Dienstverhältnis des Pfarrers ist ein öffentlich-rechtliches Dienstverhältnis besonderer Art und wird auf Lebenszeit begründet."

3. In § 1 wird nach Absatz 2 folgender Absatz 3 eingefügt:

   "In Pfarrstellen, die für besondere Aufgabenbereiche errichtet worden sind, kann der Pfarrer für eine begrenzte Zeit berufen werden. Die Amtszeit muß mindestens sechs Jahre betragen; sie kann mit Zustimmung des Pfarrers verlängert werden. Auch in diesen Fällen wird das Dienstverhältnis auf Lebenszeit begründet."

   Der bisherige Absatz 3 wird Absatz 4

4. § 9 Absatz 1 erhält folgende Fassung:

   "Das Dienstverhältnis des Pfarrers wird dadurch begründet, daß der Berufene in einem Gottesdienst in das Amt eingeführt und ihm die Berufungs- (Bestätigungs-) urkunde ausgehändigt wird. Fallen Amtseinführung und Aushändigung der Urkunde ausnahmsweise zeitlich auseinander, so ist der zeitlich frühere Akt für den Beginn des Dienstverhältnisses maßgebend, es sei denn, daß in der Urkunde ein späterer Termin genannt ist."

5. In § 10 Absatz 1 wird folgender Buchstabe c) eingefügt:

   "c) im Falle des § 1 Absatz 3 die Zeit der Berufung in die Pfarrstelle."

6. § 14 erhält folgende Fassung:
   "Der Pfarrer trägt bei Gottesdiensten und Amtshandlungen die von den Gliedkirchen vorgeschriebene Amtstracht."

7. In § 15 Absatz 1 werden die Worte "seine Ehefrau" durch "seinen Ehegatten" ersetzt.

8. § 17 Absatz 1 Satz 1 erhält folgende Fassung:

   "Dem Pfarrer wird in der Regel eine Dienstwohnung zur Verfügung gestellt."

- 2 -

Anlage 1 zu Drucksache 116 der »Verhandlungen der Regionalen Synode der Evangelischen Kirche in Berlin-Brandenburg in Berlin-West, vom 12. bis 17. November 1974«

im Amt beschlossen worden und nun sollten die Gliedkirchen, also auch die EKiBB, dies ebenfalls beschließen.[2]

Und dafür hatte Angelika Fischer als berufene Landessynodale und als Vorsitzende des Ständigen Theologischen Ausschusses der Regionalsynode West in jahrelanger mühsamer Gremienarbeit und Vernetzung die Weichen gestellt: Im November 1974 beschließt die Regionalsynode West, die Frauen im Pfarramt gleichzustellen und dementsprechend die Grundordnung der Kirche zu ändern. Der Punkt soll schon auf Wunsch einiger Synodaler von der Tagesordnung genommen werden, doch Angelika Fischer ist durch nichts mehr aufzuhalten. Sie hat die Mehrheit der Synode auf ihrer Seite.

So kann man in den »Verhandlungen der Regionalen Synode der Ev. Kirche in Berlin-Brandenburg in Berlin-West, vom 12. bis 17. November 1974, Band II Drucksachen« in Drucksache 116 zu Drucksache 16 den schlichten Satz lesen: »Von der Synode am 17.11.1974 mit großer Mehrheit beschlossen.«

In das Pfarrdienstgesetz wird in Absatz 1 folgender Satz eingefügt: »Es (das Pfarramt, RS) kann gleicherweise Männern und Frauen übertragen werden.« Pastorinnen werden damit rechtlich gleichgestellt und tragen künftig den Titel »Pfarrerin«. Übrigens regt Fischer damals außerdem an, dass auch männliche Pfarrer in Teilzeit gehen können sollen und Männer und Frauen die gleiche Altersgrenze für die Pensionierung haben sollen.

Auch Angelika Fischer darf nun Pfarrerin heißen, endlich sich ihren Jugendtraum erfüllen, als solche gleichberechtigt tätig sein und das gleiche Amt wie ihr geliebter Vater ausüben, das *eine*

Angelika Fischer

Pfarramt, das Männern *und* Frauen gleichermaßen übertragen werden kann.

Als Vorsitzende des Ständigen Theologischen Ausschusses der Regionalsynode Berlin-West und Geschäftsführerin des Theologinnenverbandes der Bundesrepublik Deutschland überzeugt sie im November 1974 bei der Synode die Mehrheit der Synodalen, einer Gesetzesänderung zuzustimmen, so dass nun Frauen und Männer im Pfarramt im Bereich Berlin-West gleichberechtigt sind. Die

2 Ende des Zölibats (Berlin-West) durch 2. Kirchengesetz zur Änderung dienstrechtlicher Vorschriften der EKU vom 8.5.1972 (KABl. S. 1ff), vgl. auch Pfarrdienstgesetz (KABl. EKD 1974 [Nr. 6], S. 428. Der Archivar in Görlitz, Pfarrer i. R. Jürgen Schwarzbach, schreibt dazu an die Verfasserin: »Ich habe die Tagesordnungen der Synoden von 1973–1980 durchgesehen, außerdem die Kirchenleitungsberichte, in denen kurz auf EKU-Beschlüsse. Anregungen, Vorlagen u. ä. eingegangen wird – ohne auf das Thema Ordination verheirateter Frauen oder Gleichstellung oder … zu treffen.«

Susanne Kahl-Passoth, Markus-Küirchengemeinde, Anfang der 1980er Jahre

unrühmliche, durch nichts theologisch zu rechtfertigende Geschichte des Zölibats für Pastorinnen hat endlich ein Ende gefunden. Dank sei einer begnadeten Theologin, deren Sammlung theologischer Werke mich tief beeindruckt hat. Dass es Zeiten gab, in denen man solche Theologinnen aus dem Pfarramt geworfen hat, weil sie geheiratet haben, gehört für mich zu den sinnlosesten Aktionen der evangelischen Kirche.

Für die Region Ost wurde dies, wie erwähnt, erst 1978 auf der Synode beschlossen. Faktisch war es allerdings schon lange davor der Fall.

Wann der entsprechende Beschluss in der schlesischen Kirche gefasst wurde, ist, wie ausgeführt, unklar. Möglicherweise erst 1982: In allen Kirchen des Bundes der Evangelischen Kirchen in der DDR galt ab 1982 das Pfarrerdienstgesetz, das Männer und Frauen gleichbehandelte. Allerdings wurden auch hier spätestens ab Mitte der 1970er Jahre Pfarrerinnen *de facto* den Pfarrern gleichgestellt.

9.2. Feminismus in der Kirche in West-Berlin

Susanne Kahl-Passoth und Magdalena Möbius fassen zusammen: »Infolge der neuen Frauenbewegung, die sich in der Bundesrepublik Deutschland im Zusammenhang mit dem Aufstand von Frauen im Kontext der Studentenbewegung entwickelte, und infolge der so genannten ›Sexismus-Konsultation‹ des Ökumenischen Rates der Kirchen, die 1974 in West-Berlin stattfand, begannen auch unter Frauen in der Kirche feministische Aktivitäten.

1974 erschien Elisabeth Moltmann-Wendels Buch ›Menschenrechte für die Frau. Christliche Initiativen zur Frauenbewegung‹. Es forderte Gleichberechtigung für die Frau in der Kirche im Namen der Menschenrechte. Zugleich enthielt es die Übersetzung von Texten zur Frauenbefreiung aus den USA und damit erste Ansätze einer feministischen Theologie.

1975 wurde Elisabeth Moltmann-Wendel von der Frauenarbeit, die damals von Frau Dr. Waltraud Seeber geleitet wurde, zu einer Tagung in der Evangelischen Akademie am Kleinen Wannsee eingeladen. ›Frauen zwischen Selbstaufgabe und Selbstbehauptung‹ lautete der Titel ihres Vortrages. Das Besondere an dieser Tagung: Zugleich waren auch Vertreterinnen der ›säkularen Frauenbewegung‹ eingeladen worden, unter ihnen Renate Bookhagen.

Im Praktisch Theologischen Ausbildungsinstitut (PTA) gab es einen so genannten Frauenemanzipationskreis.

Im Rahmen von ›Kirche in der Verantwortung‹, eine die Evangelische Kirche kritisch begleitende Gruppe von Mitarbeitenden und Mitgliedern der Kirche, die sich 1974 in Folge heftiger Auseinandersetzungen in Kirche und Gesellschaft um den Umgang mit Häftlingen der Roten Armee Fraktion gebildet hatte, wurde 1979 eine Frauengruppe gegründet, die verändert bis heute existiert.

Auf dem Kirchentag in Hamburg durften erstmals mehr Frauen in den Eröffnungsgottesdiensten predigen, gab es ein Frauenzentrum, das das Frauenwerk in Hamburg vorbereitet hatte. ›Mit Mirjam durch das Schilfmeer – Frauen bewegen die Kirche‹ lautete die Überschrift der Bibelarbeit von Heidemarie Langer, Herta Leistner und Elisabeth-Moltmann-Wendel, die damit eine Frauenbewegung in der Kirche beförderten.

Feministisch-theologische Tagungen vor allem in der Evangelischen Akademie in Bad Boll beförderten die Entwicklung. Das forderte Auseinandersetzungen heraus. Unter anderem wurde ich vom Leitungskreis der Frauenarbeit zu einem Gespräch geladen, um sehr kritische Nachfragen zur feministischen Theologie und zu Forderungen nach der Gleichberechtigung von Frauen in der Kirche zu beantworten. Die Evangelische Sammlung in Berlin forderte später ein Lehrzuchtverfahren.«[3]

9.3. Frauen werden Superintendentinnen: Ingrid Laudien als erste Superintendentin

Ingrid Laudien, geboren am 9. August 1934 in Finckenstein/Westpreußen als Tochter eines Pfarrers, prägte die kirchliche Landschaft in Berlin über viele Jahrzehnte hinweg. Nach ihrem Abitur im Jahr 1953 in Dessau und ihrem anschließenden Studium sowie der Ordination, begann sie ihren Pfarrdienst 1961 in Storkow, bevor sie 1963 in die Gemeinde zur Barmherzigkeit in Berlin-Lichtenberg wechselte. Dort wirkte sie dreizehn Jahre als Pfarrerin und gewann das Vertrauen und die Anerkennung ihrer Kollegen und der Gemeindemitglieder.

Mit der Gleichstellung beider Geschlechter im Pfarrdienstgesetz der Evangelischen Kirche der Union (EKU) im Jahr 1974 wurde Frauen der uneingeschränkte Zugang zum Pfarramt mit allen Funktionen gewährt. Bereits zwei Jahre später, 1976, wurde Ingrid Laudien zur ersten Superintendentin im Kirchenkreis Berlin-Lichtenberg gewählt. Diese Wahl war ein Zeichen ihres hohen Ansehens und des besonderen Vertrauens, das sie in ihrer Zeit als Pfarrerin aufgebaut hatte. Für fast zwei Jahrzehnte diente sie als Superintendentin und Pfarrerin in

3 Susanne Kahl-Passoth/Magdalena Möbius, Von der Frauenhilfe zur Frauenarbeit, in: Scheepers, Vorgängerinnen, 125–127, hier: S. 126.

Ingrid Laudien

der Samaritergemeinde in Berlin-Friedrichshain, einem Zentrum kirchlicher Opposition, das sich ab den 1970er Jahren mit Pfarrer Rainer Eppelmann herausbildete. Ingrid Laudien verteidigte das Engagement ihres Kollegen für die sogenannten Bluesmessen, eine Form des Widerstands gegen das DDR-Regime, und bot den Oppositionsgruppen innerhalb der Kirche entscheidenden Rückhalt. Über ihr Wirken sagte sie rückblickend bescheiden: »Ich habe immer Klein-Klein gearbeitet, die Schicksale der Leute waren mir wichtiger, als im Licht der Öffentlichkeit zu stehen.«[4]

Im Februar 1994 wurde Ingrid Laudien von der Leitung der Evangelischen Kirche in Berlin-Brandenburg, nachdem sie gerade ihr Gesuch für den Ruhestand eingereicht hatte, für zwei Jahre mit der Vakanzverwaltung der Generalsuperintendentur des Sprengels Berlin beauftragt. In einer Phase des Zusammenwachsens der Ost- und Westregion der Berlin-Brandenburgischen Landeskirche wurde ihr die Aufgabe übertragen, die beiden ehemals getrennten Teile der Kirche zu einen. Ihr besonderes Talent, Vertrauen aufzubauen und Menschen zusammenzuführen, machte sie zur idealen Besetzung für dieses Amt. In einer ihrer typisch bescheidenen Äußerungen meinte sie gegenüber Journalisten: »Es ist eine gute Frage, warum ich von der Kirchenleitung mit dieser Aufgabe betraut wurde. Wahrscheinlich wollte man für die Zeit, die die Stelle neu besetzt wird, eher ein Auslaufmodell wie mich auf diesen Stuhl setzen als einen jüngeren Kollegen.«[5] Am 23. Mai 1994 wurde Ingrid Laudien in der Kaiser-Wilhelm-Gedächtniskirche, ihrer zukünftigen Predigtstätte im ehemaligen Westteil Berlins, feierlich in ihr Amt eingeführt. Mit ihrer Amtseinführung wurde das Amt des/der Generalsuperintendent:in für den gesamten Sprengel Berlin nun auch wieder in den Westbezirken Berlins etabliert, wo es in der Zeit der Trennung der Kirche in das Bischofsamt in Berlin (West) integriert

4 Zitiert nach: Alexander Lengsfeld: Ingrid Laudien, neue Berliner Kirchenchefin, in: Berliner Zeitung, 8. Februar 1994.

worden war. Laudiens Vorgänger für den Bereich Berlin (Ost) war Günter Krusche. Sie übte das Amt bis zum Eintritt in den Ruhestand 1996 aus. Ihr Nachfolger wurde Martin-Michael Passauer.

Auch im Ruhestand blieb sie weiterhin aktiv und engagierte sich in einer Kirchenwiedereintrittsstelle sowie in verschiedenen anderen kirchlichen Ämtern, wie z. B. als stellvertretende Kuratoriumsvorsitzende des Paul-Gerhardt-Stiftes in Berlin-Wedding und Kuratoriumsmitglied des Dietrich-Bonhoeffer-Hauses in Berlin-Charlottenburg.

Ihr Wirken bleibt in der Kirchengeschichte der EKBO bedeutend, denn sie war die erste Frau, die sowohl als Superintendentin als auch als Generalsuperintendentin tätig war – lange bevor dies in anderen Landeskirchen der Evangelischen Kirche in Deutschland (EKD) üblich wurde. Heute werden drei der zwei Sprengel der EKBO von Generalsuperintendentinnen – Ulrike Trautwein und Theresa Rinecker – geleitet, was das Vermächtnis von Ingrid Laudien unterstreicht. Am 30. Januar 2009 starb Ingrid Laudien in Berlin, nachdem sie ihr Leben dem Dienst an der Kirche und den Menschen gewidmet hatte.

Fazit

Insgesamt war die Situation für Frauen in den 1970er Jahren durch eine Kombination von traditionellen Geschlechterrollen und dem Kampf um Gleichberechtigung geprägt. Für evangelische Theologinnen stellte sich die Lage differenziert dar: Während sie in West-Berlin und der Bundesrepublik weiterhin mit einer männlich geprägten Kirchenhierarchie rangen, hatten sie in Ost-Berlin und der DDR eine ambivalente Position, geprägt von staatlichem Druck und kirchlichen Freiräumen. In allen Regionen mussten sich Theologinnen ihre Position in einer von Männern dominierten Kirche erkämpfen, wobei sie gleichzeitig eine bedeutende Rolle in der religiösen und gesellschaftlichen Landschaft spielten.

5 Ebd.

GESTALTERIN DER AUSBILDUNG

DR. HANNA KASPARICK

Erste Direktorin der Prediger:innenseminare Brandenburg und Wittenberg

Zum Einstieg

Ein warmer Sommertag im Juli in Kopenhagen, in einem Café. Mein Kopenhagener Bischof Peter Skov-Jakobsen, die zwei Vikar:innen von Sankt Petri Kopenhagen Anne Marike Christophers und Morten Hennebichler und ich sitzen zusammen und kommen auf Dr. Hanna Kasparick zu sprechen: »Lieber Peter, ich soll dich schön grüßen, von Hanna Kasparick aus Wittenberg – Ihr kennt Euch ja aus Hadersleben, dem Wittenberg des Nordens.« Und dann reden wir über die Verbindung zwischen der ehemaligen Leiterin des Wittenberger Prediger:innenseminars und dem *primus inter pares* der dänischen Bischöf:innen, diskutieren über die Verschiedenheit der Vikar:innenausbildung in Deutschland und Dänemark und über die Zukunft der Kirchen. »Es war noch nie so gut, Pfarrer zu sein wie heute«, so das Urteil des Kopenhagener Bischofs – eine Aussage, die unsere beiden Vikar:innen natürlich gerne hören. Ob man das von Deutschland sagen kann? Wie soll die Tätigkeit der Pfarrer:innen in Zukunft aussehen und wie dementsprechend die Ausbildung dahin?

Kirche Wang in Karpacz, Trauung ihres Neffen im Sommer 2007

Hanna Kasparick hat für den Bereich der EKBO jahrzehntelang diese Ausbildung mitgestaltet und leitend verantwortet. Als ich selbst vor über 20 Jahren im Prediger:innenseminar in Brandenburg/Havel als Vikarin war, war sie dort seit wenigen Monaten die neue Direktorin. Nun bin ich auf dem Weg in die Lutherstadt Wittenberg und gespannt, sie an diesem Ort neu kennenlernen zu dürfen. Und bei der Gelegenheit, meiner Schwester gemeinsam mit meiner Amtsschwester Wittenberg zu zeigen, die es bis dahin noch nicht von London nach Wittenberg verschlagen hatte.

Vom Missionshauskind zur Bibliothekarin und Abiturientin

Hanna Pietz wird 1954 in Berlin als Tochter von Dr. Reinhold und Hanna Pietz geboren. Gemeinsam mit ihrer älteren Schwester, ihrem jüngeren Bruder und ihrer jüngeren Schwester wächst sie zunächst in Berlin im Missionshaus in der Georgenkirchstraße auf, wo ihr Vater von 1958 bis 1969 am Paulinum tätig ist: Das »Paulinum« war von 1946 bis 1999 eine Ausbildungsstätte des Zweiten Bildungswegs für Pfarrer, Stadtmissionare und Prediger. Hanna Pietz wächst so gemeinsam mit den anderen »Missionshauskindern« auf, z. B. mit Bertram Althausen, später Superintendent in Potsdam, mit Markus Meckel, später der letzte Außenminister der DDR, und anderen. Sie erlebt aufgrund ihrer kirchlichen Familie Zurücksetzungen wie etwa die Verweigerung der Zulassung zum Abitur. Oder der Versuch, sie vor der Klasse für die Kreuzzüge und andere Untaten der Kirche abzustrafen. Doch die Solidarität mit den anderen kirchlichen Kindern und Jugendlichen hilft ihr. Ihr Vater ist ihr mit seinen klaren Positionierungen ein großes Vorbild – in der DDR nimmt er nur einmal an der Wahl teil, nämlich als man ein einziges Mal auch mit »Nein« stimmen konnte: Am 6. April 1968 kommt es über den Verfassungsentwurf zur ersten und einzigen Volksabstimmung in der DDR. Über das Leben ihres Vaters werden Hanna Kasparick und ihr Bruder später ein Buch verfassen: *Reinhold Pietz (1921–1976). Ein Theologe im Zeitalter des Totalitarismus*, Görlitz 2021. 1969 zieht die Familie nach Köpenick um, dann nach Rahnsdorf, ihr Vater wird 1972 Präsident der EKU-Kirchenkanzlei, Bereich DDR. Die junge Hanna Pietz absolviert eine Lehre an der Universitätsbibliothek Berlin und arbeitet dann dort als Bibliotheksfacharbeiterin sowie am Kirchlichen Zentralkatalog Berlin. Zeitgleich besucht sie die Volkshochschule Berlin-Köpenick und legt dort 1973 ihr Abitur ab.

Studienzeiten, Pfarrstelle, Promotion und politisches Engagement in der Wendezeit

1975 beginnt sie mit dem Studium der Kirchenmusik an der Evangelischen Kirchenmusikschule Halle a. d. S. und schließt dies mit der Mittleren kirchenmusikalischen Prüfung ab. Die junge Hanna Pietz entscheidet sich nach dem Tod des Vaters bewusst, wie auch ihr Bruder, in der DDR zu bleiben – ihre Mutter Hanna Pietz wäre in den Westen gegangen, aber nicht ohne ihre Kinder. So bleiben alle Pietzens in der DDR. 1978 beginnt Hanna Pietz mit 24 Jahren ein Theologiestudium am Sprachenkonvikt Berlin und lernt hier ihren späteren Ehemann Siegfried Kasparick, zu der Zeit dort Mitstudent, kennen. 1980 heiraten die beiden, danach studieren sie ein Jahr gemeinsam am Kirchlichen Oberseminar Naumburg. 1982 schenkt sie ihrem Sohn Martin das Leben. Siegfried Kasparick wird 1982/83 als Assistent vertretungsweise Ephorus am Sprachenkonvikt in Ost-Berlin, nachdem der eigentliche Amtsinhaber Gerhard Lorenz plötzlich während einer Kollegiumssitzung verhaftet und danach mit seiner Familie in den Westen entlassen wurde. 1984 absolviert sie das Erste Theologische Examen. 1985 kommt der zweite Sohn, Matthias, auf die Welt.

In dieser Zeit hat Hanna Kasparick mit schwerer Neurodermitis zu kämpfen, die sich im Laufe der Zeit und der Schwangerschaften bessert. 1986 erhält ihr Mann seine erste Pfarrstelle, in Osterburg/Altmark, sie absolviert ihr Vikariat und legt 1988 das Zweite Theologische Examen in Magdeburg ab, ehe sie 1991 ordiniert wird. Im selben Jahr übernimmt sie im Umfang von 50 % die Kreispfarrerstelle für Kinder- und Jugendarbeit im Kirchenkreis Osterburg, ihr Mann wird dort Superintendent. Diese Arbeit mit Kindern und Jugendlichen genießt Hanna Kasparick sehr, sie experimentiert und probiert viele neue Dinge mit den Jugendlichen aus.

Und sie engagiert sich im Gesprächskreis, der zur Keimzelle der Friedlichen Revolution in Osterburg wird: Das lokale Neue Forum wird bei ihnen im Pfarrhaus gegründet, in der ersten Wahlperiode sitzt Hanna Kasparick als Abgeordnete im Kreistag und hat den Fraktionsvorsitz inne. Sie gestaltet die Geschehnisse nachhaltig mit.

Neben ihrer Pfarrstelle promoviert Hanna Kasparick an der Humboldt-Universität Berlin mit einer kirchengeschichtlichen Arbeit: »Lehrgesetz oder Glaubenszeugnis. Der Kampf um das Apostolikum und seine Auswirkungen auf die Revision der Preußischen Agende (1892–1895).«

Brandenburg an der Havel und Lutherstadt Wittenberg

1993 wird ihr Mann als Direktor an das Prediger:innenseminar in Brandenburg an der Havel berufen. Als sie um einen Gesprächstermin bei dem zuständigen Superintendenten bittet, um nach einer Stelle zu fragen, heißt es lapidar: »Für eine mitreisende Ehefrau haben wir keine Verwendung!« Im Studium hat sie sich stets gleichberechtigt gefühlt, erst im Pfarramt erlebt sie eine mehr oder minder subtile Zurücksetzung, auch auf Pfarrkonventen. Da es in Brandenburg keine Pfarrstelle für sie zu geben scheint, wird sie 1993 Studienleiterin für Gemeindepädagogik im Bildungswerk der Ev. Kirche in Berlin und Brandenburg. Dort bildet sie Gemeindepädagog:innen (Fachschulabschluss) aus und wirkt in der Fort- und Weiterbildung von Religionslehrern und Religionslehrerinnen mit.

Ende 2001 wählt die Synode der Evangelischen Kirche der Kirchenprovinz Sachsen Siegfried Kasparick zum Propst des Kurkreises Wittenberg. Im Jahr 2002 wird sie daraufhin zur Nachfolgerin ihres Mannes berufen – zur ersten Direktorin des Prediger:innenseminars in Brandenburg und damit zur Predigerin am Brandenburger Dom sowie zur stellvertretenden Dechantin des Domkapitels. Kasparicks ziehen aus der Direktorenwohnung in Brandenburg aus und in eine Wohnung in Wittenberg ein, Hanna Kasparick behält eine kleine Wohnung in Brandenburg. Nachfolgerin des eigenen Ehemannes, das sei auch etwas merkwürdig gewesen, aber das Kuratorium hatte sich ja bewusst für sie entschieden. Die Zeit in Brandenburg war insgesamt keine leichte: Massive Verunsicherungen aufgrund der desolaten Perspektive für junge Vikar:innen, das Zusammenlegen von Prediger:innenseminaren und die allgemeine Stimmung in den Kirchen seien alles andere als einfach gewesen, erinnert sie sich.

Doch dann kommt Hanna Kasparicks Sternstunde: Sie wird 2005 zur ersten Direktorin des Evangelischen Prediger:innenseminars Wittenberg berufen, verbunden mit einem Predigtauftrag an der Wittenberger Schlosskirche. Im Jahr 1968 gab es hier die erste Vikarin – nun gibt es erstmalig eine Direktorin. An diesem Ort entwickelt Hanna Kasparick eine Schaffenskraft, die mich absolut fasziniert. Symbolisch mag dafür der Umzug des Prediger:innenseminars aus dem Augusteum, dem alten Universitätsgebäude am Lutherhaus, zur Schlosskirche stehen, weg vom alten, angestammten »Luther-Ort« hin zu einem spirituellen Kraftort, der nahezu 700 Jahre zurückreicht. Damit leistete das Predigerseminar auch einen wesentlichen Beitrag zur Stadtentwicklung Wittenbergs im 21. Jahrhundert. Insgesamt begleitet sie mit ihren jeweiligen Studienleitungen über 500 Vikar:innen. Ihr gelingt eine große strukturelle Veränderung: Das Seminar wird zuständig für vier ostdeutsche Landeskirchen, die EKBO, die Evangelische Kirche in Mitteldeutschland, die Evangelische Landeskirche Anhalts und die Evangelisch-Lutherische Landeskirche Sachsens. Der Standort Brandenburg/Havel als Prediger:innenseminar wird geschlossen, Wittenberg energisch weiterentwickelt, in der Pluralität der entsendenden Landeskirchen.

über Gott

Darauf ist sie stolz, diese gemeinsame Ausbildung mit den Verantwortlichen in den Landeskirchen angebahnt und bewältigt zu haben, diese mit den Kolleg:innen stets weiterentwickelt, familienfreundlicher, moderner und pluraler gestaltet und damit in Wittenberg einen Ort geschaffen zu haben, wo Vikar:innen erleben können, was es heißt, auf die Herausforderungen der Gegenwart mit Lust auf Experimente und dem Blick auf die lebendige Tradition zuzugehen. Wo sie herausgehen aus den eigenen Grenzen innerkirchlicher Selbstgenügsamkeit. Wo junge Theolog:innen befähigt werden zu zeigen, was sie an der Kirche und der Theologie lieben. Als Dozentin am Predigerseminar liegen ihr die Bereiche Gottesdienst und Predigt, die Gemeindeentwicklung und die Kasualien, darunter die Taufe, besonders am Herzen.

Der Auszug des Prediger:innenseminars aus dem Wohnsitz der Luthers ruft auch Widerstand hervor und zwischendurch muss es Interimslösungen geben. Der Einzug in das neue Schlossensemble bringt Freude und Erleichterung, aber auch Komplikationen mit sich. Doch das alles ist nichts im Vergleich zu dem Schicksalsschlag, der sie 2016 trifft. In dieser Zeit verstirbt ihr geliebter Mann, der 36 Jahre an ihrer Seite gewesen war, nach schwerer Krankheit. Der Trauergottesdienst, an dem auch Sachsen-Anhalts Ministerpräsident Reiner Haseloff teilnimmt, findet am 9. Juni 2016 in der Wittenberger Schlosskirche statt. Kurz darauf eröffnet sie zum 200. Geburtstag des Prediger:innenseminars eine Ausstellung, zu der auch ein sehr lesenswerter Begleitband erscheint: »Gehrock, T-Shirt und Talar: 200 Jahre Evangelisches Predigerseminar Wittenberg«.

Dr. Hanna Kasparick ist es wichtig, dass auch Frauen leiten. Durch ihre Leitungsfunktionen verkörpert sie, dass Frauen leiten können und kein Amt rein männlich ist, weder der Pfarrberuf noch die kirchenleitenden Ämter. Den Vikar:innen und Mitarbeitenden gegenüber empfindet sie das als wichtiges Signal, damit es nicht länger heißen könne: »Die Männer haben das Amt, die Frauen den Dienst.« Als Frau habe sie mit anderen Übertragungen, Erwartungen sich auseinandersetzen müssen als ihre männlichen Kollegen, doch durch ihr partizipatorisches und kooperatives Leitungshandeln viele Konflikte deeskalieren können. Ihre Fortbildungen in der Themenzentrierten Interaktion (TZI) haben ihr geholfen, Veränderungen behutsam und empathisch voranzutreiben, kirchliche Interessen zu verfolgen, und dafür Anerkennung und erfolgreiche Projekte verzeichnen zu können.

Was bleibt

2019 erhält Dr. Hanna Kasparick das Bundesverdienstkreuz am Bande, da sie sich neben der Ausbildung der Vikarinnen und Vikare am Predigerseminar auch »weit über ihre beruflichen Pflichten hinaus« engagiert habe, heißt es in der Laudatio. So habe sie »entscheidend dazu beigetragen, dass das Reformationsjubiläum 2017 zu einem Erfolg für die Lutherstadt und Sachsen-Anhalt wurde«. Sie habe zudem die Sanierung des Schlosskirchenensembles erfolgreich begleitet und internationale Kontakte und Partnerschaften gefördert. In der Laudatio wird gelobt, sie habe sich »auf vielfältige

Weise um die evangelische Kirche, um die Lutherstadt Wittenberg und unser Heimatland Sachsen-Anhalt verdient gemacht«.

Dr. Hanna Kasparick ist zu dieser Zeit bereits weitergezogen und arbeitet als wissenschaftliche Mitarbeiterin an der Evangelischen Hochschule Berlin mit einem Forschungsauftrag zur Entstehung der gemeindepädagogischen Ausbildung in den Kirchen des Bundes der Evangelischen Kirchen in der DDR, die Ergebnisse bündelt sie hier: Hanna Kasparick, Hildrun Keßler, *Aufbrechen und Weiterdenken. Gemeindepädagogische Impulse zu einer Theorie von Beruflichkeit* und Ehrenamt in der Kirche, Leipzig 2019. Im Jahr 2020 geht sie in den Ruhestand.

Der Kreis schließt sich

Dr. Hanna Kasparick läuft Anfang Juli 2024 fröhlich hüpfend, fast tanzend, vor uns her durch ihr Wittenberg. Zum Wohnhaus der Luthers, dem ehemaligen Prediger:innenseminar, mit der Statue Katharina von Boras im Hof, hin zur Schlosskirche. Voller Stolz zeigt sie uns das neue Prediger:innenseminar, das »Christine-Bourbeck-Haus«, benannt nach der Direktorin des Vikarinnenseminars in Berlin-Spandau (das gab es, ehe Vikarinnen in den Predigerseminaren erlaubt waren). Begeistert erzählt sie uns von dem Architekturpreis, den das neu gestaltete Schloss mit den Seminarräumen des Predigerseminars gewonnen hat, und der genialen, neuen Unterbringung der Reformationsgeschichtlichen Forschungsbibliothek: Heimstatt der Bibliothek mit über 230.000 Bänden sind zwei weitere Etagen des von Grund auf sanierten und für die neuen Nutzungszwecke umgebauten Schlosses Wittenberg. Sie hat diesen Ort zukunftsfähig gemacht, indem sie das an der Wittenberger Schlosskirche zu einem theologischen Bildungs-Campus verbunden hat, was zusammengehört: die Ausbildung künftiger Pfarrer:innen, tiefes historisches Wissen und die Kraftquelle der Spiritualität. Zum Schluss frage ich sie voller Bewunderung, wie sie es bei so vielen beeindruckenden Theologen um sich herum – Vater, Bruder, Ehemann – geschafft habe, ihren Weg zu gehen? Bescheiden und zugleich überzeugt antwortet sie: »Da hatte ich schon das Gefühl, dass ich mit meiner Erfahrung, meiner Weltsicht, und meinem Zugang zum Glauben, auch als Frau, im Familienkreis etwas Eigenes beitragen kann. Und ich hatte auch weibliche Unterstützung von meiner Mutter und meiner Tante, die das gut fanden.«

Als Kind und Jugendliche habe ich an meiner Grundschule wie auch an meinem Gymnasium nur Schuldirektorinnen erlebt. Als Vikarin erlebte ich auch im Prediger:innenseminar »nur« eine Direktorin – Dr. Hanna Kasparick. Ich bin froh und dankbar, bei diesen drei Direktorinnen einen Teil meiner Bildung erfahren haben zu dürfen. Dass Dr. Hanna Kasparick nicht nur Direktorin und theologische Lehrerin, sondern auch Netzwerkerin, Baulöwin, Kirchenmusikerin, Visionärin, Politikerin, Wissenschaftlerin, Kommunikatorin, Mutter, Großmutter, Ehefrau, Witwe und vieles mehr war und ist, weiß ich erst seit meinem jüngsten Besuch bei ihr. Sie hält alle Bälle in der Luft, mit Zähigkeit, Leichtigkeit und Bescheidenheit. Sie ist eine Tausendsassa in Wittenberg – eine theologische Lehrerin und Ballkünstlerin. Bewundernswert.

X

1980er Jahre – Kirchliche Faueninitiativen und der Fall der Mauer

Vorbemerkung

Die 1980er Jahre, insbesondere das Ende des Jahrzehnts, waren von tiefgreifenden politischen und gesellschaftlichen Veränderungen in Deutschland geprägt. Der Fall der Mauer im Jahr 1989 markierte den Höhepunkt dieser Entwicklungen und führte zur Wiedervereinigung Deutschlands. Die Rolle der Kirchen, insbesondere in der DDR, war in diesem Prozess von zentraler Bedeutung, und die Situation von Frauen, einschließlich evangelischer Theologinnen, war eng mit diesen Ereignissen verknüpft. In allen Kirchen des Bundes der Evangelischen Kirchen in der DDR galt ab 1982 das Pfarrerdienstgesetz, das Männer und Frauen gleichbehandelte.

In West-Berlin waren die späten 1980er Jahre von einer intensiven politischen Atmosphäre geprägt. Als isolierte westliche Enklave mitten in der DDR war West-Berlin ein Ort, an dem politische Ideologien und gesellschaftliche Bewegungen aufeinandertrafen. Die evangelische Kirche in West-Berlin hatte in dieser Zeit zunehmend mit den Themen Frieden, soziale Gerechtigkeit und Menschenrechte zu tun, die im Zusammenhang mit der Entspannungspolitik zwischen Ost und West standen. Evangelische Theologinnen in West-Berlin engagierten sich in der Friedensbewegung und setzten sich für soziale Fragen ein. Sie waren in der Gemeindearbeit aktiv und spielten eine wichtige Rolle in der Seelsorge, insbesondere in einer Stadt, die aufgrund ihrer geopolitischen Lage stets im Fokus internationaler Spannungen stand. Die Ereignisse rund um den Fall der Mauer im November 1989 wurden in West-Berlin mit großer Erleichterung und Freude aufgenommen, da sie das Ende der Teilung der Stadt bedeuteten.

In Ost-Berlin und der DDR war die Situation für evangelische Theologinnen deutlich komplexer. Die Kirche war eine der wenigen Institutionen in der DDR, die sich ein gewisses Maß an Unabhängigkeit bewahrt hatte, und sie wurde zu einem zentralen Ort des Widerstands gegen das Regime. In den 1980er Jahren boten die Kirchen Raum für oppositionelle Gruppen, die in der staatlich überwachten Gesellschaft keinen Platz hatten. Friedensgebete, Menschenrechtsseminare und Umweltgruppen fanden in den Kirchen Zuflucht und Unterstützung. Evangelische Theologinnen spielten eine zentrale Rolle in diesen Bewegungen. Sie beteiligten sich aktiv an der Organisation und Durchführung von Friedensgebeten und anderen kirchlichen Veranstaltungen, die sich zunehmend zu Sammelpunkten des Protests gegen das SED-Regime entwickelten. Besonders in Ost-Berlin wurden die Kirchen ab 1989 zu einem wichtigen

Akteur im friedlichen Widerstand, der schließlich zum Fall der Mauer führte.

Am 9. November 1989, als die Mauer fiel, waren es auch die Kirchen, die den Menschen Raum für Reflexion und Dankbarkeit boten. Die Ereignisse dieses historischen Moments wurden in den Kirchen thematisiert und begleitet, und die Theologinnen trugen maßgeblich zur Gestaltung dieser Zeit bei.

In den ländlichen Regionen Brandenburgs und der Oberlausitz war die Kirche ebenfalls ein wichtiger Akteur im gesellschaftlichen Leben, wenn auch mit einem etwas anderen Fokus als in den städtischen Zentren. Hier war die Kirche ein stabilisierendes Element in einer Zeit großer Unsicherheit und wirtschaftlicher Umwälzungen. Evangelische Theologinnen in Brandenburg und der Oberlausitz standen vor der Herausforderung, ihre Gemeinden in einer sich rasant verändernden Welt zu begleiten. Sie leisteten wichtige Arbeit in der Seelsorge und unterstützten die Menschen in den ländlichen Regionen, die von den politischen Umwälzungen betroffen waren. Nach dem Fall der Mauer änderte sich auch hier das kirchliche Leben. Die Wiedervereinigung brachte nicht nur neue Freiheiten, sondern auch neue Herausforderungen, etwa den Umgang mit den Veränderungen in der Landeskirche und die Integration von Menschen, die aus dem Westen nach Osten zogen.

Die Kirchen, sowohl in Ost- als auch in Westdeutschland, spielten eine Schlüsselrolle im Vorfeld des Mauerfalls und in der anschließenden Wiedervereinigung. In der DDR wurden die Kirchen zu einem Rückzugsort für Dissidenten, Oppositionelle und Bürgerrechtsbewegungen. Die Friedensgebete, die in den Kirchen stattfanden, entwickelten sich zu Massenbewegungen, die das Regime letztlich nicht mehr kontrollieren konnte. Die evangelischen Theologinnen waren nicht nur Teil dieser Bewegung, sondern oft auch deren Führungspersonen. Sie organisierten und moderierten Veranstaltungen, die sowohl spirituelle als auch politische Dimensionen hatten. In dieser Rolle trugen sie entscheidend dazu bei, dass die Proteste weitgehend friedlich blieben und sich zu einer breiten gesellschaftlichen Bewegung entwickelten.

10.1. Kirche in Solidarität mit den Frauen: Frauen-Dekade, neues Pfarrerdienstgesetz und EKD-Synode

Der Ökumenische Rat der Kirchen beschloss die Durchführung der Dekade »Kirchen in Solidarität mit den Frauen« und setzte damit dieses Thema für Jahre auf die Agenda. Die Ökumenische Dekade der Kirchen in Solidarität mit den Frauen (1988–1998) hatte zum Ziel, die gleichberechtigte Mitwirkung von Frauen in Kirche und Gesellschaft zu fördern und gegen Sexismus zu kämpfen. Um die Ziele der Dekade im Bewusstsein zu halten, wurde zum Beispiel der Mirjamsonntag eingerichtet.

In Bad Krozingen tagte im November 1989 die Synode der EKD und verabschiedete exakt am 9. November einen wegweisenden Beschluss mit dem Titel »Die Gemeinschaft von Frauen und Männern in der Kirche« und dazu einige Begleitbeschlüsse. Damals stellte die EKD-Synode klar, dass die Gemeinschaft der Gläubigen nicht ohne Geschlechtergerechtigkeit gelebt werden kann.

Annemarie Schönherr auf der europäischen ökumenischen Versammlung in Basel, 1989

So beschloss die EKD-Synode in Bad Krozingen: »Wir wollen, dass Wirklichkeit, Erfahrungen und Fähigkeiten von Frauen in Kirche und Theologie künftig ebenso zur Geltung kommen wie die von Männern. Die gleiche geistliche Begabung von Männern und Frauen muss im Leben der Kirche anschaulich werden.«[1]

Die Kirchen des Bundes der Evangelischen Kirchen in der DDR beschlossen die Gleichbehandlung: In allen Kirchen des Bundes der Evangelischen Kirchen in der DDR galt ab 1982 das Pfarrerdienstgesetz, das Männer und Frauen gleichbehandelte.[2]

Magdalena Möbius und Susanne Kahl-Passoth fassen die damaligen Aktivitäten zusammen:

»Über die Entwicklungen im Bund der evangelischen Kirchen in der DDR berichtete Pfarrerin i. R. Waltraut Hopstock dem Frauentag in der EKBO 2014 am Beispiel Annemarie Schönherrs: ›Im März 1981 kamen in der Wohnung von Schönherrs Frauen zusammen, die sich für feministische Theologie interessierten. Ein Arbeitskreis bildete sich, für zwei Jahre angesiedelt beim Kirchenbund. Ursula Radke lud dazu ein. Wir lasen die Pionierinnen der feministischen Theologie und natürlich auch das Buch ›Gott hat nicht nur starke Söhne‹ von Catharina Halkes. Für die DDR-Ausgabe schrieb Annemarie Schönherr ein Vorwort. Daraus zitiere ich: ›Man mag darüber streiten, ob der Begriff Feministische Theologie glücklich gewählt ist. Mir scheint, schon allein, dass er provoziert, macht ihn geeignet. Denn es ist Zeit, darauf aufmerksam zu machen, dass Frauen in den Kirchen bisher fast ausschließlich in der Sprache von Männern angesprochen wurden und deren Sprache zu sprechen genötigt waren.‹ In meiner Erinnerung war das eine freudige Aufbruchszeit. Frauen lasen die Bibel neu, forschten nach der darin enthaltenen

1 Zitiert nach Atlas 2014, S. 5.

2 Vgl. Amtsblatt der Evangelischen Kirche in Deutschland 3 (1984), S. 110. Das Gesetz wurde am 28.9.1982 verabschiedet.

Frauengeschichte. Frauensolidarität zu erleben, war ermutigend und half, die eigene Sprache zu sprechen.«

1986 gründete sich im Bund der evangelischen Kirchen mit bald 180 Frauen der Arbeitskreis Feministische Theologie in der DDR, im Grunde eine nationale Sektion der Europäischen Gesellschaft für theologische Forschung von Frauen, der 1988 bis 1993 mit »Das Netz« einen Informationsbrief herausgab.

Und für West-Berlin: »1988 kam es nach einjähriger Vorbereitung zu einem so genannten Frauenhearing in der Kirche in West-Berlin, das aus Sicht der Beteiligten erfolgreich war, aber natürlich nicht nur Zustimmung fand. Unterstützt wurde es von Bischof Kruse. In der Folge gab es einige Jahre lang eine so genannte Frauenversammlung. 1991 wurde nach der Öffnung der Mauer zur ersten gemeinsamen Frauenversammlung eingeladen.«[3]

10.2. Der Einsatz für neue Formen der Partnerschaft: Dr. Helga Frisch

Ich erinnere mich noch gut daran, wie es war, als ich 1988 zu Dr. Helga Frisch in den Konfirmandenunterricht kam. Ich sehe sie noch vor mir: in ihren merkwürdigen Röcken, ihren Absatzschuhen, den zerschossenen Sofaelementen im Pfarrhaus – es war vermutlich der unkonventionellste Konfirmandenunterricht, der sich denken lässt. Und auch die unkonventionellste Pfarrerin, die ich mir damals – und vielleicht auch heute – vorstellen kann.

Sie war für mich damals eine Erscheinung, im positiven wie im negativen Sinne. In meinen Augen machte sie einfach das, was sie wollte – ohne an Regeln, Vorschriften oder Konventionen gebunden zu sein.

Geboren in Mülheim an der Ruhr im Jahre 1934, ihr Vater war Architekt von Beruf, Baudirektor im Hause Krupp. Im Zweiten Weltkrieg erlebte sie Bomben über dem Ruhrgebiet und nach dem Krieg einen bescheidenen, harten Neuanfang – keine rechte Wohnung, Hunger, fremde Nachbarn, die die protestantischen Flüchtlinge kritisch beäugen. Doch Helga setzte sich durch, ging aufs Gymnasium, legte ihr Abitur 1954 ab und studierte Germanistik, Philosophie, Pädagogik, Publizistik, auf Lehramt. Mit ihrem Bruder kam sie nach Berlin, promovierte mit einer Arbeit über Hebbel und unterrichtete am Berlin-Kolleg.

Aber dann: ein schwerer Autounfall. Sie überlebte – knapp. Der Entschluss: Ich werde Pastorin und studierte Theologie. Sie studierte 1963 bis 1967 in Hamburg, und begann nach dem Hilfsdienst 1973 in der Grunewaldgemeinde. Das Konsistorium sagte ihr zu Amtsbeginn: »Sie sind ab jetzt mit der Gemeinde verheiratet!«

Im Konfirmandenunterricht ging sie ganz neue Wege. Statt zu lehren, was richtig ist, ließ sie uns diskutieren. Statt auswendig lernen zu lassen, hinterfragte sie. Sie wollte es von Grund auf anders machen. Sie war der Grund, warum ich mich entschlossen habe, Gemeindepfarrerin zu werden und Theologie zu studieren. Helga Frisch hatte immer ein offenes Haus. Jeder von uns Jugendlichen durfte

3 Susanne Kahl-Passoth/Magdalena Möbius, Von der Frauenhilfe zur Frauenarbeit, in: Scheepers, Vorgängerinnen, 125–127, hier: S. 126f.

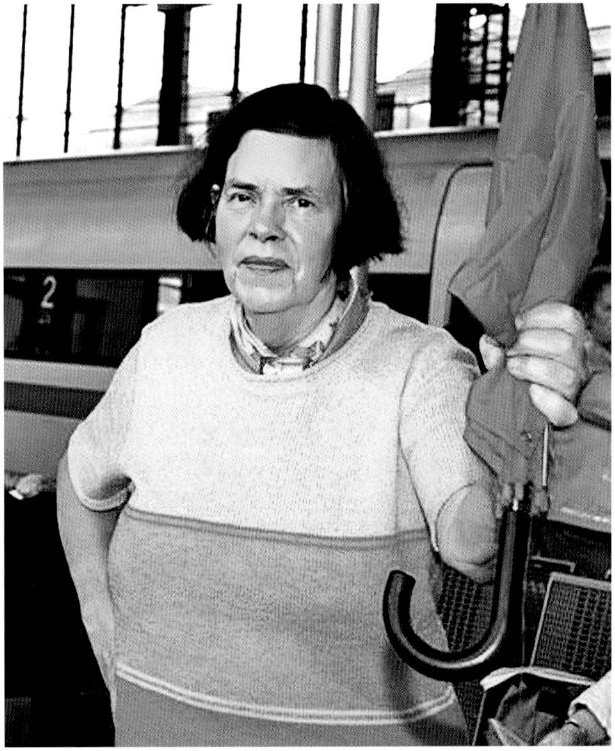

Dr. Helga Frisch

jederzeit zu ihr kommen. Dort traf man sie dann öfters umringt von riesigen Zeitungsstapeln. Brauchte man ihre Unterstützung, erhielt man diese ohne Diskussion. Sie ermöglichte und schenkte uns Jugendlichen ungeahnte Freiheiten. Ich weiß nicht, ob sie sich je um Regeln und Vorschriften geschert hat. Sie hat uns alles zugetraut und alles, was in ihrer Macht stand, ermöglicht. Durch ihre absolute Großzügigkeit, ihr grenzenloses Vertrauen in uns in jeder Hinsicht und ihre Gastfreundschaft hat sie uns eine geistige und geistliche Heimat geschenkt.

Den Theologinnen ihrer Generation war es untersagt, zu heiraten und Kinder zu bekommen. Eine Pfarrerin, die heiratete, verlor noch bis 1974 unmittelbar ihr Amt und ihre Rechte. Helga Frisch bezahlte diesen Preis, um Pastorin sein zu können. Doch der Vorteil für uns Jugendliche war, dass sie uneingeschränkt für uns da war. Und nicht nur für uns, sondern für viele, viele Menschen hat sie gekämpft wie eine Löwin. Aussichtslos? Diese Vokabel kannte sie nicht. Ein Beispiel war die Aktion »Billiges Telefon«, 1975, dank derer sie, eine einzelne Person, verhindert hat, dass der Telefontakt in West-Berlin eingeführt wurde und mit der sie bundesweite Bekanntheit erlangte. Zuletzt setzte sie sich für den Halt der Fernzüge am Bahnhof Zoo ein, rief zur Menschenkette auf. Sie hat sich immer engagiert – bereits in den 1980er Jahren setzte sie sich als eine der ersten kirchlichen Amtspersonen für ein Modell christlicher Partnerschaft ein, das als Alternative zur Ehe der Liebe zwischen Mann und Frau neue Räume des Lebens und der Entfaltung eröffnen sollte, und war in zahlreichen Talkshows zu Gast, wo sie ihre Gesprächspartner mit ihrem sprühenden Intellekt, mit dem ihr eigenen Charme, einfach auch mit ihrer Erscheinung und ihrer Ausstrahlung begeisterte.

Sie ist Verfasserin von 14 Büchern über ihre Tätigkeit als Pfarrerin, über Ehe und Partnerschaft, nötige Kirchenreformen, über die Villenkolonie Grunewald und den Kurfürstendamm – in ihrem Arbeitszimmer lag bei ihrem Tod ein halbfertiges Manuskript zum Thema Weihnachten. Wenn man sie traf, hatte sie stets Exemplare ihrer Bücher zur Hand, um sie einem zu schenken. Ich erinnere mich gut an unsere letzte Begegnung, die auch wieder mit einem Büchergeschenk verbunden war. Sie kam zu meinem Einführungsgottesdienst in der Matthäus-Kirche in Steglitz, blieb sogar danach noch zum Empfang. Mit dabei hatte sie ihr Kudamm-Buch und einen Brief, in dem sie mir schrieb, wie sehr sie sich freue, dass ich nun in so einer wunderbaren Gemeinde sei, und sie mir viel Freude an der Arbeit wünsche.

Im November 2014 ist sie gestorben und mir wurde die Ehre zuteil, die Trauerfeier in unserer Grunewald-Kirche zu halten. Und doch habe ich es nie geschafft, ihr zu sagen, dass sie es war, die mir vorgelebt hat, dass Pfarrerin einer Gemeinde zu sein, der schönste Beruf auf dieser Welt ist. Ich hoffe, dass sie es trotzdem weiß – spätestens jetzt.

10.3. Eine Diplomarbeit von 1985: »›Das Weib schweige in der Gemeinde‹ (1. Kor 14,34). Gemeindepfarrerinnen in Kampf und Würden. Eine empirische Untersuchung«

Im Jahr 1985 führte die nachmalige Professorin an der Evangelischen Hochschule, Prof. Dr. Annegret Grohn, damals noch Böhmer, in ihrer Diplomarbeit im Fach Klinische Psychologie eine qualitative Untersuchung von Berliner Gemeindepfarrerinnen durch: *›Das Weib schweige in der Gemeinde‹ (1. Kor. 14,34). Gemeindepfarrerinnen in Kampf und Würden. Eine empirische Untersuchung*, unveröffentlichte Diplomarbeit TU Berlin 1985.[4]

Die klinisch-psychologische Fragestellung war: Wie schaffen es die Frauen mit dem Widerspruch umzugehen, dass sie einerseits den Fortschritt repräsentieren, andererseits eine Tradition vertreten sollen, die ihre eigene Unterlegenheit predigt? Oder einfach gesagt: Wie schaffen sie es nicht verrückt zu werden?

Der Oberkonsistorialrat, der unsere Examina betreut hat, der hat erzählt: »Ja, es ist eben nicht gut, wenn die Ehefrau Pfarrerin ist. Wenn die dann Sauerkohl und Erbsen gekocht hat, dann geht sie in die Kirche und macht eine Taufe. Dann riecht die ganze Kirche nach Sauerkohl.« (Aus einem Interview mit einer Pfarrerin).

Die volle Gleichstellung von Frauen im Pfarramt war in Berlin-West 1974 erfolgt, also zu dem Zeitpunkt keine zehn Jahre alt.

Seinerzeit befragte sie ein Drittel aller West-Berliner Pfarrerinnen nach ihrer Berufsrealität und ihren psychologischen Bewältigungsmechanismen. Diese Untersuchung wurde ausführlich dokumentiert – aber nie veröffentlicht und deshalb in der Folge nicht rezipiert.

Die Interviews bergen eine Fülle von Informationen über die Berufs- und Lebensrealität der ersten gleichberechtigten Pastorinnen im Amt. In ihnen schlägt sich nieder, dass der Lebensweg vieler evangelischer Theologinnen dieser Generationen durch die einschränkenden Bestimmungen der Zölibatsklausel nachhaltig geprägt wurde. Sie sahen sich – auch zukünftig – vor die Alternative eines Entweder-oder gestellt. Die ihnen entgegengebrachten Vorurteile, aber auch ihr eigenes Selbstverständnis werden in den Interviews sehr deutlich.

Es war 1983 normal, dass Pfarrerinnen diskriminiert wurden, dass von Gemeindegliedern sehr

4 Vgl. Böhmer.

8.3. Zusammenfassung der Ergebnisse

Die Hypothese, daß Pfarrerinnen einen Widerspruch erleben - zwischen der innovativen Tatsache, als Frau ein geistliches Amt in der christlichen Kirche zu haben und der Tatsache, daß die christliche Kirche zur Unfähigkeitserklärung von Frauen für geistliche/geistige/philosophische Fragen maßgeblich beigetragen hat - trifft nicht unbedingt zu. Die Hypothese trifft auf Pfarrerinnen zu, die sich - mehr oder weniger und mit unterschiedlicher Betrachtungsweise - der Frauenbewegung verpflichtet fühlen.

Inwieweit der Widerspruch zum persönlichen Unwohlsein führt, ist von sehr unterschiedlichen, in ihrer Gesamtheit aber als innerpsychisch zu bezeichnenden Faktoren abhängig. Zu dieser Aussage komme ich, weil sich die konkreten Schwierigkeiten von außen, die in den Tabellen dargestellt sind, sehr ähneln: Einer Pfarrerin kann es passieren, daß sie für die Durchführung einer Beerdigung aufgrund ihres Frau-Seins unerwünscht ist. Es kann ihr passieren, daß ihr männliche Gemeindekirchenräte sehr hartnäckig Inkompetenz in Verwaltungsfragen unterstellen - offenbar, weil sie ihr logisches Denken nicht zutrauen. Eine Pfarrerin wird es, wenn sie anstrebt, höhere Ämter einzunehmen, schwer haben. Sie hat gegen die Skepsis männlicher und weiblicher Kollegen/innen anzuhandeln. Eine Pfarrerin wird es erleben, daß männliche Kollegen, einfach weil sie Männer sind, sehr viel Ehrfurcht und Begeisterung ernten können, ohne etwas Besonderes dafür tun zu müssen, während sie die Früchte ihrer Arbeit in jedem Fall selbst anbauen muß. Frauen im Pfarrberuf erleben Schwierigkeiten. Wie sie diese bewerten und welche Strategien sie anwenden, um sich durchzusetzen, hängt von ihrer Art und Weise ab, die Umwelt wahrzunehmen und sie zu beeinflussen.

Die Möglichkeiten, in der konkreten Gemeindearbeit akzeptiert zu werden und dort Veränderungen zu bewirken, wer-

oft nach »echten Pfarrern«, also Männern gefragt wurde. Es war normal, von männlichen Kollegen nicht ernst genommen zu werden. Und es berichteten viele von der Last der hohen Ansprüche, die an das Amt und speziell an sie als Frau im Amt gestellt wurden. Frauen galten als die Beziehungsarbeiterinnen, schließlich war es der eigentliche Beruf der Frauen, Mutter zu sein. Männer galten als gut und begabt für die Logik und die Struktur.

Frauen saßen zu der Zeit oft als einzige Frau unter männlichen Kollegen in Gremien und Konventen. Sie wurden wegen ihrer leisen Stimmen im Gottesdienst kritisiert.

1983 gab es sie noch – Pfarrerinnen, die nicht heiraten durften, weil sie ins Pfarramt gingen. Heute ist das undenkbar.

Lesbische Frauen waren in der Kirche 1983 nahezu unsichtbar, in berechtigter Angst vor heftiger Diskriminierung. Sie trafen sich noch mehr oder weniger konspirativ in Bad Boll.

In den Interviews gibt es zwei deutlich unterscheidbare Gruppen von Frauen, die einander in der Sprachweise dieser Zeit als »Konservative« oder »Emanzen« einordneten. Es gab bei den einen eine deutliche Strategie der Anpassung an die männlichen Normen und eine eher kämpferische, empörte Stimmung bei den anderen. Frauen waren untereinander viel mehr gespalten als heute.

Fazit

In den 1980er Jahren setzte sich der Prozess der Emanzipation der Frauen fort, doch die Erfahrungen und Herausforderungen von Frauen variierten stark zwischen West- und Ostdeutschland. In West-Berlin kämpften evangelische Theologinnen weiterhin um Anerkennung und gleichberechtigten Zugang zu kirchlichen Leitungspositionen, während sie in Ost-Berlin und der DDR mit den spezifischen politischen und gesellschaftlichen Bedingungen zu kämpfen hatten. In Brandenburg und der Oberlausitz standen sie oft vor der Herausforderung, in einer ländlichen und traditionell geprägten Umgebung zu arbeiten, in der die Kirche eine wichtige Rolle spielte. Trotz der unterschiedlichen Rahmenbedingungen waren evangelische Theologinnen in beiden deutschen Staaten wichtige Akteurinnen, die durch ihre Arbeit in der Kirche und in der Gesellschaft bedeutende Beiträge leisteten.

Die 1980er Jahre waren für Frauen, insbesondere für evangelische Theologinnen, eine Zeit intensiver gesellschaftlicher und kirchlicher Aktivität. In West-Berlin engagierten sich die Theologinnen vor allem in sozialen und politischen Bewegungen, während sie in Ost-Berlin und der DDR eine zentrale Rolle im Widerstand gegen das SED-Regime spielten. Der Fall der Mauer und die anschließende Wiedervereinigung brachten für die Kirchen in beiden Teilen Deutschlands neue Herausforderungen und Chancen mit sich. Evangelische Theologinnen leisteten in dieser Zeit bedeutende Beiträge, sowohl in der kirchlichen Arbeit als auch in der gesellschaftlichen Transformation, die Deutschland in den 1980er Jahren durchlief.

Anfang der Zusammenfassung der Diplomarbeit von Annegret Böhmer, »›Das Weib schweige‹ …«, Berlin 1985, S. 240.

DI

HEILGARD ASMUS

Erste gewählte Generalsuperintendentin

Zum Einstieg

Heilgard Asmus schreibt: »Ich bin eine reich beschenkte Frau mit viel Heimat. Das erkenne ich im Rückblick. Äußere Daten sprechen eigentlich dagegen: die Wanderungen meiner Herkunftsfamilie, in der wir alle sechs bis acht Jahre mit dem Pfarrvater umzogen – so weit, dass die Menschen am neuen Ort andere, mir kaum verständliche Dialekte sprachen. Dann ging ich weg von meines Vaters Haus – soweit es die DDR zum Theologiestudium zuließ. Mit meinem Mann und drei Kindern sind wir im Brandenburgischen dann auch wieder alle sechs bis acht Jahre umgezogen. Wenigstens der Dialekt blieb gleich. In meiner Familie gab es nicht nur Vorfreude, sondern viel Unsicherheit und Trauer. Aufbrechen, weiterziehen und Heimat gehören für mich einfach zusammen. Ich kann das Eine nicht ohne das Andere haben.« So beginnt Heilgard Asmus ihren Beitrag in der Anthologie »Verwurzelt und geborgen. Wo meine Seele Heimat findet« (Leipzig 2018).

So mache ich mich auf den Weg nach Brandenburg an der Havel, wo Heilgard Asmus vor fast 30 Jahren eine bleibende Heimat gefunden hat, in einem Haus an der Stadtmauer, einen Steinwurf vom altehrwürdigen Dom entfernt. Dort habe ich sie als Vikarin kennengelernt, auf dem Domhof, vor 21 Jahren im Prediger:innenseminar in Brandenburg.

Seitdem beeindruckt sie mich – mit ihrer Stärke, ihrer Zugewandtheit und ihrer Offenheit.

Kindheit und Jugend

Heilgard – übersetzt aus dem Althochdeutschen: die Hüterin der Gesundheit und des Glücks – Kuhn wird am 8.12.1958 als viertes und von sechs Kindern ihrer Eltern in Lehnin (Mark) geboren. Aufgrund der Pfarramtswechsel des Vaters zieht die Familie immer wieder um, sie fühlt sich entwurzelt. Und gewinnt gleichzeitig neue Wurzeln und Heimaten. Schließlich wird ihr Vater Superintendent im Bezirk Halle und Heilgard Kuhn wächst im Pfarrhaus in Hohenmölsen auf. Als ihr Vater als Superintendent in Fürstenwald (Spree) gewählt wird, zieht die Familie wieder um. Zu den Ortswechseln und den Verlusten von Landschaften und Freundschaften kommen die Dialektwechsel, man versteht sie nicht. Doch sie ist tapfer, neugierig und passt sich sprachlich an.

Trotz guter Zensuren wird Heilgard Kuhn nicht zur Erweiterten Oberschule zugelassen. Der Schuldirektor offeriert ihr damals: »Du musst Abitur machen! Wenn Du in die FDJ eintrittst, bekommst Du eine Facharbeiterausbildung und kannst Dein Abitur an einer Berufsschule machen.« Nachdem Heilgard Kuhn diese Aussage schriftlich bekommen hat, willigt sie in die Erpressung ein. Sie absolviert in Frankfurt/Oder im Konsument Warenhaus ihre Lehre und wird Fachverkäuferin für Bekleidung und Mode. Jeden Morgen verlässt sie um fünf Uhr früh das Haus und pendelt drei Stunden zu ihrer Ausbildung hin und abends zurück. Sie lernt dort, sich gegenüber den Kolleg:innen als Christin zu behaupten – und gegenüber ihrer christlichen Gemeinschaft zu Hause als Verkäuferin, denn in dem christlich-bürgerlichen Spektrum wird diese Ausbildung wenig wertgeschätzt. So wird sie doppelt sprachfähig, nach innen und nach außen. Bis heute interessiert sie sich für Stoffe und gute Verarbeitung von Kleidung.

Nach dem Abitur möchte sie studieren, am liebsten Geschichte, denn sie liebt die Erzählungen der Alten Griech:innen. Doch der stellvertretende Direktor an der Berufsschule macht ihr unmissverständlich klar, dass dies nur möglich sei, wenn sie in die SED eintritt. Und dass es im Geschichtsstudium in der DDR um die Geschichte der Arbeiterbewegung geht – möchte sie etwas über Alte Geschichte erfahren, müsse sie Theologie studieren.

Heirat, Mutterschaft und Studium

In Fürstenwalde lernt Heilgard Kuhn Frank Asmus kennen. Ein Freund hat ihn zur Jungen Gemeinde mitgebracht, Frank Asmus spielt gut Gitarre. Heilgard Kuhn und Frank Asmus verlieben sich ineinander. Sie studiert ab 1978 Theologie in Jena mit dem Schwerpunkt Religionswissenschaften, obwohl ihr Vater ihr von dem Beruf der Pastorin abgeraten hat. Frank Asmus studiert Sozialpsychologie. 1979, sie ist 20 Jahre alt, heiraten die beiden. Ihr Vater traut sie in der Domnotkirche in Brandenburg. 1979 wird das erste Kind geboren, Manuel. Zu dritt wohnen sie in einem Zimmer in einer Studenten-WG. Am Anfang wechselt Heilgard

Asmus sich mit einer Freundin, ebenfalls Mutter, mit der Kinderbetreuung ab. Zum Glück schläft Manuel viel, so dass sie sich weiter voll und ganz dem Studium widmen kann.

Doch Heilgard Asmus lässt sich im 4. Studienjahr exmatrikulieren. Ihr sind Zweifel gekommen: Ist dieses Studium das Richtige für sie, so fragt sie sich? Sie arbeitet als Putzfrau und hört daneben weiter Vorlesungen in den Religionswissenschaften. Die Religionskritik der griechischen Antike geht ihr zu Herzen. Schließlich nimmt sie das Studium wieder auf. Ihr Mann hat sein Studium derweil abgeschlossen und beginnt an der Landesnervenklinik in Brandenburg/Havel zu arbeiten. Während seiner anderthalbjährigen Tätigkeit als »Bausoldat« ist sie als alleinerziehende Mutter während des Ersten Examens in Jena und dann in der ersten Vikariatshälfte auf sich gestellt. »Bausoldaten« waren ein Alleinstellungsmerkmal der DDR. In keinem sozialistischen Land war eine Wehrdienstverweigerung vorgesehen, denn der Dienst an der Waffe diente nicht nur der Verteidigung des Landes, sondern vor allem einer Ideologie. Doch die Kirchen drängten auf die Möglichkeit einer Kriegsdienstverweigerung. Mit Erfolg: 1964 wurden bei der Nationalen Volksarmee (NVA) Baueinheiten eingerichtet. Mit dieser für die sozialistischen Länder einmaligen Lösung konnten Wehrpflichtige fortan »aus religiösen Anschauungen oder aus ähnlichen Gründen den Wehrdienst an der Waffe ablehnen«. Nicht aber den Dienst bei der NVA: Wie alle anderen Wehrpflichtigen mussten sie 18 Monate dienen – in der Uniform der NVA und mit dem offiziellen Dienstgrad »Bausoldat«.

Vikariat und Entsendungsdienst

Nach ihrem Ersten Theologischen Examen zieht Heilgard mit ihrem Sohn zu ihrem Mann nach Brandenburg. Eigentlich soll sie ihr Vikariat in Belzig absolvieren, so will es der zuständige Oberkonsistorialrat. Oder besser noch: Sie soll zu Hause bleiben und sich um ihren Mann und die Kinder kümmern, gibt Oberkonsistorialrat Dr. Ulrich Schröter, von 1983 bis 1991 Ausbildungsdezernent im Evangelischen Konsistorium Berlin-Brandenburg (Bereich Ost), ihr unmissverständlich zu verstehen. Schließlich ist sie mittlerweile mit dem zweiten Kind schwanger und damit ist für den Oberkonsistorialrat ihre einzige Aufgabe klar: »Bleiben Sie zu Hause!« An den Besuch eines Prediger:innenseminars mit zwei Kindern müsse sie erst gar nicht denken!

Doch Heilgard Asmus setzt sich durch, erklärt, dass gerade mit einem kleinen Kind der Besuch eines Prediger:innenseminars sehr praktisch sei, viel besser als mit großen Kindern, die ständig viel Bewegung brauchen, und beginnt ihr Vikariat auf dem Görden in Brandenburg. Sie zieht 1985 mit ihrer dreimonatigen Tochter Marie-Josephin in das Predigerseminar ein. Die Hausdame im Prediger:innenseminar gewährt ihr eine 14-tägige Probezeit. Dieses Kind ist nachts unruhiger und braucht die Arme der Mutter, so dass die anderen Vikarinnen nicht gestört werden, außer beim Mittagssingen bei Domkantor Matthias Passauer, da singt das Kind fröhlich mit. Und auch ihr Sohn Manuel ist an den Musiktagen mit dabei. Heilgard Asmus bekommt das alles Dank der Unterstützung ihres Mannes irgendwie unter einen Hut und absolviert im November 1986 ihr Zweites Theologisches

Examen. Am 26.12.1986 wird sie in Berlin in der Erlöserkirche ordiniert.

Am 1.1.1987 tritt sie mit 50 % als Pfarrerin im Entsendungsdienst ihre erste Pfarrstelle an, in St. Gotthard in Brandenburg. In die Pfarrwohnung einzuziehen, bleibt ihr verwehrt, die wolle man für einen 100 %-Pfarrer aufheben. So nimmt sie die langen Wege vom Stadtrand aus auf sich, während junge Mädchen aus ihrer Jungen Gemeinde ihre Kinder hüten. Ihr Amtsbruder bemüht sich, sie vorzuführen, indem er den ersten Abend mit der neuen Kollegin mit der Jungen Gemeinde unter das Thema stellt: »Sollte eine Frau, die Kinder hat, in den Beruf gehen?« Er selbst, als Vater von sieben Kindern, ist nicht der Meinung, dass eine Pfarrerin, die Kinder hat, arbeiten soll. Doch Heilgard Asmus hat von Kindesbeinen an gelernt, sich verbal zur Wehr zu setzen. Sei es in der Schule oder in der Ausbildung, als »Christenkind« wurde sie oft ausgelacht und der Versuch unternommen, sie bloßzustellen. In der 5. Klasse sollte sie im Biologieunterricht erklären, wie denn dieser Unsinn mit dem biblischen Schöpfungsbericht zu verstehen sei. Voller Scham und mit Herzklopfen stand sie vor der Klasse. Heilgard Asmus weiß, was Unrecht bedeutet, und hat gelernt, sich dagegen zu wehren. Ihre Familie, die Literatur und ihr Glauben haben ihr ein starkes Rückgrat verliehen. 1988 wird Ehepaar Asmus ihr drittes Kind geboren, Tabea-Linn.

In deutlicher Erinnerung sind Heilgard Asmus die Tage des Herbstes 1989, als Menschen auch in Brandenburg den Mut fanden, gegen die Alleinherrschenden der DDR zu opponieren und ihren Ruf nach Demokratie, freier Meinungsäußerung und für Gewaltlosigkeit immer lauter wurde. Heilgard Asmus organisiert am 7. Oktober 1989, dem 40. Jahrestag der DDR, ein erstes Friedens-Fürbittgebet in der Auferstehungskirche.

1991 übernimmt Heilgard Asmus im Gemeindepfarrdienst eine 100 %-Stelle und absolviert ab 1995 die Klinische-Seelsorge-Ausbildung. Ab 1997 ist sie auch als Krankenhausseelsorgerin im Klinikum Brandenburg an der Havel, Notfallseelsorgerin und als Dozentin für Seelsorge im landeskirchlichen Bildungswerk tätig.

Pastoralkolleg

Mit ihrer mutigen und manchmal unbequemen Art fällt Heilgard Asmus auf, auch in der Landessynode, der sie seit 1997 für den Kirchenkreis Brandenburg angehört. Sie widerspricht Bischof Prof. Dr. Wolfgang Huber öffentlich, als es 1999 darum geht, ob die Kirche angesichts des Auslandseinsatzes der Bundeswehr im Kosovo ein Wort an die Gemeinden richten solle. Erst auf ihren Einspruch hin wird ein solches Wort an die Gemeinden formuliert. Der Cottbusser Generalsuperintendent Rolf Wischnath, der sie noch aus ihrem Elternhaus in Fürstenwalde kennt, fragt sie, ob sie nicht Superintendentin werden wolle. Oder sich als Leiterin des Pastoralkollegs bewerben wolle, das von der Berliner Insel Schwanenwerder nach Brandenburg an den Dom umziehen soll. Heilgard Asmus redet lange mit ihrem Mann über die Anfragen und kandidiert schließlich als Leiterin des Pastoralkollegs der EKiBB. Drei Stunden sitzt sie im Juni 1999 mit ihrer Mitbewerberin auf dem Flur im Konsistorium in der Bachstraße, während die Kirchenleitung hinter geschlossenen Türen debattiert. Schließlich wird sie gewählt – und hat anschließend die erste schlaflose Nacht ihres Lebens: Wird sie dieser Verantwortung gerecht werden können? Sie wird es und leitet bis 2004 das Pastoralkolleg im Amt für kirchliche Dienste, das unter ihrer Leitung in die Räume des Brandenburger Domstifts umzieht. Eine Arbeit, die ihr sehr am Herzen liegt.

Juli 2000 in St. Gotthardt Brandenburg/Havel

Generalsuperintendentin: Erst in Cottbus, dann in Potsdam

Der Cottbusser Generalsuperintendent Rolf Wischnath ist nach einer Diskussion um eine, später widerlegte, Stasi-Verstrickung seit 2003 krankgeschrieben und tritt im April 2004 in den Ruhestand. Wieder fällt der Blick auf Heilgard Asmus. Und tatsächlich wird sie als erste Frau in das Amt des/der Generalsuperintendent:in im Bereich der EKBO und ihrer Vorgängerkirchen gewählt: 2004 wird sie Generalsuperintendentin für den Sprengel Cottbus, 2005 tritt sie ihr Amt an. Vor ihr gab es schon einmal eine Frau im Amt eines/einer Generalsuperintendent:in, die allerdings nicht gewählt, sondern eingesetzt worden war: Die Friedrichshainer Superintendentin Ingrid Laudien wurde 1994 von der Leitung der Evangelischen Kirche in Berlin-Brandenburg (EKiBB) für zwei Jahre mit der Vakanzverwaltung der Generalsuperintendentur des Sprengels Berlin beauftragt. Mit ihrer Amtseinführung 1994 in der Kaiser-Wilhelm-Gedächtniskirche wurde, wie dargestellt, das Amt des/der Generalsuperintendent:in für den gesamten Sprengel Berlin nun auch wieder in den Westbezirken Berlins etabliert, wo es in der Zeit der Trennung der Kirche in das Bischofsamt in Berlin (West) integriert worden war.

Die Aufgaben der Generalsuperintendentin oder des Generalsuperintendenten sind vielschichtig. Es ist ein Amt, das kaum einen Feierabend kennt. Heilgard Asmus ist stets verlässliche Ansprechpartnerin, Seelsorgerin und Ratgeberin für die Superintendent:innen, Pfarrer:innen, für kirchliche Mitarbeiter:innen, für die Kirchengemeinden. Im Land Brandenburg ist Heilgard Asmus auch als Vorsitzende des Aktionsbündnisses gegen Rechtsextremismus und Fremdenfeindlichkeit aktiv und ihr Rat ist bei Politiker:innen stets gefragt.

Als im Jahre 2010 im Rahmen von Strukturreformmaßnahmen die Sprengel Cottbus und Görlitz zum Sprengel Görlitz fusioniert werden, fällt die Generalsuperintendentur Cottbus weg. Heilgard Asmus fragt nach dem Recht: Gelten Grundordnung, Urkunde und Kirchenleitungsbeschluss, die alle das Amt für 10 Jahre ausweisen, nichts? Doch als die Vorschlagskommission unter Vorsitz von Bischof Dr. Markus Dröge sie fragt, ob sie in Potsdam kandidieren wolle, bespricht sie lange mit ihrem Mann ihre Fragen und Zweifel, ob ein zweiter Sprengel nach den bisherigen Erfahrungen richtig sei, und kandidiert schließlich im März 2010 als Generalsuperintendentin für den Sprengel Potsdam, dessen bisheriger Amtsinhaber Hans-Ulrich Schulz Ende Februar 2010 in den Ruhestand getreten ist. Sie gewinnt die Wahl und tritt am 15. Juli 2010 das Amt als Generalsuperintendentin des Sprengels Potsdam an. Wieder fährt sie von der Havelstadt täglich los, dabei meistens telefonierend, nun nicht mehr in den Sprengel Cottbus, sondern zu ihrem Amtssitz in die Landeshauptstadt Brandenburgs, zu den Sitzungen der Kirchenleitung nach Berlin und landauf, landab in die Kirchengemeinden des weitläufigen Sprengels. Zahllose Predigten hält sie, zu Jubiläen von Kirchen und Orgeln, zu Gemeindefesten und Kreiskirchentagen.

2016 wird sie mit dem Verdienstorden des Landes Brandenburg ausgezeichnet. Die Theologin sei eine »Botschafterin für Weltoffenheit und Toleranz«. Durch ihre »ausgleichende und versöhnende Art« gelinge es ihr, selbst schwierige Konflikte beizulegen, erklärt die Staatskanzlei zur Preisverleihung. Als Vorstandsvorsitzende des Brandenburgischen Aktionsbündnisses gegen Rechtsextremismus und Fremdenfeindlichkeit habe sie sich »bleibende Verdienste um Brandenburg« erworben, hieß es in der Begründung weiter. Sie habe Brandenburg mit Tatkraft und gelebter Fürsorge »reicher und lebenswerter gemacht«.

Nach Ablauf ihrer zehnjährigen Amtszeit möchte sie nicht wieder kandidieren. Fast 16 Jahre in diesem Amt sind genug, sagt sie. Ihr Nachfolger ist Kristóf Bálint.

In einem festlichen Gottesdienst am 23. August 2020 in der St. Nikolai-Kirche Potsdam wird Heilgard Asmus von Bischof Dr. Christian Stäblein von ihrem Amt entpflichtet und verabschiedet. So stellt sie sich wieder einer neuen Herausforderung, im Bereich der evangelischen Erwachsenenbildung. Das ist, wie sie schon im Pastoralkolleg bewiesen hat, für sie eine Herzensangelegenheit. Schließlich geht sie Ende 2022 in den Vorruhestand. Und doch vermisst sie »ihre« Superintendent:innen, die kirchliche Bildungsarbeit und die Diskussionen in den Kreissynoden. Aber sie ist unendlich dankbar, nun Zeit für ihre Kinder und die sechs Enkelkinder zu haben, von denen zwei an Weihnachten Geburtstag haben. Nun kann sie auch an deren Geburtstagen mit dabei sein.

Als Frau in der EKBO leiten

Sie selbst sagt: »Ich hatte keine weiblichen Vorbilder in diesem Amt!« Und in jedem Sprengel habe es mindestens einen Superintendenten gegeben, der versuchte, sie als Frau in diesem Amt auch öffentlich klein zu machen, das Leben schwer zu machen. Im Interview erzählt Heilgard Asmus, wie oft sie erleben musste, dass Redebeiträge von Frauen lächerlich gemacht oder überhört wurden. Sie setzte sich aktiv für eine gleichberechtigte Teilhabe von Frauen am kirchlichen Leben ein, so wirkte sie als Mentorin beim Mentoringprogramm der EKBO mit, ermutigte Frauen, für leitende Ehren- und Hauptämter zu kandidieren, und sieht immer noch einen großen Änderungsbedarf auf struktureller Ebene, um eine paritätische Besetzung von höheren Leitungspositionen in der Landeskirche zu ermöglichen. Sie kritisiert, dass die Vorschlagskommissionen der EKBO zur Besetzung der hohen kirchlichen Ämter keine geregelten Geschlechterquoten haben und in der Überzahl männliche Vertreter aufweisen. Eine Geschlechterquote für Wahlgremien wäre ihrer Meinung nach auf institutioneller Ebene ein gutes Werkzeug, um Strukturen für die Gleichstellung zwischen Männern und Frauen zu schaffen. Bis das erreicht ist, braucht es Einzelpersonen, die sich für paritätische Verteilung in höheren Leitungspositionen einsetzten, wie Heilgard Asmus es getan hat. So sagt sie: »Ich habe die Zusammensetzung der Kirchenleitung weiblicher gemacht! Aus dem Sprengel Potsdam habe ich ausschließlich Frauen vorgeschlagen, die dann in der Synode auch gewählt wurden!« Sie kann auf einen beeindruckenden Lebensweg mit genau diesem Einsatz für Gleichberechtigung zurückschauen.

Heilgard Asmus brachte eine neue Perspektive und Dynamik in die Kirche ein. Ihre Arbeit war geprägt von einem starken Engagement für soziale Gerechtigkeit, Inklusion und die Förderung der Frauen. Ein Vorbild für Leitungsverantwortung war ihr dabei die Theologin und Seelsorgerin Dr. Roswitha Wogenstein, bei der sie 1995 die Seelsorgeausbildung begann. Da lernte sie auf das Wesentliche zu achten in einer Situation – bei theologischen Fragen, in Diskussionen, in Beziehungen, in Strukturen. Als Symbol für den Aufstieg von Frauen in Führungspositionen diente sie als Vorbild und Inspiration für viele Frauen. Ihre Präsenz in einer solch bedeutenden Position trug dazu bei, traditionelle Geschlechterrollen zu hinterfragen. Trotz ihrer Erfolge stand Heilgard Asmus vor zahlreichen Herausforderungen. Innerhalb der Kirche gab es Widerstände gegen die Veränderungen, die sie anstrebte. Sie musste sich kontinuierlich gegen Vorurteile und Kritik behaupten, während sie gleichzeitig versuchte, Brücken zwischen verschiedenen Lagern zu bauen und einen inklusiven Dialog zu fördern.

Was bleibt

Während ihrer Zeit in der Gemeinde St. Gotthard ist ihr diese eine Bibelstelle aus dem alttestamentlichen Prophetenbuch Jesaja besonders zugewachsen, die sie getragen, ermutigt und immer wieder beflügelt hat: »Fürchte dich nicht, ich bin mit dir; weiche nicht, denn ich bin dein Gott. Ich stärke dich, ich helfe dir auch, ich halte dich durch die rechte Hand meiner Gerechtigkeit.«

Zum Schluss soll noch einmal Heilgard Asmus selbst zu Wort kommen, so wie sie am Ende ihrer Reflexionen zum Thema »Heimat« schreibt: »Heimat ist für mich lebendig, wenn ich ankommen kann, ohne festgehalten zu werden. Wo man nicht permanent Veränderungen erlebt, sondern auch an Vertrautes erinnert wird. Heimat ist wie ein Raum auf Zeit, wo ich Gemeinschaft erfahre und gestalten kann. Wo Menschen sind, die zeigen, was sie bewegt, und wo Sehnsucht zur Ruhe kommt.« Das wünsche ich ihr, von Herzen.

XI

1990er Jahre – Zusammenfinden

Vorbemerkung

Die 1990er Jahre in Deutschland waren eine Zeit des Umbruchs und der Neuorientierung, insbesondere nach der Wiedervereinigung im Jahr 1990. Für Frauen und speziell für evangelische Theologinnen in Regionen wie Berlin, Brandenburg und der Oberlausitz änderten sich die Rahmenbedingungen erheblich. Der gesellschaftliche und kirchliche Wandel brachte neue Herausforderungen, aber auch Chancen mit sich.

Mit der Wiedervereinigung verschwand das getrennte West-Berlin, und die Stadt wurde zum wiedervereinigten Berlin. Die 1990er Jahre waren von einer Neuordnung der kirchlichen Strukturen geprägt, da die getrennten Kirchen in Ost- und Westdeutschland sich wieder zusammenfinden mussten. In Berlin bedeutete dies die Zusammenführung der West-Berliner und Ost-Berliner Kirchenkreise.

Für evangelische Theologinnen ergaben sich in dieser Zeit neue Möglichkeiten, aber auch Herausforderungen. In der Gemeindearbeit mussten sie sich an die Veränderungen anpassen, die mit der Zusammenführung unterschiedlicher kirchlicher Traditionen einhergingen. Während in West-Berlin die Frauenrechte in der Kirche bereits vor der Wiedervereinigung einen gewissen Fortschritt erreicht hatten, mussten in Ost-Berlin die Theologinnen oft ihre Positionen in der neuen gesamtdeutschen Kirche neu behaupten. Gleichzeitig eröffneten sich aber auch neue Chancen für Zusammenarbeit und Austausch. Evangelische Theologinnen spielten eine wichtige Rolle bei der Integration und beim Brückenbau zwischen den ehemals getrennten kirchlichen Gemeinschaften. Sie brachten ihre Erfahrungen aus der Friedens- und Bürgerrechtsbewegung in den Osten ein, während sie von den neuen Herausforderungen in den westlichen Teilen der Stadt lernten.

In den ländlichen Regionen Brandenburgs und der Oberlausitz stand die Kirche in den 1990er Jahren vor der Aufgabe, die Folgen der Wiedervereinigung aufzufangen. Viele Gemeinden in diesen Regionen sahen sich mit den wirtschaftlichen Umbrüchen und dem sozialen Wandel konfrontiert, die mit dem Ende der DDR und der Integration in die Bundesrepublik Deutschland einhergingen. Für evangelische Theologinnen in diesen Regionen bedeutete dies eine intensive Arbeit in der Seelsorge und Gemeindebetreuung. Sie unterstützten die Menschen in Zeiten der Unsicherheit und halfen, die neuen gesellschaftlichen Strukturen zu akzeptieren und zu gestalten. Da die Landeskirchen in Brandenburg und der Oberlausitz in den 1990er Jahren neue Wege suchten, um die schrumpfenden Gemeinden und den Verlust an gesellschaftlichem Einfluss zu bewältigen, waren Theologinnen oft gefordert, innovative Lösungen zu entwickeln und neue Formen der Gemeindearbeit zu erproben.

Die Frage der Gleichberechtigung in der Kirche blieb auch in den 1990er Jahren ein Thema. Während die offizielle Ordination von Frauen in den meisten evangelischen Landeskirchen bereits vollzogen war, mussten Theologinnen weiterhin um Anerkennung und Einfluss kämpfen. Die Integration von ostdeutschen Gemeinden in die westlich geprägten Kirchenstrukturen brachte mitunter Spannungen mit sich, da unterschiedliche Traditionen und Erwartungen aufeinandertrafen.

In Ost-Berlin, wie auch in anderen Teilen der ehemaligen DDR, waren die Kirchen nach der Wiedervereinigung weiterhin wichtige gesellschaftliche Akteure. Viele der Themen, die in den 1980er Jahren die kirchliche Arbeit geprägt hatten, wie Menschenrechte und soziale Gerechtigkeit, blieben auch in den 1990er Jahren relevant. Allerdings verschob sich der Fokus zunehmend auf die Bewältigung der neuen Herausforderungen, die mit der Transformation von einer sozialistischen zu einer kapitalistischen Gesellschaft verbunden waren. Evangelische Theologinnen in Ost-Berlin standen vor der Aufgabe, ihre Gemeinden in dieser Übergangszeit zu begleiten. Sie mussten sich mit den Erwartungen auseinandersetzen, die aus dem Westen kamen, und gleichzeitig die Bedürfnisse ihrer Gemeindemitglieder, die aus Jahrzehnten in einem sozialistischen Staat stammten, berücksichtigen. Viele Theologinnen nutzten ihre Erfahrungen aus der DDR-Zeit, um Brücken zwischen den unterschiedlichen gesellschaftlichen Gruppen zu bauen und den Wandel aktiv mitzugestalten.

11.1. Kirchenpolitik für die Frauen

Magdalena Möbius und Susanne Kahl-Passoth fassen die damaligen Aktivitäten zusammen:

»Die Leitung und Geschäftsführung der brandenburgischen Frauenhilfe und später der Frauen- und Familienarbeit hatten bis 1992 Männer inne. Es folgte Pfn. Susanne Kahl-Passoth als erste Frau, in Görlitz schon seit 1975/78 Renate Salinger, dann 1993 Petra-Edith Pietz – jedoch übernahmen in allen Jahrzehnten Frauen leitende Verantwortung, so neben vielen anderen die 2018 verstorbene Marie-Luise Demke. Ehrenamtliche Vorsitzende des Leitungskreises der Frauenhilfe beziehungsweise später der Frauen- und Familienarbeit waren immer Frauen.

Nachdem die DDR 1972 die – natürlich auch in der evangelischen Frauenarbeit kontrovers diskutierte – Fristenregelung in der Volkskammer beschlossen hatte – in den ersten drei Monaten durfte ein Schwangerschaftsabbruch ohne vorherige Beratung durchgeführt werden –, beschloss der Bundestag zwei Jahre später mit der Mehrheit von SPD und FDP ebenfalls ein Fristenmodell. Die CDU reichte daraufhin eine Verfassungsklage ein. Das Bundesverfassungsgericht erklärte 1975 diese Regelung mit dem Argument für verfassungswidrig, dass das ungeborene Leben nicht geschützt wird. So wurde 1976 die sogenannte Indikationsregelung beschlossen: Eine Abtreibung bleibt in den ersten drei Monaten einer Schwangerschaft straffrei bei einer medizinischen und eugenischen Indikation, nach einer Vergewaltigung und bei einer sozialen Notlage.

Nachdem die Mauer gefallen war, musste sich der Bundestag erneut mit dem Thema befassen, da in der DDR die Fristenregelung galt. So gab es 1990/91 heftige Debatten in der Gesellschaft, die auch in den Kirchen geführt wurden. Im August 1990 veröffentlichten Bischof Dr. Martin Kruse als Ratsvorsitzender der EKD und Bischof Dr. Karl Lehmann als Vorsitzender der Deutschen Bischofskonferenz eine gemeinsame Stellungnahme unter der Überschrift ›Zur Frage nach dem Schutz des ungeborenen Lebens im Prozess der Vereinigung der beiden deutschen Staaten.‹ Beide waren sich einig, dass eine Fristenregelung nicht vereinbar sei mit dem christlichen Glauben.

Rosemarie von Orlikowski, Studienleiterin für Frauenarbeit, Ellen Hoffmann, Studienleiterin für Familienbildungsstättenarbeit, beide im Evangelischen Bildungswerk, und Susanne Kahl-Passoth als damalige Landesjugendpfarrerin waren Mitglieder einer Arbeitsgruppe zum § 218, die mehrere Veranstaltungen organisierte mit der Tendenz, den Paragrafen zu streichen beziehungsweise die Fristenregelung der ehemaligen DDR zu übernehmen. Eine Verschärfung sollte auf jeden Fall verhindert werden. Als Reaktion auf die gemeinsame Erklärung der Bischöfe Kruse und Lehmann hatten die drei eine Stellungnahme veröffentlicht. In dieser brachten sie ihre Empörung zum Ausdruck, dass diese Erklärung ohne Einbeziehung kirchlicher Frauenorganisationen und Frauenbeauftragter veröffentlicht worden war.

Als gemeinsames Projekt von Frauen verschiedener Konfessionen aus Ost und West gründete sich 1992 das Ökumenische Frauenzentrum Evas Arche.«[1]

11.2. Die Bundessynode 1990 und Gudrun Althausen

Die Bundessynode empfahl den Gliedkirchen, Frauenbeauftragte einzusetzen und sich für die Bildung von Gleichstellungsreferaten bei den Landesregierungen einzusetzen.

Gudrun Althausen hielt in diesem Zusammenhang den entscheidenden Bericht auf der Bundessynode.[2] Gudrun Althausen, geborene Költzsch, wurde am 30. Dezember 1930 in Dresden geboren und entwickelte sich zu einer der bedeutendsten Stimmen in der kirchlichen Frauenarbeit der DDR. Inspiriert durch das Leben des bedeutenden Arztes und Theologen Albert Schweitzer wusste sie früh, dass sie etwas ähnliches machen wollte. Ihr Weg begann jedoch mit einem unerwarteten Umweg: Nachdem ihr 1950 aufgrund politischer Gründe, sie war nicht Mitglied der FDJ, als Klassenbeste die Zulassung zum Medizinstudium verweigert wurde, fing sie eine Krankenschwesterausbildung an.

Sie brach dann die Ausbildung ab, was sie später bedauerte, und bewarb sich für ein Theologiestudium an der Karl-Marx-Universität Leipzig. Sie gehörte zu den wenigen Frauen, die dieses Studium in einer stark männerdominierten Umgebung aufnahmen – unter fünfzig Studierenden waren nur fünf Frauen. Von einigen Professoren seien sie und

1 Susanne Kahl-Passoth/Magdalena Möbius, Von der Frauenhilfe zur Frauenarbeit, in: Scheepers, Vorgängerinnen, 125–127, hier: S. 126f.

2 Zu Gudrun Althausen vgl. Althausen, Gudrun, Meine liebe Tochter, in: Dies. u. a., Kinder, Kirche, Karriere. Von der berufstätigen Mutter im Dienst des Herrn. Erfahrungsberichte, Berlin 2000, 7–16.

Gudrun Althausen in Sambia, Internationales Weltgebetstagskomitee, 1978

ihre Kommilitoninnen bewusst ignoriert worden, was sich zu Vorlesungsbeginn in der Ansprache »Meine Herren ...« zeigte. Schon damals war Gudrun Költzsch überzeugt, dass Frauen in der Theologie ebenso kompetent ausgebildet werden sollten wie Männer, um »den vielen Frauen, die unter den Kanzeln sitzen, ebenso kompetent wie die gut ausgebildeten Männer Rede und Antwort stehen« zu können.

Während ihres Studiums stieß sie auf die sogenannte »Zölibatsklausel«, die verheirateten Frauen den Zugang zum Pfarramt verwehrte: »An die Übernahme eines Pfarramtes nach dem Studium war natürlich in keinem Fall zu denken – jedenfalls nicht für eine verheiratete Frau. Denn eine Frau, die Geschlechtsverkehr hatte, so lehrte uns einer der Professoren, sei unrein und darum ungeeignet für den Dienst am Altar. Wir haben – erstaunlicherweise – nur mäßig rebelliert«, reflektierte sie später.[3] Nach ihrem Abschluss 1954 übernahm ihr Mann Johannes Althausen die Pfarrstelle in Michendorf und sie wird engagierte Pfarrfrau.

3 Zitiert nach ebd., hier: S. 8.

Ihre akademischen Ambitionen, einschließlich einer geplanten Dissertation, blieben unerfüllt, obwohl sie sehr durch einen ihrer Professoren gefördert worden war. Anschließend wurde ihr Ehemann als Missionsinspektor in das Berliner Missionshaus berufen. Statt einer eigenen Erwerbsarbeit engagierte sie sich in der Gemeindearbeit und wurde Mitglied des Gemeindekirchenrats, Kreiskirchenrats, der Kreissynode und schließlich der Provinzialsynode. Und wurde Mutter von vier Kindern. In diesen Gremien setzte sie sich für die Belange von Frauen ein, war für die Frauenarbeit im Kirchenkreis zuständig und nahm aktiv an der kirchlichen Selbstverwaltung teil.

1970 erhielt Gudrun Althausen eine halbe Stelle als Theologische Referentin für Frauen- und Familienarbeit in der Evangelischen Kirche in Berlin-Brandenburg. Sie engagierte sich international als Vertreterin von Berlin-Brandenburg im Weltgebetstags-Komitee der DDR und nahm an internationalen Konferenzen teil, z. B. 1978 in Sambia an der internationalen Weltgebetstagskonferenz. In den 1980er Jahren organisierte sie gemeinsam mit Annemarie Schönherr und Elisabeth Adler feministisch-theologische Werkstätten in Hirschluch, die wichtige Impulse für die Frauenarbeit in der DDR setzten. Seit 1980 war Gudrun Althausen Vorsitzende der Evangelischen Frauenhilfe in der DDR und spielte eine zentrale Rolle in der Vereinigung der Frauenhilfe in Ost und West. Im Jahr 1992 wurde sie zur ersten Vorsitzenden der vereinigten Evangelischen Frauenhilfe in Deutschland gewählt.

Ihre langjährige Erfahrung und ihr Engagement führten dazu, dass sie von 1982 bis 1989 Mitglied der Bundessynode des Bundes Evangelischer Kirchen in der DDR war und eine Periode auch der Synode der Evangelischen Kirche der Union (EKU) angehörte. In dieser Zeit hielt sie den entscheidenden Bericht auf der Bundessynode, in dem empfohlen wurde, in den Gliedkirchen Frauenbeauftragte einzusetzen und sich bei den Landesregierungen für die Bildung von Gleichstellungsreferaten einzusetzen. Ihr prägender Satz lautete: »Die von der Kanzel ausgeschlossene Frau hat unter der Kanzel die unbestrittene Mehrheit.«

Von 1998 bis 2002 war Gudrun Althausen Mitglied der Kirchenleitung der Evangelischen Kirche in Berlin-Brandenburg (EKiBB) und erhielt den Titel »Kirchenrätin« als Sachwalterin für Gleichstellungsfragen – eine Position, die sie ehrenamtlich und ohne eigenes Budget ausfüllte. In dieser Funktion setzte sie sich weiterhin vehement für die Gleichberechtigung von Frauen in der Kirche ein. Ab 1999 arbeitete sie in der Arbeitsgruppe der Kirchenleitung »Gemeinschaft von Frauen und Männern in der EKiBB« mit. Ihr Engagement erstreckte sich bis in die Koordinierungsgruppe der Ökumenischen Dekade »Solidarität der Kirchen mit den Frauen«, die im Juni 1990 gegründet wurde.

Gudrun Althausen starb am 13. März 2007, doch ihr Einfluss und Vermächtnis in der kirchlichen Frauenarbeit und Gleichstellungsarbeit bleibt bis heute spürbar. Sie war eine Pionierin, die sich unermüdlich für die Rechte und Gleichstellung von Frauen innerhalb der Kirche einsetzte und deren Engagement maßgeblich zur Veränderung der kirchlichen Strukturen in der DDR beitrug. Ihrer Tochter schrieb sie im Jahr 2000 in einem offenen Brief: »Dir wünsche ich, wie allen jungen Frauen, dass Du gelassen und sicher Deinen Weg gehen kannst, zu den Entscheidungen, die Du einmal gefällt hast, stehst (auch wenn es dabei um Ecken oder durch Nebel geht), Deine Dir gegebenen Kräfte ohne falsche Ängste einsetzt und vor allem Dich nicht scheust, Verantwortung (auch Leitungsverantwortung) zu übernehmen.«[4]

11.3. Theologinnen lehren Theologie

Der Frauenanteil in der Evangelischen Theologie ist einer der geringsten unter den Geisteswissenschaften. Liegt der deutschlandweite Frauenanteil bei den Theologiestudierenden inzwischen bei 59 Prozent, sind es bei den Promotionen nur noch 44 Prozent und bei den Professuren nicht mal ein Viertel, nämlich 24,3 Prozent, das heißt, der Anteil der Männer in der Professorenschaft liegt demnach bei 75,7 Prozent.

Wiewohl in Berlin bereits seit den 1920er Jahren die ersten Frauen in Evangelischer Theologie promoviert wurden, dauerte es bis 1992, ehe die erste Theologin zur Professorin in Berlin berufen wurde: Gerlinde Strohmaier-Wiederanders. Weder in der Zeit der Weimarer Republik noch in der Zeit des Nationalsozialismus hatte es an der Theologischen Fakultät Professorinnen gegeben. Auch an der Kirchlichen Hochschule der Bekennenden Kirche in Berlin-Zehlendorf lehrte keine Frau.

Die erste Professorin an der Theologischen Fakultät war die Philosophin Liselotte Richter, eine Kierkegaard-Spezialistin. Sie habilitierte sich als erste Frau in Deutschland an der Humboldt-Universität im Fach Philosophie, wurde dann aber

Gerlinde Strohmaier-Wiederanders

1951 Professorin für Religionsphilosophie an der Theologischen Fakultät. Weder in Ost-Berlin, wo man Theologie an der »Sektion Theologie« an der Humboldt-Universität oder am Sprachenkonvikt studieren konnte, noch in West-Berlin an der

4 Zitiert nach ebd., hier: S. 16.

Kirchlichen Hochschule oder am Institut für Evangelische Theologie der Freien Universität hatte es eine Theologin auf einer Professur gegeben.

Im Folgenden soll Gerlinde Strohmaier-Wiederanders, die erste berufene Theologin auf einer theologischen Professur in Berlin, vorgestellt werden: Geboren im Dezember 1941, aufgewachsen in Prenzlauer Berg, absolvierte sie nach dem Abitur zunächst eine Ausbildung als Technische Hilfskraft. Das einzige ihr erlaubte Studienfach war evangelische Theologie, weswegen sie dieses Studium an der Humboldt-Universität aufnahm. Sie spezialisierte sich während des Studiums auf Christliche Archäologie und Kulturgeschichte. Bei ihrem Lehrer Alfred Raddatz schrieb sie ihre Doktorarbeit und erhielt eine Stelle als Assistentin. Lange Zeit war sie die einzige Frau an der »Sektion Theologie«. Ihr Vikariat absolvierte sie bei einer der ersten Pastorinnen Berlins, bei Sieghild Jungklaus in Pankow.

An der Berliner Fakultät wurde 1959 Rosemarie Müller-Streisand habilitiert und 1965 zur Dozentin ernannt. Mit der sogenannten »Promotion B« wurden auch Ilse Bertinetti, Käte Gaede, Brigitte Kahl und Gerlinde Strohmaier-Wiederanders habilitiert. An der Kirchlichen Hochschule in Zehlendorf wurde 1986 Elke Axmacher habilitiert, die 1992 Professorin für Evangelische Theologie und Didaktik in Bielefeld wurde. Am Sprachenkonvikt war Dr. Ilse von Loewenclau – auch Pfarrerin in Falkensee – Dozentin des Kirchlichen Lehramtes für Altes Testament. Sie hat das Amt einer Professorin ohne Titel ausgeübt. Gerlinde Strohmaier-Wiederanders erinnert sich noch lebhaft an die 1970er Jahre, als der Frauenanteil unter den Studierenden an der »Sektion« immer weiter gestiegen sei, während der Männeranteil aufgrund der Kriegsdienstverweigerer, denen das Studium an einer staatlichen Universität verboten gewesen war, am kirchlichen Sprachenkonvikt zugenommen habe.

Nach der deutschen Vereinigung wurde das Sprachenkonvikt 1991 mit der sich erneuernden Theologischen Fakultät fusioniert, 1993 wurde dort auch die Kirchliche Hochschule Berlin-Zehlendorf integriert. 1992 wurde Gerlinde Strohmaier-Wiederanders dort zur Professorin berufen.

Die erste weibliche Dekanin an der theologischen Fakultät der Humboldt-Universität war die Kirchenhistorikerin Prof. Dr. Dorothea Wendebourg. Heute arbeiten an der Theologischen Fakultät zwei Professorinnen, Prof. Dr. Judith Becker in der Mittleren und Neueren Kirchengeschichte/Reformationsgeschichte und Prof. Dr. Ruth Conrad auf der Professur Homiletik/Liturgik und Kybernetik.

Fazit

Die 1990er Jahre waren für evangelische Theologinnen eine Zeit des Übergangs und der Anpassung an neue gesellschaftliche Realitäten. In West- und Ost-Berlin, Brandenburg und der Oberlausitz mussten sie ihre Rolle in einer neu geordneten kirchlichen Landschaft finden. Die Wiedervereinigung brachte nicht nur neue Herausforderungen, sondern auch die Chance, an der Gestaltung einer gemeinsamen Zukunft mitzuwirken. Die Kirchen spielten eine wichtige Rolle bei der Bewältigung der gesellschaftlichen Umbrüche, und Theologinnen waren in diesem Prozess oft führende Akteurinnen. Sie trugen dazu bei, die Kirchen als Orte des Zusammenhalts und der Orientierung in einer sich verändernden Welt zu erhalten und weiterzuentwickeln.

DIE BRÜ

KENBAUERIN

THERESA RINECKER

Erste Generalsuperintendentin in Görlitz

Zum Einstieg

Wir treffen Theresa Rinecker, geborene Scholich, im Juli in Hirschluch bei Storkow auf dem Landesjugendcamp der Evangelischen Jugend Berlin-Brandenburg-schlesische Oberlausitz. Hunderte von Jugendlichen campieren hier und strömen begeistert über das Gelände. Theresa Rinecker ist hier, um mit Konfirmannd:innem Bäume zu pflanzen. Ihr Mann Dirk reicht uns Wasserflaschen mit der Aufschrift »liebevoll« – dem Motto des Landesjugendcamps. Wir beginnen mit dem Fotoshooting und kommen ins Gespräch.

Theresa Rinecker ist die erste Frau im Amt des Generalsuperintendenten im Sprengel Görlitz – in anderen Regionen Deutschlands würde man Regionalbischöfin sagen. Sie wird in Merseburg in eine katholische Familie geboren, deren Vorfahren aus Breslau stammen. Eigentlich will sie Medizin studieren, aber dies war in der DDR angesichts ihres kirchlichen Engagements nicht möglich. So entscheidet sie sich für die Theologie, denn sie will frei denken, frei reden und verstehen, die Heilige Schrift in ihren Ursprungssprachen lesen und begreifen. In der 12. Klasse liest sie vor den anstehenden Studienbewerbungen die Bibel binnen eines Monats durch und dies wird zum Motor für ihr Studium. Über ihre späteren beruflichen Perspektiven macht sie sich keine Sorgen.

Theologiestudium und Konversion

Bereits zu Beginn ihres Studiums der Evangelischen Theologie in Jena trifft Theresa Scholich den Theologieprofessor Klaus-Peter Hertzsch, der ihr prägender Lehrer und schließlich ein Freund wird. Das Studium ist für sie eine Offenbarung, der Umgang mit den Texten, die Menschen und die Faszination für die Praktische Theologie. Sie heiratet, heißt fortan Rinecker und wird Mutter. Mit 21 Jahren schenkt sie ihrer ersten Tochter Rebekka das Leben, 1989 kommt Lydia auf die Welt und 1997 Emma.

Theresa Rineckers Diplomarbeit nimmt viele heutige Diskurse vorweg mit dem Thema: »Die Veränderbarkeit des Menschen als Thema der Homiletik«. Können Menschen sich wandeln? Und wie kann über diese Veränderungen glaubwürdig gepredigt werden? Theresa Rinecker selbst wandelt sich – sie konvertiert zum Protestantismus. Im 9. Semester entscheidet sie sich, nun auch offiziell evangelisch zu werden. Immer wieder sprechen Menschen an der Universität und aus der Kirchenleitung sie an, dass sie gebraucht werde. Und so entscheidet sie sich, sich in den Dienst der evangelischen Kirche zu stellen.

Pfarrerin und Leiterin des Seelsorgeseminars

Die Familie Rinecker zieht im Juli 1989 nach Queienfeld (bei Meiningen). Theresa Rinecker arbeitet mit ganzer Stelle in der Gemeinde, ihr damaliger Mann als Pfarrer in der Justizvollzugsanstalt. Als das zweite Kind vierzehn Tage alt ist, klingelt es an der Pfarrhaustür und Theresa Rinecker wird an das Bett einer Sterbenden gerufen. Die Angehörigen beten für den Übergang vom Leben zum Tod um Beistand für die Sterbende und die Familie. Schließlich kann sie getröstet sterben. Dies ist Theresa Rineckers erste Beerdigung.

Sie ist die erste Frau in diesem Pfarramt und muss zunächst ihren eigenen Weg, der anders als der ihres Vorgängers ist, finden – und findet ihn: Die Schwerpunkte ihrer Arbeit auf den Dörfern werden Seelsorge, Begleitung und eine vielschichtige Kasualpraxis. Sie verändert und entwickelt sich beständig weiter, sucht sich eine Seelsorgerin für ihre Begleitung, besucht KSA-Kurse (Klinische Seelsorgeausbildung) und wird schließlich selbst zertifizierte Supervisorin. Sie wechselt die Stelle und geht nach Bad Berka. Zunächst wirkt sie dort als Seelsorgerin an der Zentralklinik Bad Berka und im Hospiz Bad Berka. Kirche und Kinder – Theresa Rinecker absolviert ein großes Pensum. Ihre erste Ehe zerbricht und sie kommuniziert gegenüber der Gemeinde, dass die Strukturen kirchlicher Arbeit sich verändern müssen – und die Gemeinde macht sich mit ihr auf den Weg. So übernimmt sie schließlich die Gemeindepfarrstelle, auch dort als erste Frau. Ihre Gemeinde entwickelt sich weiter und bezeichnet sich selbst schließlich als »seelsor-

1994 Queienfeld

gerliche Gemeinde«. Und auch Theresa Rinecker entwickelt sich weiter und wagt den nächsten beruflichen Schritt.

2008, das jüngste Kind ist elf Jahre alt, wird sie zur Leiterin des Seelsorgeseminars der Evangelischen Kirche in Mitteldeutschland (EKM) mit Sitz zunächst in Weimar und dann in Halle (Saale) berufen. Inzwischen ist sie Lehrsupervisorin der Deutschen Gesellschaft für Pastoralpsychologie und nimmt zusätzlich zu ihrer Leitungsstelle noch einen Predigtauftrag in Weimar wahr. Auch hier wieder als erste Frau in diesem Amt. In ihrer Beratungstätigkeit macht sie immer wieder die Erfahrung, dass die Dinge auf persönlicher Ebene erlitten und ausgefochten werden, obwohl es sich vielfach um strukturelle Fragen handelt.

Generalsuperintendentin in Görlitz

So wächst die Neugier, diese Strukturen kirchenleitend gestalten zu können, Theresa Rinecker verändert sich nach elf Jahren im Amt als Leiterin des Seelsorgeseminars erneut und wird Generalsuperintendentin in Görlitz. Nach dem Anruf des damaligen Berliner Bischofs Dr. Markus Dröge, ob sie sich dieses Amt vorstellen könne, und der offiziellen Bekanntgabe ihrer Kandidatur, fallen die Reaktionen in ihrem Umfeld ambivalent aus – die einen beglückwünschen sie, andere raten ihr vehement mit Verweis auf die »Randlage ganz im Osten« ab. Doch Theresa Rinecker hat, wie sie selbst sagt, ein inneres Bild für die Arbeit dort – »Seelsorge an einer Landschaft« und »sie hat gute Leitungsgene«. Sie weiß, was sie will und wird gewählt. Im Rahmen eines Festgottesdienstes wird sie im Oktober 2018 in der Görlitzer Peterskirche durch Bischof Markus Dröge in ihr Amt als Generalsuperintendentin im Sprengel Görlitz eingeführt. Seitdem übt sie das Amt mit Leidenschaft und Freude aus. Sie möchte das im Sprengel Görlitz miteinander verbinden, das getrennt scheint – und doch zusammengehört: ländlicher Raum und Städte, Braunkohle und Transformation, Länder diesseits und jenseits der Grenze und nicht zuletzt Konfessionen. Als Brückenbauerin ist sie natürlich auch Mitglied im »Verein zur Förderung des Internationalen Brückenpreises der Europastadt Görlitz/Zgorzelec«. Sie hat das »Zentrum für Dialog und Wandel« der EKBO in

Cottbus maßgeblich neu konzipiert und gemeinsam mit anderen seine Ausrichtung auf die Begleitung des Strukturwandels über die Lausitz hinaus weiterentwickelt. Es begleitet seit 2024 die Transformationsthemen in den ländlichen Regionen in der EKBO und im Osten Deutschlands.

Sie selbst möchte nahbar Kirchenleitung sein, mit einer zugewandten seelsorgerlichen Grundhaltung. Gerade für die jungen Vikar:innen ist es ihr wichtig, auch ein bisschen Vorbild zu sein. Sie initiiert Projekte, ist eine Teamplayerin und immer auf der Suche nach Menschen, mit denen sich gemeinsam etwas bewegen lässt. Sie möchte Feminismus leben, indem sie gezielt Frauen unterstützt und den Spirit am Leben hält. Wie z. B. bei den Christlichen Begegnungstagen im Mai 2024, wo 4.000 Menschen zusammen an einer Tafel gesessen und miteinander gegessen haben – und Theresa Rinecker mitten unter ihnen.

Die Pandemie verlangt wieder eine Veränderung von ihr. Gerade hat sie 130 Antrittsbesuche hinter sich, als der Shutdown im März 2020 nahezu jede persönliche physische Begegnung verunmöglicht. Doch dann fängt sie an, gemeinsam mit anderen den Lausitz-Kirchentag für 2022 vorzubereiten, für den sächsische und brandenburgische Kirchenkreise sowie zwei Landeskirchen gemeinsam Verantwortung übernehmen, und wird so mit anderen zur Brückenbauerin in die Zukunft hinein.

Immer wieder hört sie Sätze wie »Was Sie alles schaffen, obwohl Sie eine Frau sind!« Sätze wie dieser machen deutlich, dass es noch vieler Role Models wie Theresa Rinecker bedarf, die den Menschen vorleben, dass eine Frau alles schaffen kann, nicht obwohl sie eine Frau ist, nicht weil sie eine Frau ist, sondern weil sie ein Mensch ist. Besonders in ökumenischen Zusammenhängen, in denen sie oft die einzige weibliche Geistliche ist oder überhaupt die einzige Frau in einem Gremium, ist ihr ihr Frausein sehr bewusst. Oder ihr Anderssein, wie es Simone de Beauvoir formuliert hat. Dann ahnt Theresa Rinecker, dass ihr Geschlecht einen Unterschied macht, für alle im Raum und dass dies ein Stand ist, der auch erkämpft sein will.

Leiten als Theologin in der EKBO

Theresa Rinecker ist angekommen – in ihrem Amt, in der EKBO, in ihrem Sprengel Görlitz. Sie liebt die EKBO, sagt sie im Interview. Sie sei hier sehr, sehr herzlich aufgenommen worden und spüre eine Grundneugier auf neue Menschen und Ideen. Sie schätzt das Denken an den gleichen Dingen, mit dem Bischof, der Pröpstin, dem Präses, der Präsidentin, den Kolleg:innen, den Menschen in der EKBO. Wie es der Göttinger Theologe Jan Hermelink nennt, möchte sie »zusammenklingende Kirchenleitung« mit anderen gemeinsam sein. Ihr Ehemann Dirk ist Physiker an der Universität Ilmenau und begleitet sie an den Wochenenden. In ihrer Amtsausübung, sagt sie resümierend, seien ihr Teamaffinität, Kollegialität und Fehlerfreundlichkeit wichtig.

Und schließlich: In Krisen haben ihr immer wieder biblische Geschichten geholfen. Zum Beispiel die von Naaman, die im 2. Buch Könige in Kapitel 5 erzählt wird. Der Prophet Elisa ließ Naaman untertauchen. Und Naaman ließ sich auf dieses Ritual am Fluss Jordan ein, und machte sich damit klein, weil er auf große Zauberei und Gegenwart des Gottesmannes verzichtet. Siebenmal tauchte er unter, und wie nach sieben Tagen Gott die Welt erschuf, war nun Naaman wie neu. Ja, sagt Theresa Rinecker, manchmal muss man siebenmal untertauchen, bis man neu ins Leben gehen kann.

Was bleibt

Theresa Rinecker ist eine bemerkenswerte Persönlichkeit in der kirchlichen Landschaft der Schlesischen Oberlausitz und in der Evangelischen Kirche Berlin-Brandenburg-schlesische Oberlausitz. Als erste Frau in der Geschichte, die das Amt des Generalsuperintendenten in Görlitz bekleidet, hat sie neue Maßstäbe gesetzt und ist zu einer inspirierenden Führungsfigur in der Region geworden. Ich erlebe sie als eine führungsstarke und visionäre Kirchenfrau, die nicht nur die administrativen Aufgaben ihrer Position hervorragend meistert, sondern auch in theologischen und pastoralen Fragen neue Impulse setzt. Ihre Arbeit ist geprägt von einem tiefen Verständnis für die historischen und kulturellen Besonderheiten der Schlesischen Oberlausitz und ihres ganzen Sprengels und einem klaren Blick auf die zukünftigen Herausforderungen. Herausragend ist ihr ökumenisches Engagement, mit dem sie den Dialog und die gemeinsame Arbeit der Konfessionen fördert, um ein starkes Zeichen der Einheit und des Friedens zu setzen.

Theresa Rinecker steht als Generalsuperintendentin vor der Aufgabe, die Kirche in einer Zeit des Wandels zu führen. Die Abwanderung junger Menschen aus der Region und die zunehmende Säkularisierung sind Herausforderungen, denen sie mit einer Mischung aus traditionellem Glauben und innovativen Ansätzen begegnet. Sie setzt auf eine starke Gemeinschaft, die offen für Veränderungen ist und gleichzeitig ihre Wurzeln bewahrt.

Als wir das Landesjugendcamp verlassen, kniet Theresa Rinecker mit den Jugendlichen auf dem Erdboden und pflanzt mit ihnen Bäume. So wie die Bäume sie überdauern werden, wird ihre Inspiration sie überdauern. Sie hinterlässt Wurzeln und schenkt uns Jüngeren Flügel.

XII

Nach 2000 – Fusion zur EKBO und Reformationsjubiläum

Vorbemerkungen

In den Jahren nach 2000 veränderte sich die Situation für Frauen und evangelische Theologinnen in Deutschland weiter, sowohl in urbanen Zentren wie Berlin als auch in ländlicheren Gebieten wie Brandenburg und der Oberlausitz. Diese Zeit war geprägt von gesellschaftlichen, technologischen und kirchlichen Umbrüchen, die auch die Rolle von Frauen in der Kirche und ihre Wahrnehmung beeinflussten.

Die 2000er Jahre standen in Deutschland unter dem Zeichen der fortschreitenden Globalisierung, technologischen Fortschritte und dem Wandel traditioneller Rollenbilder. Die Frauenbewegung der vergangenen Jahrzehnte hatte viele rechtliche und gesellschaftliche Veränderungen erkämpft, was zu einer größeren Präsenz von Frauen in verschiedenen beruflichen und gesellschaftlichen Bereichen führte. Dies betraf auch den kirchlichen Bereich, wo Frauen zunehmend Führungspositionen übernahmen.

In Berlin, das als wiedervereinigte Hauptstadt weiterhin ein kulturelles und politisches Zentrum war, öffneten sich für evangelische Theologinnen in den 2000er Jahren neue berufliche Wege und Herausforderungen. Die kirchliche Arbeit in Berlin war stark geprägt von der Auseinandersetzung mit gesellschaftlichen Themen wie Migration, sozialer Gerechtigkeit und interreligiösem Dialog. Theologinnen in Berlin engagierten sich zunehmend in diesen Bereichen und brachten ihre Perspektiven und Kompetenzen ein.

Die Kirche in Berlin war auch stärker in ökumenische und interreligiöse Dialoge eingebunden, wobei Frauen oft eine führende Rolle einnahmen. Dies reflektierte die allgemeine gesellschaftliche Tendenz zu mehr Diversität und Integration. Theologinnen nutzten die Chancen, die sich durch die wachsende Pluralität der Gesellschaft ergaben, um neue Formen der Gemeindearbeit zu entwickeln und Brücken zwischen verschiedenen gesellschaftlichen Gruppen zu bauen.

In den ländlichen Regionen Brandenburgs und der Oberlausitz sahen sich evangelische Theologinnen in den 2000er Jahren mit spezifischen Herausforderungen konfrontiert. Die anhaltende Abwanderung junger Menschen in die Städte und der demografische Wandel führten zu schrumpfenden Gemeinden und einer Veränderung der Gemeindestruktur. Theologinnen mussten hier oft kreative Ansätze finden, um die verbleibenden Gemeindemitglieder zu erreichen und die kirchliche Arbeit aufrechtzuerhalten.

Gleichzeitig boten die Veränderungen auch Chancen für eine Neuausrichtung der kirchlichen Arbeit. Evangelische Theologinnen in Brandenburg und der Oberlausitz entwickelten neue

Modelle der Gemeindearbeit, die stärker auf die Bedürfnisse der älter werdenden Bevölkerung und die Integration von Rückkehrern aus den Städten abgestimmt waren. Diese Arbeit erforderte eine hohe Flexibilität und Anpassungsfähigkeit sowie eine enge Zusammenarbeit mit anderen sozialen und kirchlichen Akteuren.

In Ost-Berlin und den östlichen Bundesländern war die Kirche weiterhin ein wichtiger Akteur im sozialen und kulturellen Leben. Die 2000er Jahre brachten jedoch auch hier einen zunehmenden Rückgang der Kirchenmitglieder und eine Verlagerung des kirchlichen Einflusses mit sich. Evangelische Theologinnen in Ost-Berlin spielten eine entscheidende Rolle bei der Anpassung der kirchlichen Arbeit an die veränderten Bedingungen und der Entwicklung neuer, gesellschaftlich relevanter Angebote.

In Ost-Berlin war die Kirche oft auch ein Ort, an dem die Auseinandersetzung mit der jüngeren Geschichte stattfand, insbesondere im Hinblick auf die DDR-Vergangenheit. Theologinnen trugen wesentlich dazu bei, diese Diskussionen voranzutreiben und die Kirche als einen Ort der Reflexion und Versöhnung zu gestalten.

Ein bemerkenswerter Trend der Jahre nach 2000 war der wachsende Anteil von Frauen in Führungspositionen innerhalb der evangelischen Kirche. Theologinnen wurden zunehmend in hohe Ämter gewählt, sowohl auf der Ebene der Landeskirchen als auch in überregionalen kirchlichen Gremien. Diese Entwicklung spiegelte den gesellschaftlichen Wandel, hin zu mehr Gleichberechtigung und einer stärkeren Anerkennung der Leistungen von Frauen in allen Bereichen des öffentlichen Lebens.

12.1. Fusion zur EKBO

Die Schlesische Oberlausitz ist eine Region, die durch ihre bewegte kirchliche Geschichte und ihre enge Verbindung zur Evangelischen Kirche Berlin-Brandenburg-schlesische Oberlausitz (EKBO) geprägt ist. Diese Beziehung spiegelt sich in den vielfältigen kirchlichen Aktivitäten, historischen Entwicklungen und aktuellen Herausforderungen der Region. Die EKBO entstand 2004 durch die Fusion der »Evangelischen Kirche der schlesischen Oberlausitz« mit der »Evangelischen Kirche in Berlin-Brandenburg«. Diese Fusion reflektiert die historischen und strukturellen Verbindungen der Regionen und die Notwendigkeit einer stärkeren Zusammenarbeit und organisatorischen Effizienz.

In der Schlesischen Oberlausitz engagieren sich die Gemeinden der EKBO intensiv in sozialen und kulturellen Projekten. Dazu gehören unter anderem die Unterstützung von Flüchtlingen und sozial Schwachen, Bildungsprogramme für Kinder und Jugendliche sowie die Bewahrung des kulturellen Erbes. Besonders hervorzuheben sind die zahlreichen historischen Kirchen und Gebäude, die nicht nur Orte des Gottesdienstes, sondern auch bedeutende kulturelle und touristische Attraktionen sind. Ein weiterer wichtiger Aspekt der kirchlichen Landschaft in der Schlesischen Oberlausitz ist die ökumenische Zusammenarbeit.

Die Region ist konfessionell gemischt, und es gibt eine lange Tradition der Zusammenarbeit zwischen evangelischen und katholischen Gemeinden. Diese Zusammenarbeit zeigt sich in gemeinsamen Gottesdiensten, sozialen Projekten und kulturellen

Veranstaltungen, die das Miteinander und den interkonfessionellen Dialog fördern.

Die Schlesische Oberlausitz steht, wie viele andere Regionen in Deutschland, vor demografischen und gesellschaftlichen Herausforderungen. Die Abwanderung junger Menschen und der demografische Wandel stellen die kirchlichen Gemeinden vor die Aufgabe, neue Wege zu finden, um ihre Mitglieder zu erreichen und zu binden. Die EKBO reagiert darauf mit verschiedenen Initiativen, wie der Förderung ehrenamtlichen Engagements, der Nutzung digitaler Medien und der Stärkung der Gemeindearbeit vor Ort.

Die Schlesische Oberlausitz und ihre Beziehung zur EKBO sind ein beeindruckendes Beispiel für die historische Tiefe und die aktuelle Dynamik kirchlichen Lebens in einer Region, die durch konfessionelle Vielfalt und kulturellen Reichtum geprägt ist. Die enge Zusammenarbeit und die gemeinsame Bewältigung von Herausforderungen zeigen, wie wichtig die Kirche für das soziale und kulturelle Gefüge der Schlesischen Oberlausitz ist. In Zukunft wird es entscheidend sein, diese Traditionen zu bewahren und gleichzeitig innovative Wege zu finden, um den Glauben und die Gemeinschaft in einer sich wandelnden Welt zu stärken.

Der Sprengel Görlitz reicht vom Oderbruch bis zur polnischen Grenze und zählt rund 170.000 evangelische Gemeindeglieder.

12.2. Reformationsjubiläum 2017

In den 2010er Jahren erlebten Frauen, insbesondere evangelische Theologinnen, eine Phase des weiteren Aufbruchs und der Festigung ihrer Rolle in der Kirche. Diese Dekade war nicht nur von tiefgreifenden gesellschaftlichen Veränderungen und einer verstärkten Säkularisierung geprägt, sondern auch von wichtigen kirchlichen Jubiläen und theologischen Reflexionen. Besonders herausragend war das Reformationsjubiläum im Jahr 2017, das weltweit begangen wurde und einen besonderen Fokus auf die Wiederentdeckung der Reformationen legte, insbesondere in Wittenberg.

Die 2010er Jahre waren eine Zeit intensiver gesellschaftlicher Debatten. Themen wie Migration, Digitalisierung und Klimawandel prägten die öffentliche Diskussion und stellten auch die Kirche vor neue Herausforderungen. In dieser dynamischen Zeit setzten sich Frauen in der evangelischen Kirche verstärkt für soziale Gerechtigkeit, Gleichberechtigung und die Weiterentwicklung kirchlicher Strukturen ein. In Berlin, Brandenburg, der Oberlausitz und darüber hinaus spielten evangelische Theologinnen eine zentrale Rolle bei der Gestaltung von Antworten auf diese gesellschaftlichen Fragen.

Das Reformationsjubiläum 2017 markierte den 500. Jahrestag der Veröffentlichung der 95 Thesen von Martin Luther in Wittenberg und war eines der herausragenden Ereignisse der 2010er Jahre. Dieses Jubiläum bot eine einmalige Gelegenheit, die Ursprünge der Reformation zu reflektieren und ihre Bedeutung für die Gegenwart neu zu bewerten. Wittenberg, als zentrale Stätte der Reformation, rückte in den Mittelpunkt zahlreicher Feierlichkeiten und theologischer Diskussionen.

Für Theologinnen war das Reformationsjubiläum eine besondere Gelegenheit, die Rolle von

2017 Wittenberg: Zum 500. Reformationsjubiläum sollte unter anderem mit der demonstrativen Präsenz von 120 Frauen in kirchlichen Leitungspositionen ein Zeichen für Vielfalt in der Ökumene weltweit gesetzt werden. Organisiert wurde der Tag von den Evangelischen Frauen in Mitteldeutschland, unterstützt vom Lutherischen Weltbund (LWB).

Frauen in der Reformationszeit und deren Einfluss auf die Kirchengeschichte hervorzuheben. Es wurden viele Veranstaltungen, Ausstellungen und Publikationen organisiert, die die Beiträge von Frauen zur Reformation würdigten und deren Bedeutung für die heutige Kirche herausstellten. Die Wiederentdeckung der Reformation beinhaltete nicht nur die Feier der historischen Ereignisse, sondern auch eine kritische Auseinandersetzung mit der Frage, wie die reformatorischen Ideen in der modernen Kirche umgesetzt werden können.

Evangelische Theologinnen spielten eine aktive Rolle bei den Vorbereitungen und Veranstaltungen des Reformationsjubiläums. Sie trugen dazu bei, die Feierlichkeiten so zu gestalten, dass sie nicht nur das historische Ereignis würdigten, sondern auch aktuelle Themen wie Geschlechtergerechtigkeit und soziale Verantwortung in den Mittelpunkt rückten. Theologinnen setzten sich dafür ein, dass die Reformation nicht nur als ein Ereignis der Vergangenheit betrachtet wurde, sondern als ein lebendiger Prozess, der auch heute noch relevant ist.

In Wittenberg, dem symbolischen Zentrum der Reformation, wurden zahlreiche Aktivitäten organisiert, die den Einfluss der Reformation auf die Gegenwart betonten. Theologinnen halfen dabei, das Erbe der Reformation neu zu interpretieren und die Visionen Luthers und anderer Reformatoren im Licht der modernen Herausforderungen zu betrachten. Besonders wichtig war es ihnen, den Beitrag von Frauen zur Reformation sichtbar zu machen, der oft in den Hintergrund getreten war.

Während des Reformationsjubiläums nutzten viele Theologinnen die Gelegenheit, um über die Rolle der Kirche in einer sich verändernden Gesellschaft nachzudenken. Sie engagierten sich in Diskussionen darüber, wie die reformatorischen Prinzipien von Freiheit, Verantwortung und Gerechtigkeit in der modernen Kirche und Gesellschaft umgesetzt werden können. Dies führte zu neuen Initiativen und Projekten, die sich auf soziale Gerechtigkeit, die Integration von Migranten und Migrantinnen und die Förderung von Geschlechtergerechtigkeit konzentrierten.

In Berlin und anderen urbanen Zentren führten die Feiern des Reformationsjubiläums zu einem erneuten Interesse an den Wurzeln des Protestantismus und seiner Bedeutung für die heutige Zeit. Theologinnen spielten eine Schlüsselrolle bei der Vermittlung dieser Ideen und entwickelten neue Ansätze für die Gemeindearbeit, die die reformatorischen Werte in die heutige Zeit übertrugen.

Fazit

Die Zeit nach dem Jahr 2000 war eine Zeit des Wandels und der Konsolidierung für evangelische Theologinnen in Deutschland. In Berlin, Brandenburg und der Oberlausitz passten sich die Theologinnen an die sich verändernden gesellschaftlichen und kirchlichen Rahmenbedingungen an und gestalteten aktiv die Zukunft der Kirche mit. Sie übernahmen zunehmend Führungsrollen und trugen dazu bei, die Kirche als relevante Akteurin in einer pluralistischen Gesellschaft zu positionieren. Die Herausforderungen der Zeit – von der demografischen Entwicklung bis hin zur wachsenden gesellschaftlichen Diversität – boten ihnen neue Möglichkeiten, ihre Kompetenzen und ihr Engagement einzubringen und die Kirche in eine neue Ära zu führen.

Trotz der Fortschritte blieben auch in den Jahren seit dem Jahr 2000 Herausforderungen bestehen. Die Diskussion über die Vereinbarkeit von Beruf und Familie und die Förderung von Frauen in Leitungspositionen war weiterhin relevant. Dennoch kann diese Dekade als eine Zeit gesehen werden, in der Frauen und insbesondere Theologinnen in der evangelischen Kirche ihre Position weiter festigten und ausbauten.

Die 2010er Jahre, geprägt vom Reformationsjubiläum und einer breiten gesellschaftlichen Diskussion über die Rolle der Kirche in der modernen Welt, boten evangelischen Theologinnen die Möglichkeit, die Kirche aktiv mitzugestalten. Sie trugen dazu bei, die reformatorischen Ideen in die Gegenwart zu überführen und die Kirche als einen Ort zu etablieren, der sich für soziale Gerechtigkeit, Gleichberechtigung und die Bewältigung globaler Herausforderungen einsetzt. Diese Entwicklungen legten den Grundstein für die weitere Arbeit und das Engagement von Frauen in der Kirche in den folgenden Jahrzehnten.

Eine Neu-Erfindung von Kirche. Ein Rück- und ein Ausblick

Die Situation von Theologinnen in Berlin, Brandenburg und der schlesischen Oberlausitz hat sich in den letzten Jahrzehnten erheblich verbessert, doch es gibt weiterhin Herausforderungen und Bereiche, in denen Veränderungen notwendig sind.

Zum Rückblick

Die Frauenrechtlerin Hedwig Dohm schrieb, wie oben dargestellt, 1874 in ihrer Schrift »Die wissenschaftliche Emanzipation der Frau«: »Aber es wird ein Tag kommen, wo die Frau, der Nadel und des Kochlöffels überdrüssig, die Geschlechtssymbole von sich wirft, wo sie, müde der abgedroschenen Phrasen, mit denen sie bisher betrogen worden, dem Despoten ›Mann‹ den Gehorsam kündigen und Gehorsam fordern wird von denen, die ihr unterthan im Geiste. Kommen wird der Tag, wo sie in die Tempel der Männer dringen, ihre Kanzeln besteigen und ein neues Evangelium predigen wird, die frohe Botschaft von der Menschwerdung des Weibes.«

Dieses Postulat für die »Menschwerdung des Weibes« illustriert Hedwig Dohms Vision von einem gleichberechtigten Zusammenleben von Männern und Frauen mit dem Bild von Frauen, die Kanzeln besteigen und ein neues Evangelium verkünden. Ihre Emanzipationsvorstellungen beziehen sich darauf, dass Frauen in bisher allein Männern vorbehaltene Räume einzudringen vermögen und damit auch eine Neudefinition bestehender Wertevorstellungen vornehmen können.

Es sollte 1874 allerdings noch eine Weile dauern, bis es Frauen möglich wurde, eine Kanzel zu besteigen. Es war ein langer Weg zur Zulassung von Frauen zum vollen Pfarramt. Den Beginn dieses Weges bildete die Zulassung von Frauen zum Universitätsstudium. Hier im ehemaligen Preußen erfolgte dies im Jahr 1908. Die erste Berliner Studentin trug den Namen Agnes von Zahn-Harnack. Diese grundsätzliche Öffnung der Universitäten für Frauen garantierte dabei aber noch nicht den Anspruch auf Zulassung zu den universitären und staatlichen Prüfungen oder gar den Eintritt in das Pfarramt. Bis 1919 gab es für Theologinnen außer der Promotion keine Möglichkeit, einen regulären Abschluss ihres Studiums zu erreichen. 1920 legte in Berlin die erste Theologin ein Fakultätsexamen ab, Ilse Kersten, unter dem Dekanat Adolf von Harnacks.

Der Kirchenhistoriker und Wissenschaftsorganisator Adolf von Harnack kann, wie dargelegt, durchaus als Pionier des Frauenstudiums gelten, denn er hat Studentinnen schon vor der offiziellen Immatrikulation, als sie also noch Gaststudentinnen waren, gleichwohl zu ordentlichen Mitgliedern seines Hauptseminars gemacht und eine Reihe von Frauen zur Promotion geführt. Aber bemerkenswerterweise kann man, wie oben beschrieben, die Öffnung des Theologiestudiums und der theo-

Foto auf der linken Seite: Das Mentoring-Programm der EKBO für Frauen im ordinierten Dienst wurde 2019/2020 mit dreizehn Pfarrerinnen und ihren Mentorinnen durchgeführt. Es war Teil eines Paketes mit verschiedenen Maßnahmen, mit dem insbesondere auf den geringen Anteil von Frauen in den mittleren Leitungsämtern reagiert wurde.

logischen Wissenschaft nicht allein mit einem einzelnen Mann oder gar der theologischen Richtung von Harnack verbinden. Denn die Frauen aus dem Umkreis von Dietrich Bonhoeffer und zuallererst seine langjährige Freundin Elisabeth Zinn zeigen, dass auch die politisch eher konservativen und theologisch eher der liberalen Theologie gegenüber kritisch eingestellten Theologen Frauen förderten und zur Promotion ermuntert haben müssen. Man kann also vielleicht auch hier von den »multiple modernities« sprechen, mehrfachen Formen unterschiedlicher Modernität, deren Gründe und Beziehungen noch der näheren Aufhellung bedürfen.

Erst die Zulassung von Frauen zum Studium in Preußen im Jahr 1908 brachte die Frage auf die Tagesordnung, wie denn mit den Studentinnen der Theologie zu verfahren sei. Kirchliche Examina wie ihre männlichen Kommilitonen abzulegen, wurde ihnen verwehrt und so wurde ihnen schließlich gestattet, staatliche Prüfungen zu absolvieren. Doch was dann? Für die evangelischen Kirchen in Deutschland war es selbstverständlich, dass eine Frau nicht das geistliche Amt innehaben könne. Und auch die Theologinnen waren sich untereinander uneins – sollten sie ein spezielles »Frauen-Pfarramt« fordern, das sich um Frauen und Kinder kümmern könne, oder sollten sie das gleiche Pfarramt wie ihre Brüder in Christo anstreben?

Ende der 1930er Jahre hatte es seitens der Bekennenden Kirche einzelne Einsegnungen von Theologinnen gegeben, das heißt, man hatte ihnen für einen sehr begrenzten Aufgabenbereich innerhalb einer Gemeinde unter der Aufsicht eines Pfarrers Aufgaben übertragen.

Als man dies 1939 der Theologin Ilse Härter vorschlug, sagte sie, wie dargestellt, den mutigen und bis dato wohl noch von keiner Frau geäußerten Satz: »Sagen Sie dem Presbyterium: Zu meiner Einsegnung werde ich nicht anwesend sein.« Die Form einer im Vergleich zur Ordination zweitrangigen Einsegnung lehnte sie entschieden ab. So kam es dank Ilse Härters Beharrlichkeit und Standfestigkeit im Jahr 1943 zur ersten Ordination von Frauen ins volle Pfarramt: Am 12. Januar 1943 ordinierte Präses Kurt Scharf aus Protest gegen die Bestimmungen der übrigen Bekennenden Kirche, Theologinnen nur einzusegnen, sie und Hannelotte Reiffen in Sachsenhausen in das volle Pfarramt, im Talar – das hatte es bis dahin deutschlandweit noch nicht gegeben. Diese volle Ordination ins Pfarramt geschah zunächst als Akt des Widerstandes im Widerstand, da sich die Synode der Bekennenden Kirche im Oktober 1942 noch gegen die Ordination von Frauen ausgesprochen hatte.

Ilse Härter hielt zu ihrer Ordination in ihren handschriftlichen Erinnerungen fest, dass es Glatteis gegeben habe, dass sie zur Kirche eher gerutscht als gegangen seien und dass ausgerechnet die großen Scheinwerfer des Konzentrationslagers Sachsenhausen ihnen den Weg beleuchtet hätten. Beide Frauen wussten in diesem Licht zu realisieren, was es bedeutete, »illegal« Pfarrerin zu sein. Ilse Härter, Schülerin bedeutender Theologen der Bekennenden Kirche, hatte das hartnäckige Selbstbewusstsein besessen, für die ganze Ordination zu streiten. So gab im Oktober 1943 der Bruderrat der Bekennenden Kirche in Preußen die Ordination für Frauen frei, woraufhin am 16. Oktober 1943 in Berlin-Lichterfelde Lore Schlunk, Annemarie Grosch,

Sieghild Jungklaus, Margarete Saar, Ruth Wendland und Gisela von Witzleben ordiniert wurden.

Es dauerte weitere Jahrzehnte, bis Frauen ins volle Pfarramt ordiniert wurden – ausnahmsweise geschah dies zu Zeiten des Zweiten Weltkrieges, und diese Ausnahmen versuchte die Kirche nach dem Krieg umgehend wieder rückgängig zu machen. Denjenigen Frauen, die mit einem Pfarrer verheiratet waren, wurde mitgeteilt, sie seien ab nun keine Vikarinnen mehr, sondern unentgeltlich tätige Pfarrfrauen.

Seit 1952 durften Theologinnen, die beide theologische Examina abgelegt hatten und ordiniert waren, den Titel »Pfarrvikarin« tragen, so das Pfarrvikarinnengesetz der Evangelischen Kirche der Union (EKU). Wurde, wie aufgezeigt, 1944 unter den Bedingungen des Krieges noch der Vikarin gestattet, »bei Vorliegen besonderer Verhältnisse in zeitlich und örtlich begrenzter Weise gestattet, Gemeindegottesdienste abzuhalten und die Sakramente zu spenden sowie Amtshandlungen vorzunehmen, die herkömmlich vom Pfarrer zu vollziehen sind«, wurde dies nun zurückgenommen. Das Gesetz von 1952 regelte die »Mitarbeit der theologisch vorgebildeten Frau in der Kirche« und trug »ihren besonderen Gaben wie auch der schöpfungsmäßigen Unterschiedenheit von Mann und Frau Rechnung«. An den Sitzungen des Gemeindekirchenrates durfte sie nur mit beratender Stimme teilnehmen – 1944 war ihr noch das Stimmrecht erteilt worden. In § 19, Artikel 3 heißt es dann: »Mit ihrer Verheiratung scheidet die Pfarrvikarin aus ihrem Amt aus. Damit erlöschen die Rechte ihres Amtes. Ausnahmen kann die Kirchenleitung gestatten.«

1962 leitete, wie oben dargestellt, die Pastorinnenverordnung der Evangelischen Kirche der Union die finanzielle Gleichstellung ein. Die Ausführungen zur »Zölibatsklausel« finden sich in § 8. Die Pastorin erhält im Falle der Eheschließung eine Abfindung, Sakramentsverwaltung und Wortverkündigung sind ihr dann nicht mehr gestattet. Im Jahr 1963 veranstaltete der Ökumenische Rat der Kirchen (ÖRK) eine internationale Erhebung zum Amt der Pastorin – bereits hier finden sich irritierende Äußerungen zur deutschlandspezifischen »Zölibatsklausel«. Für Deutschland wurde, wie erwähnt, in dem Bericht festgehalten: »Women are now ordained as ministers (not ›Vikarin‹). They have not equal status (must resign if she marries). Cannot apply to all churches for pastorate«.

1974 entfiel in der Evangelischen Kirche Berlin-Brandenburg die Zölibatsklausel, *de iure* für den Bereich West, *de facto* war sie im Bereich Ost schon lange obsolet. Die Aufhebung der Zölibatsklausel schuf unter anderem auch die Voraussetzung, als Pfarrehepaar Dienst zu tun. Seitdem steht weiblichen Geistlichen die Amtsbezeichnung »Pfarrerin« zu. In der DDR war weiterhin der Titel »Pastorin« gebräuchlich.

Eine der ersten promovierten Theologinnen an der Berliner Fakultät war Elisabeth Zinn. Ihre Tochter Aleida Assmann hat 2018 den Friedenspreis des Deutschen Buchhandels verliehen bekommen für ihre Arbeiten zum kulturellen Gedächtnis. Denn nicht nur Individuen bilden ein Gedächtnis aus, sondern auch Kulturen, »um Identitäten herzustellen, Legitimation zu gewinnen und Ziele zu bestimmen« (so Aleida Assmann). Für die evangelische Kirche zählt zu dem kulturellen

Gedächtnis die Erinnerung und die Bewahrung des Erbes dieser ersten Theologinnen.

Damit wird ein wichtiges Stück unserer evangelischen Identität sichtbar. Wir machen damit deutlich: Hinter die in unserer Kirche durch Mut und Beharrlichkeit von Frauen erreichte Gleichstellung wollen wir nicht zurück und werden wir nicht zurückgehen. Sie gehört zu unserem kulturellen Gedächtnis, zu unserer Identität und sie ist Ausdruck unseres Glaubens, dass Gott Männer und Frauen nach seinem Bilde geschaffen hat, gleichermaßen in seinen Dienst beruft und zu diesem Dienst befähigt. Die Menschwerdung der Frau, von der Hedwig Dohm vor fast 150 Jahren geträumt hat, war für Gott, salopp ausgedrückt, schon immer eine Selbstverständlichkeit.

Erreichte Fortschritte

1. GLEICHSTELLUNG UND ANERKENNUNG:
Theologinnen sind heute in Berlin, Brandenburg und der schlesischen Oberlausitz in vielen Bereichen der Kirche fest etabliert. Sie haben Zugang zu allen kirchlichen Ämtern, einschließlich Leitungspositionen wie Superintendentinnen und Bischöfinnen. Dieser Fortschritt spiegelt die allgemeine gesellschaftliche Entwicklung hin zu mehr Gleichberechtigung. Frauen sind zunehmend als Pfarrerinnen, Dozentinnen an theologischen Fakultäten und in kirchlichen Leitungsstrukturen präsent.

2. THEOLOGISCHE BILDUNG:
Die theologischen Ausbildungsstätten in der Region, einschließlich der theologischen Fakultäten und kirchlichen Ausbildungszentren, fördern und unterstützen Theologinnen in ihrer Ausbildung und beruflichen Entwicklung. Es gibt spezifische Programme und Netzwerke, die Frauen in ihrer theologischen Laufbahn stärken und weiterbilden.

3. VEREINBARKEIT VON BERUF UND FAMILIE:
In den letzten Jahren hat sich die Vereinbarkeit von Beruf und Familie für Theologinnen verbessert. Die Kirche hat Maßnahmen ergriffen, um familienfreundliche Arbeitsbedingungen zu schaffen, einschließlich Teilzeitstellen, flexiblen Arbeitszeiten und Unterstützung bei der Kinderbetreuung.

Zum Ausblick – Zwei Pyramiden: Die Zukunft von Kirche und Wissenschaft ist offen

Viel ist erreicht – und es gibt viele Gründe, um zu feiern. Ich brauche mir nur vorzustellen, ich wäre hundert Jahre früher geboren worden: Die Ablegung des Abiturs oder der Abschluss eines Studiums wären nahezu unmöglich gewesen.

Und wäre ich fünfzig Jahre vorher geboren, so wären mir der Versuch der Vereinbarkeit von Beruf und Familie erst im Alter von fünfzig Jahren möglich gewesen – denn erst in meinem Geburtsjahr, 1974, wurden ja hier in Berlin-Brandenburg Frauen und Männer im Pfarramt gleichgestellt, galt für Pastorinnen nicht mehr die »Zölibatsklausel«. Und angesichts meiner Konfirmationspastorin Dr.

Helga Frisch konnte ich bereits als Jugendliche studieren, wie unterschiedlich Frauen und Männer im Pfarramt behandelt werden – trotz der rechtlichen Gleichstellung.

Inzwischen ist viel erreicht und so stellt sich die Frage, ob das Glas halb voll oder halb leer ist? Die EKD-Synode beschloss im Jahr meiner Konfirmation, 1989, den Frauenanteil in Leitungs- und Beratungsgremien auf mindestens 40 Prozent zu erhöhen. Von diesem Ziel sind wir allerdings noch weit entfernt: Zwar studieren seit wenigen Jahren an deutschen Universitäten zum ersten Mal mehr Frauen als Männer evangelische Theologie. Die Zahl von Frauen in Führungspositionen innerhalb der Evangelischen Kirche Deutschlands und an Theologischen Evangelischen Fakultäten ist aber nach wie vor gering.

Wenn man sich den Anteil von Frauen in Führungspositionen in der Evangelischen Kirche in Deutschland ansieht, erkennt man eine Pyramidenform: An der Spitze stehen derzeitig vier Frauen als leitende Geistliche – bei zwanzig Landeskirchen, dies entspricht einem Prozentsatz von 20 Prozent. Auf der mittleren Ebene sind nur 21 Prozent der Leitenden Frauen. Der Anteil der Professorinnen in der Evangelischen Theologie ist mit 24 Prozent einer der geringsten im Bereich der Geisteswissenschaften.

Diese – von oben nach unten hin – prozentual zunehmende Form setzt sich fort: Bei den Pfarrpersonen sind es 37 Prozent Pfarrerinnen, bei den Studentinnen 59 Prozent und 67 Prozent der Menschen, die sich ehrenamtlich engagieren, sind Frauen.

Das heißt, man sieht eine deutliche Pyramide: Je mehr Macht, je mehr Reputation ein Amt hat in Theologie, Kirche und Diakonie, desto geringer ist der Frauenanteil, und umgekehrt gilt, je weniger Macht, je weniger Reputation, wie es ja leider bei den meisten ehrenamtlichen Tätigkeiten in der Kirche der Fall ist, umso mehr Frauen sind prozentual auf dieser Ebene zu finden.

Umgekehrt scheint die »Männerpyramide« auf dem Kopf zu stehen: 80 Prozent aller Leitenden Geistlichen der Landeskirchen sind Männer, 79 Prozent der auf der mittleren Ebene Leitenden sind Männer, 76 Prozent aller Theologieprofessuren werden durch Männer bekleidet, 63 Prozent der Pfarrpersonen sind Männer und schließlich nur 33 Prozent der Ehrenamtlichen in der Kirche sind Männer. Von einer ausgewogenen Repräsentanz der Geschlechter in kirchlichen Gremien und Ämtern auf allen Ebenen, wie es die EKD-Synode 1989 forderte, sind wir demnach noch weit entfernt. Deutlich werden anhand der Zahlen vielmehr eine ungleiche Partizipation der Geschlechter und eine geschlechtsspezifische Arbeitsteilung.

Gefühlt stellt sich dies für einige anders dar: Seit einiger Zeit wird die »Feminisierung« der verschiedensten gesellschaftliche Bereiche und Berufe beschrieben, seien es die vermeintliche Feminisierung der Tatortkommissare, der Medizin, der Arbeit, der Armut, der Politik oder der deutschen Universitäten. Der Definition nach bedeutet Feminisierung zunächst nur »Verweiblichung«, und zwar in einem biologischen Sinn. In der aktuellen Debatte wird unter »Feminisierung« jedoch die Zunahme des prozentualen Anteils von Frauen in einer gesellschaftlichen Gruppe verstanden – verbunden mit einem Rückgang des Anteils von Männern.

Mit Blick auf evangelische Theologie, Diakonie und Kirche hinsichtlich einer paritätischen Repräsentanz auf allen Ebenen sind wir von einer Feminisierung mehr als weit entfernt. Erstrebenswert wäre auch keine »Feminisierung«, sondern vielmehr – Diversität. Dann könnte sich wie in anderen Bereichen der Gesellschaft zeigen, dass Diversität zu den Stärken einer Organisation zählt.

Die Geschichte der Theologinnen, angefangen von den ersten Studentinnen über die frühen Amtsträgerinnen bis hin zum Kampf um das Recht, den seit jeher Männern vorbehaltenen Talar tragen zu dürfen, und schließlich der Blick bis in die Gegenwart, ist eines der spannendsten Kapitel der Kirchengeschichte. So möchte ich mit einem Dank schließen: Blickt man auf all das, was in den letzten 120 Jahren erreicht worden ist und auf die Umstände der ersten Ordination vor knapp 80 Jahren, so wird man sagen können, das Glas ist eher halb voll als halb leer. Frauen sind inzwischen selbstverständlich in Universität, Kirche und Diakonie gleichgestellt. Unsere Kirche wird inzwischen, im Haupt- und Ehrenamt, auf allen Ebenen selbstverständlich von Frauen und Männern geleitet und gestaltet.

Vergangenheit und Gegenwart von Theologie und Kirche sind in ihrer leitenden, öffentlichen Gestalt immer noch weitestgehend männlich, ihre Zukunft sollte männlich und weiblich sein. Denn nur dann wird sich weiter zeigen können, dass der Geist Gottes auf Gottes Söhne und Töchter ausgegossen wurde (Joel 2).
So schließe ich mit:

Fortbestehende Herausforderungen

1. GLEICHSTELLUNG IN LEITUNGSPOSITIONEN:
Trotz der Fortschritte sind Frauen in den höchsten kirchlichen Ämtern noch immer unterrepräsentiert. Es gibt zwar Bischöfinnen und Superintendentinnen, aber in vielen Kirchenleitungen dominieren nach wie vor Männer. Die Förderung von Frauen in leitenden Positionen bleibt ein wichtiges Ziel, um eine echte Gleichstellung zu erreichen.

2. LOHNUNGLEICHHEIT:
Selbstverständlich verdienen Frauen und Männer in gleichem Amt das gleiche – allerdings haben Frauen deutlich häufiger Teilzeitstellen, Funktionspfarrstellen ohne Dienstwohnung und seltener Leitungspositionen inne. Dementsprechend gibt es einen faktischen Gehaltsunterschied.

3. TRADITIONELLE ROLLENMUSTER:
In einigen ländlichen Regionen, insbesondere in der schlesischen Oberlausitz und Teilen Brandenburgs, bestehen weiterhin traditionelle Rollenmuster, die Frauen in der Kirche benachteiligen können. Diese kulturellen und gesellschaftlichen Barrieren müssen weiterhin durch Bildungsarbeit und gezielte Unterstützung überwunden werden.

4. VEREINBARKEIT VON BERUF UND FAMILIE:
Trotz Verbesserungen bleibt die Vereinbarkeit von Beruf und Familie eine Herausforderung, insbesondere im Pfarrberuf, der oft eine hohe zeitliche Flexibilität erfordert. Hier sind weitere Unterstützungsmaßnahmen nötig, um Theologinnen lang-

fristig im Beruf zu halten und ihnen die Ausübung ihrer Berufung zu erleichtern.

Notwendige Veränderungen

1. FÖRDERUNG VON FRAUEN IN LEITUNGS-POSITIONEN:
Die Kirche sollte weiterhin aktiv Frauen für Leitungspositionen gewinnen und fördern. Dies könnte durch gezielte Mentoring-Programme, Fortbildungen und Quotenregelungen geschehen, um sicherzustellen, dass Frauen in allen Ebenen der kirchlichen Hierarchie vertreten sind.

2. SENSIBILISIERUNG UND BILDUNG:
Es bedarf weiterer Bildungs- und Sensibilisierungsmaßnahmen, um in der gesamten Kirche ein Bewusstsein für Gleichberechtigung zu schaffen. Dies gilt sowohl für Gemeindemitglieder als auch für kirchliche Entscheidungsträger – insbesondere mit Blick auf Bewerbungsverfahren.

3. ERWEITERUNG DER FAMILIEN-FREUNDLICHEN MASSNAHMEN:
Die Kirche sollte ihre Anstrengungen intensivieren, um familienfreundliche Arbeitsbedingungen weiter zu verbessern, insbesondere in ländlichen und strukturschwachen Regionen, wo die Herausforderungen oft größer sind.

Fazit

Die Situation von Theologinnen in Berlin, Brandenburg und der schlesischen Oberlausitz hat sich in den letzten 120 Jahren, und insbesondere den letzten 50 Jahren seit der Aufhebung der Zölibatsklausel, fundamental deutlich verbessert. Frauen sind in vielen kirchlichen Bereichen gleichberechtigt und leisten einen bedeutenden Beitrag zur kirchlichen Arbeit. Dennoch gibt es weiterhin Herausforderungen, insbesondere in Bezug auf die Gleichstellung in Führungspositionen, Lohnungleichheit und die Vereinbarkeit von Beruf und Familie. Mit gezielten Maßnahmen kann die Kirche weiter daran arbeiten, die Gleichstellung von Theologinnen zu fördern und zu einer inklusiven und gerechten Gemeinschaft beizutragen.

Archiv- und Literaturverzeichnis (in Auswahl)

Archive

Archiv – Evangelisches Zentrum Görlitz (EKSOL)
Evangelisches Zentralarchiv Berlin (EZA)
Evangelisches Landeskirchliches Archiv in Berlin (ELAB)
Hessisches Staatsarchiv Marburg (HStAM)
Universitätsarchiv Marburg (UniA MR)
Zentralarchiv der Evangelischen Kirche in Hessen und Nassau (ZA EKHN)

Literatur (in Auswahl)

Althausen, Gudrun u. a., Kinder, Kirche, Karriere. Von der berufstätigen Mutter im Dienst des Herrn. Erfahrungsberichte, Berlin 2000

Bertinetti, Ilse, Frauen im geistlichen Amt, Berlin 1965

Bieler, Andrea u. a. (Hrsg.), Darum wagt es, Schwestern... Zur Geschichte evangelischer Theologinnen, Göttingen 1994

Böhmer, Annegret, ›Das Weib schweige in der Gemeinde‹ (1. Kor. 14,34). Gemeindepfarrerinnen in Kampf und Würden. Eine empirische Untersuchung, unveröffentlichte Diplomarbeit TU Berlin 1985

Carl-Hans Graf von Hardenberg-Stiftung (Hrsg.), Zivilcourage und Nächstenliebe. Leben und Wirken der Vikarin Ilse Fredrichsdorff im Kreis Lebus. Dokumente und Selbstzeugnisse, Berlin 2003

Cunow, Dietlinde, »Im Falle einer Eheschließung endet das Dienstverhältnis«. Rückblick auf die Zölibatsklausel bei Pastorinnen, in: Frauenforschungsprojekt zur Geschichte der Theologinnen, Göttingen (Hrsg.): Querdenken. Beiträge zur feministisch-befreiungstheologischen Diskussion. Festschrift für Hannelore Erhart zum 65. Geburtstag, Pfaffenweiler 1992 (Theologische Frauenforschung – Erträge und Perspektiven 1), 307–309

Diakonie Deutschland Evangelisches Werk für Diakonie und Entwicklung e. V., Atlas zur Gleichstellung von Frauen und Männern in der Diakonie 2019, Berlin 2019, download hier möglich: https://www.ekd.de/ekd_de/ds_doc/20190920_Gleichstellungsatlas_Diakonie.pdf

Evangelische Kirche in Hessen und Nassau (Hrsg.), Mutige Schritte. 50 Jahre Gleichstellung von Frauen und Männern im Pfarrdienst, Darmstadt 2000

Erhart, Hannelore, Die Theologin im Kontext von Universität und Kirche zur Zeit der Weimarer Republik und des Nationalsozialismus. Ein Beitrag zur theologischen Diskussion, in: Leonore Siegele-Wenschkewitz/Carsten Nicolaisen (Hrsg.), Theologische Fakultäten im Nationalsozialismus, Göttingen 1993, S. 223–249

Erhart, Hannelore (Hrsg.), Lexikon früher evangelischer Theologinnen. Biographische Skizzen, Neukirchen-Vlyun 2005

Frisch, Helga, Tagebuch einer Pastorin, Berlin 1982

Gailus, Manfred (Hrsg.), Elisabeth Schmitz und ihre Denkschrift gegen die Judenverfolgung. Konturen

einer vergessenen Biografie (1893 – 1977), Berlin 2008
Gailus, Manfred, Mir aber zerriss es das Herz. Der stille Widerstand der Elisabeth Schmitz, Böhlau 2011
Gräßel-Farmbauer, Jolanda, Die Rolle der Synode im Gleichstellungsprozess von Frauen im Pfarramt der EKHN von 1949 bis 1971, in: Jahrbuch der Hessischen Kirchengeschichtlichen Vereinigung 72/73 (2021/2022), 233–253
Gräßel-Farnbauer, Jolanda, Die Zölibatsklausel für evangelische Theologinnen am Beispiel der Evangelischen Kirche in Hessen und Nassau, in: ZKG 133, Band 2022, Heft 1, 90–119
Herbrecht, Dagmar/Ilse Härter/Hannelore Erhart (Hrsg.), Der Streit um die Frauenordination: Quellentexte zu ihrer Geschichte im Zweiten Weltkrieg, Neukirchen-Vlyun 1998
Herbrecht, Dagmar, Emanzipation oder Anpassung: Argumentationswege der Theologinnen im Streit um die Frauenordination in der Bekennenden Kirche, Neukirchen-Vlyun 2000
Kampmann, Claudia, Adolf Harnack zur »Frauenfrage«: Eine kirchengeschichtliche Studie (Arbeiten zur Kirchen- und Theologiegeschichte (AKThG), Leipzig 2018
Kasparick, Hanna, Hartmut Kühne, Birgit Weyel (Hrsg.), Gehrock, T-Shirt und Talar: 200 Jahre Evangelisches Predigerseminar Wittenberg, Berlin 2016
Kirchenamt der Evangelischen Kirche in Deutschland (Hrsg.), Frauenordination und Bischofsamt. Eine Stellungnahme der Kammer für Theologie der EKD (= EKD-Texte. 44), Hannover 1992
Köhler, Heike/Dagmar Henze/Dagmar Herbrecht/ Hannelore Erhart (Hrsg.), Dem Himmel so nah, dem Pfarramt so fern. Erste evangelische Theologinnen im geistlichen Amt, Neukirchen-Vlyun 1996
Leschonski, Antje, Anna, Lily und Regine: Frauenporträts aus Brandenburg-Preußen, Berlin 2011
Lipski-Melchior, Heike, Christine Bourbeck – ein Porträt. Leben, Wirken und Denken einer Lehrerin und Theologin, Leipzig 2002
Ludwig, Hartmut (Hrsg.), Auf Gegenkurs. Eine Fest- und Dankesschrift zum 100. Geburtstag von Pfarrerin Dr. h. c. Ilse Härter, Berlin 2011
Mantei, Simone/Regina Sommer/Ulrike Wagner-Rau (Hrsg.), Geschlechterverhältnisse und Pfarrberuf im Wandel. Irritationen, Analysen und Forschungsperspektiven, Stuttgart 2013
Mantei, Simone, Pfarrberuf und Geschlecht. Von historischen Verhältnisbestimmungen zu den Konturen einer zeitgenössischen geschlechterbewussten Pastoraltheologie, in: Regina Sommer/Julia Koll (Hrsg.), Schwellenkunde – Einsichten und Aussichten für den Pfarrberuf im 21. Jahrhundert. Ulrike Wagner-Rau zum 60. Geburtstag, Stuttgart 2012, 69–82
Romeyke, Sarah, Vom Nonnenchor zum Damenplatz. 700 Jahre Kloster Stift zum Heiligengrabe, Berlin 2009
Paulsen, Anna, Die Vikarin (Bd. 1: Der Dienst der Frau in den Ämtern der Kirche), Gelnhausen, 1956
Paulsen, Anna, Amt und Auftrag der Theologin (Bd. 1: Der Dienst der Frau in den Ämtern der Kirche), Gelnhausen, 1963

Sammet, Kornelia, Beruf: Pfarrerin. Eine empirische Untersuchung zu Berufsbild und Berufspraxis von Pfarrerinnen in der Evangelischen Kirche in Berlin-Brandenburg, Berlin 1998

Scheepers, Rajah (Hrsg.), Vorgängerinnen. Der Weg von Frauen in das geistliche Amt. Festschrift zum Jubiläum 45 Jahre Gleichstellung von Frauen und Männern im Pfarramt der EKBO, Berlin 2019; mit Wanderausstellung

Scheepers, Rajah, Zur Genese der akademischen Theologinnen – eine Hommage an die Marburger Theologische Fakultät. Die Gründung des Verbandes Evangelischer Theologinnen 1925 in Marburg, in: Wolf-Friedrich Schäufele (Hrsg.), 500 Jahre Theologie in Marburg. Beiträge zur Geschichte der Evangelisch-Theologischen Fakultät, Münster/New York, 2024, 171–207

See, Wolfgang/Rudolf Weckerling (Hrsg.), Frauen im Kirchenkampf. Beispiele aus der Bekennenden Kirche in Berlin-Brandenburg 1933–1945, 2. Auflage, Berlin 1984

Senghaas-Knobloch, Eva, Die Theologin im Beruf. Zumutung, Selbstverständnis, Praxis, München 1969

Stenzel, Jürgen, Archivbericht/Beiheft Nr. 172: Schwestern und Brüder. Anmerkungen zur Geschichte der »Vikare der Bekennenden Kirche« in der Kirchenprovinz Mark Brandenburg 1933-1945, Personenverzeichnisse, herausgegeben im Auftrag des Konsistoriums der Evangelischen Kirche Berlin-Brandenburg-schlesische Oberlausitz, Berlin 2017

Studienzentrum der EKD für Genderfragen (Hrsg.), Atlas zur Gleichstellung von Frauen und Männern in der evangelischen Kirche in Deutschland. Eine Bestandsaufnahme, Hannover 2015, download hier möglich: https://www.ekd.de/ekd_de/ds_doc/Gleichstellungsatlas_1_2_16.pdf

Studienzentrum der EKD für Genderfragen/Konferenz der Genderreferate und Gleichstellungsstellen in den Gliedkirchen der EKD (Hrsg.), Gleichstellung im geistlichen Amt – Ergänzungsband 1 zum Atlas zur Gleichstellung von Frauen und Männern in der evangelischen Kirche in Deutschland, Hannover 2017; download hier möglich: https://www.gender-ekd.de/download/Gleichstellung%20im%20geistlichen%20Amt.pdf

Studienzentrum der EKD für Genderfragen/Konferenz der Genderreferate und Gleichstellungsstellen in den Gliedkirchen der EKD (Hrsg.), Frauenwahlrecht in der Kirche – Ergänzungsband 2 zum Atlas zur Gleichstellung von Frauen und Männern in der evangelischen Kirche in Deutschland, Hannover 2019; download hier möglich: https://www.gender-ekd.de/33404.html

Winter, Friedrich, Weiß ich den Weg auch nicht... Das Leben der Vikarin Annemarie Winter (1912–1945), Leipzig 2005

Wolfgang See, Rudolf Weckerling (Hrsg.), Frauen im Kirchenkampf. Beispiele aus der Bekennenden Kirche in Berlin-Brandenburg 1933–1945, 2. Auflage, Berlin 1984

Zeiß-Horbach, Auguste, Evangelische Kirche und Frauenordination. Der Beitrag der Evangelisch-Lutherischen Kirche in Bayern zur deutschlandweiten Diskussion im 20. Jahrhundert (Historisch-Theologische Genderforschung 8), Leipzig 2017

Abbildungsverzeichnis

10 Kauffmann Studios GmbH
12 Kauffmann Studios GmbH
14 Kauffmann Studios GmbH
16 Kauffmann Studios GmbH
18 Rajah Scheepers
19 Billie Scheepers
20/21 Billie & Rajah Scheepers
22 © Bauer+Möhring, Berlin
24 privat
27 Billie Scheepers
31 gemeinfrei: https://commons.wikimedia.org/wiki/File:Hedwig_Dohm.jpg
33 gemeinfrei: https://commons.wikimedia.org/wiki/File:Map-Prussia-ProvPrussia.svg
34 gemeinfrei: https://commons.wikimedia.org/wiki/File:Map-Prussia-ProvPrussia.svg
36 gemeinfrei: https://www.landeskirchenarchivberlin.de/kirchenbuchstelle-berlin-brandenburg-schlesische-oberlausitz/was-sind-kirchenbucher/einleitende-hinweise/zugangsoptionen/zustandigkeit/
38 f. Billie Scheepers
41 privat
43 Billie Scheepers
47 gemeinfrei: https://de.wikipedia.org/wiki/Datei:Ziegler,_Hildegard_(1871-1953).jpg
49 Visual Experts – Interfoto
50 Universitätsarchiv der Humboldt-Universität zu Berlin
52 f. Billie Scheepers
54 privat
57 privat
58 privat
61 gemeinfrei: https://www.dhm.de/lemo/bestand/objekt/plakat-zum-internationalen-frauentag-am-8-maerz-1914.html
64 UniA Marburg, Bestand 307a Nr. 539
65 privat
67 Ev. Landeskirchliches Archiv in Berlin
70 f. Billie Scheepers
72 privat
74 ELAB, Personalakte Angelika Fischer
77 Billie Scheepers
79 Det Kongelige Bibliotek, Kopenhagen
81 privat
85 EZA 500/246/34693
88 Billie Scheepers
91 Archiv der Evangelischen Kirchengemeinde St. Nikolai in Berlin-Spandau
92 EZA 19/92
96 EZA 246/279
99 EZA 246/279
102 EZA 0500/34230
104 EZA 246/279
106 f. Billie Scheepers
110 privat
113 Billie Scheepers
120 Landeskirchliches Archiv der Nordkirche, 61.11, Ansichten- und Fotosammlung (Nordelbien), Nr. 141
122 privat
123 Archiv der Ev. Kirche im Rheinland (AEKR 7NL 122)
124 EZA 246/335
127 aus: Wolfgang See, Rudolf Weckerling (Hg.), Frauen im Kirchenkampf: Beispiele aus der Bekennenden Kirche Berlin-Brandenburg 1933 bis 1945, Berlin 1984, S. 61
132 f. Billie Scheepers
136 f. Billie Scheepers
142 Konvent Ev. Theologinnen in der Bundesrepublik Deutschland e.V.
145 Heike Lipski-Melchior, überlassen vom Ev. Diakonieverein Berlin
146 EZA 19/92
148 gemalt von Elisabeth von Kleist 1992, CC0 © Museum Kloster Stift zum Heiligengrabe, Foto: Jonathan Hübner
150 Rajah Scheepers
152 f. Billie Scheepers
154 Rajah Scheepers
157 privat
165 privat
167 privat
169 EZA 500/746/60035
171 Archiv der Hoffnungskirchengemeinde Berlin-Pankow
175 Privatarchiv Renate Moderow
180 f. Billie Scheepers
182 privat
185 Billie Scheepers
190 Band II Drucksachen, in: ELAB, Synodenprotokolle
191 Billie Scheepers
192 privat
194 epd-Bild/Rolf Zöllner
196 f. Billie Scheepers
198 privat
201 Billie Scheepers
206 privat
208 privat
212 f. Billie Scheepers
217 Studienzentrum der EKD für Genderfragen (Hg.), Atlas zur Gleichstellung von Frauen und Männern in der evangelischen Kirche in Deutschland. Eine Bestandsaufnahme, Hannover 2015
223 privat
225 privat
228 f. Billie Scheepers
231 Billie Scheepers
232 privat
239 epd-Bild/Peter Endig
242 Holger Bentele

Zur Autorin und zur Fotografin

RAJAH ISABELLE SCHEEPERS, geboren 1974 in (West-)Berlin, drei Kinder im Alter zwischen 19 und 11 Jahren, verwitwet; Hauptpastorin der Sankt Petri Kirche Kopenhagen, die deutschsprachige Gemeinde in der Dänischen Volkskirche; Außerplanmäßige Professorin für Kirchengeschichte an der Philipps-Universität Marburg, Fachbereich Evangelische Theologie, Fachgebiet Kirchengeschichte; Studium der Evangelischen Theologie in Marburg, Amsterdam, Berlin und Bern, Mitgliedschaften u. a.: Wissenschaftliche Gesellschaft für Theologie, Freundeskreis Marburger Theologie e. V., European Society of Women in theological Research (ESWTR), Deutscher Hochschullehrerverband, Verband der Historiker und Historikerinnen Deutschlands.

BILLIE SCHEEPERS, 1977, geboren und aufgewachsen in West-Berlin, drei Kinder im Alter zwischen 7 und 2 Jahren; Studium der Fotografie in München, seit 2003 in London, Assistentin u. a. von David Slijper und Nick Knight. Seit 2009 ist sie als freiberufliche Fotografin tätig. Billie hat sich auf Schönheit, Porträts und Mode spezialisiert und lässt sich dabei von Gemälden und Skulpturen alter Meister inspirieren. Ihre Fotografie enthält sowohl traditionelle als auch moderne Noten, wobei sie technische Präzision mit einer schönen, weiblichen Vision verbindet. Billies Arbeiten wurden in Vogue Russia, Vogue Thailand, Czech Vogue, Vogue Ukraine, Vogue India, Vogue Hong Kong, Beauty Papers, The Edit, British Harpers Bazaar, Vanity Fair, Monopol Magazine, Sunday Times Style, POP und Numero veröffentlicht. Zu ihren Werbekunden gehören Estee Lauder, Chanel, Max Factor, Clarins, Schwarzkopf, L'Oréal, Avon, Charlotte Tilbury, Pantene, Net-a-Porter, Allude, Wella, Maria Galland, Salon Science und Neal's Yard.

Personenregister